LAZOS ETERNOS

Psicografía de

Zibia Gasparetto

Dictado por el Espíritu
LUCIUS

Traducción al Español:
J.Thomas Saldias, MSc.
Trujillo, Perú, Agosto 2019

Título Original en Portugués:
"Laços Eternos"
© Zibia Gasparetto, 1976

Revisión:
María Isabel Montero Romero

World Spiritist Institute
Houston, Texas, USA
E-mail: contact@worldspiritistinstitute.org

Sobre la Autora

Estoy muy agradecida a Dios por haber abierto mi sensibilidad. A través del ejercicio de la mediumnidad, durante más de sesenta años, pude mantener contacto con espíritus evolucionados y aprender de su sabiduría. Soy médium consciente. Cuando un espíritu de luz se aproxima y nuestras auras se tocan, mi lucidez aumenta, mi conocimiento se amplifica y queda más claro. A veces, las sensaciones son tan fuertes que las enseñanzas recibidas quedan registradas en mi mente, permitiendo que yo note los detalles más sutiles y esclarecedores. Ellos nos inspiran a actuar en el bien, a ser optimistas, a valorizar nuestros espíritus, a confiar en Dios y cooperar con la vida. Pero la luz que esos espíritus poseen es mérito de ellos, pues se esforzaran para conquistarla. Ella no añadirá nada a nuestro progreso. Ese es un trabajo personal e intransferible. La mediumnidad nos hace sentir con más fuerza el tenor de las energías que nos rodean, las cuales, cuando son negativas, además de perturbar la mente, pueden alcanzar el cuerpo físico y crear síntomas de dolencias de difícil diagnóstico.

Durante dos años, pasé por esos problemas. Me ponía mal, los médicos no encontraban nada, los calmantes me dejaban peor. Yo culpaba a los malos espíritus por el asedio, pero era yo quien los atraía por no asumir mi propia fuerza, no cuidar de mi mundo interior, no mejorar mi nivel de conocimiento espiritual. Yo nunca hice mal a nadie, pero eso no era suficiente.

Es necesario elevar el espíritu, aprender a vivir mejor, evolucionar. Ese es el precio del equilibrio, del progreso y de la paz. La mediumnidad revela el nivel espiritual, presiona para que ocurran cambios y, si nos vinculamos a la luz y persistimos en el bien, es una fuente de conocimientos, salud y lucidez.

El Guía Espiritual

El romance *"El Amor Venció"* fue la primera obra dictada por el espíritu Lucius que publiqué y, cuando fui por primera vez a Uberaba a visitar a Chico Xavier, le di un ejemplar a él y al doctor Waldo Viera, que en esa época trabajaba a su lado. Después de algunos meses, cuando regresé a visitarlos, Chico, luego de abrazarme, tomó ese libro y, hojeándolo, comentó sonriendo:

– ¡Qué buenos fueran aquellos tiempos cuando tú y Lucius estaban en Egipto! ¡Cuántas cosas sucedieran!

Esperé que continuase, pero él se calló. A pesar de la curiosidad que sentí, no pregunté nada. Sé que los espíritus solo dicen lo que pueden y quieren, pero yo también siento que los lazos que me unen a Lucius son muy fuertes. Por su sabiduría, conocimiento y visión elevada de la vida, lo admiro mucho. Es un maestro.

Él ha dictado todos los romances. A pesar de eso, he notado que en algunos el estilo cambia. Lucius tiene mucha facilidad para vincularse conmigo, lo que puede no ser común. Creo que otros autores lo busquen, cuenten algunas historias, y él las transmita para que yo las publique, divulgando sus enseñanzas.

Que Dios bendiga su trayectoria y permita que continúe enseñándonos a entender lo que es la espiritualidad y a mirar los hechos del día a día con los ojos del alma.

Del Traductor

Jesus Thomas Saldias, MSc., nació en Trujillo, Perú.

Desde los años 80's conoció la doctrina espírita gracias a su estadía en Brasil donde tuvo oportunidad de interactuar a través de médiums con el Dr. Napoleón Rodriguez Laureano, quien se convirtió en su mentor y guía espiritual.

Posteriormente se mudó al Estado de Texas, en los Estados Unidos y se graduó en la carrera de Zootecnia en la Universidad de Texas A&M. Obtuvo también su Maestría en Ciencias de Fauna Silvestre siguiendo sus estudios de Doctorado en la misma universidad.

Terminada su carrera académica, estableció la empresa *Global Specialized Consultants LLC* a través de la cual promovió el Uso Sostenible de Recursos Naturales a través de Latino América y luego fue partícipe de la formación del **World Spiritist Institute**, registrada en el Estado de Texas como una ONG sin fines de lucro con la finalidad de promover la divulgación de la doctrina espírita.

Actualmente se encuentra trabajando desde Peru en la traducción de libros de varios médiums y espíritus del portugués al español, así como conduciendo el programa "La Hora de los Espíritus."

ÍNDICE

PRÓLOGO

Es de noche. Todo camina en plácido silencio. En la cálida aurora del amanecer, solo el chirrido de las aves nocturnas parece dar vida al impresionante paisaje de la Tierra.

En una ventana, en la oscuridad, una figura tranquila observa el estertor silencioso de la noche que termina y el inicio del amanecer.

Su rostro está pálido a la luz diáfana de la madrugada; su cuerpo delgado tratando de ver el ron, descubre los primeros rayos de luz que dibujarán el verdadero camino.

Los sollozos angustiados rompen la fresca quietud del amanecer.

El débil cuerpo apoyado en el alféizar se sacude rítmicamente, mecido por el dolor en olas de angustia.

Pañuelo en la boca, la tos se ahoga. La pureza del blanco se tiñe de rojo y la sangre caliente en trazos imparables mancha la camisa pura. El delgado cuerpo joven, en un esfuerzo hercúleo, busca levantarse y mira al cielo, en el último esfuerzo. Sus ojos hundidos, abiertos, todavía intentan preguntar el por qué de tanto dolor en sus catorce años.

Lentamente, como la flor que cae antes de la tormenta, la pálida figura se desmaya y su cuerpo se desliza cerca de la ventana, cayendo al suelo, pero su cabeza, apoyada contra el espaldar, se conservara volteada en el día en que nacía. Los ojos permanecieran abiertos, aunque nublados. Parecían investigar los profundos misterios que separan la vida de la muerte.

Después de unos minutos, una emanación radiante se desprendió del cuerpo rígido, engrosándose y encarnándose en una réplica perfecta de la joven extendida.

Como si fuese auténtico milagro, de poder gigantesco, ella se había multiplicado.

Sorprendida, de forma radiante y translúcida, miró el cuerpo que acababa de dejar. Su rostro mostraba piedad y amor.

Se sentía ligera y saludable. Sin embargo, cuando miró el cuerpo inerte, un intenso sentimiento de piedad la invadía; le parecía; sin embargo, que volvía al juego de las pesadas cadenas en una prisión aniquiladora. Con un deseo por la sensación instintiva de liberación, trató de distanciarse de él.

Fue entonces cuando vio una figura radiante y querida caminando hacia ella, con los brazos extendidos, el rostro bañado en suave bondad. ¿Dónde habría visto esa cara? ¿Qué santa sería ella? Respetuosamente, se arrodilló ante la forma resplandeciente. Sobre su espíritu, todavía asustado e inseguro, se vertió una suave y perfumada brisa, besándole sus mejillas con el rocío de la mañana, mientras una voz dulcísima le alcanzaba el espíritu:

- Nina, ¡eres libre! En la rudeza de las pruebas, como pájaro atrapado y encarcelado, esperaste la liberación. Hoy, vinimos a recogerte. Irás con nosotros a mundos felices, donde podrá disfrutar de la paz y la tranquilidad que siempre has deseado, podrás trabajar en tareas nobles y disfrutar del buen humor y el bienestar.

Nina levantó los ojos y lágrimas incontenibles escurrían de sus ojos en desbordante emoción:

- ¡Señora! Bendita sois, enviada del Altísimo. Viniste a buscarme. Mi corazón se estremece de felicidad ante la suavidad de las emociones de esta hora sublime que no merezco. Me encantaría continuar, hacia los mundos encantados donde residís, disfrutando de la paz y la serenidad. Sin embargo, en este hogar que me recibió con tanto amor, mi madre encarnada enfrenta con dificultad la prueba de la miseria y la renuncia. Mi padre, un noble señor de antaño, hoy lucha contra el orgullo y la arrogancia trabajando duro con un salario insignificante, arando la dura tierra para apenas obtener un poco de pan. Cuatro ángeles del Señor, mis hermanitos en la Tierra, despiertan a la vida, en condiciones difíciles de malaria y desnutrición. Si me voy, seguro, se irán poco después porque la debilidad y la tuberculosis les quitarán la vida aun en una fase delicada en esta encarnación. Por lo tanto, si fuese posible, le rogaría señora que cualquier bien que, además, la misericordia divina me concede, sea revertido en favor de estas entidades que amo y a las que debo devoción y afecto. Perdonadme tanta audacia, ¡pero podéis leer la sinceridad de mi corazón y sentir el dolor que me hace partir ahora a la felicidad mientras ellos sufren!

Inclinada, aunque sumisa, Nina esperó. La entidad iluminada se acercó y levantando la diestra suavemente alisó su cabeza con inmensa ternura:

- Nina! ¿Qué deseas?

Nina levantó la mirada que reflejaba respeto y amor:

- Señora, permitid que me quede. Aunque enferma, cuido el hogar para que mi madre pueda ganar algo de dinero. Si me voy, tendrá que dejar de trabajar y entrará menos pan en esta casa.

La bella mujer, ansiosa, sonrió y dijo:

- ¿Sabes lo que me estás pidiendo? Si Dios te permitiese el regreso, ciertamente sufrirías mucho. El cuerpo que usaste en la carne está dilacerado. ¿Cuántas veces has mentido diciendo que te estabas alimentado para que tu pequeña ración beneficiara a los demás? ¿Cuántas veces has pasado las 24 horas sin probar comida, en una renuncia verdaderamente admirable? Sufriste mucho ¿Te ofrezco paz, abundancia, tranquilidad y me pides dolor, enfermedad, miseria y muerte?

Nina sollozaba:

- Le pedí a Dios que me permitiera quedarme. Es todo lo que pido.

La entidad lo miró con inmensa amabilidad, donde se reflejaba un resplandor de energía.

- No puedo atenderte. Debes venir conmigo. Un día entenderás por qué. Solo puedo decirte que tu estadía en la Tierra ha terminado. Su presencia enferma y sufriente no contribuiría a aliviar los problemas en este hogar. Sin embargo, no temas. Nadie queda desamparado en la Tierra. Los problemas de tus padres, solo ellos pueden resolverlos, pelear, sufrir, aprender. Hermanos devotos cuidan de tus hermanitos. Dios permite pruebas para que el espíritu se redima a sí mismo. Los sufrimientos subliman el espíritu y lo devuelven a Dios -. Abrazándola con cariño continuó: - Luego, cuando estés en condiciones, si quieres puedes venir a ellos, trabajar por su redención. ¡Ahora vámonos!

La joven, cuyos sollozos habían cesado, se levantó y abrazó a su protectora, luego se preparó a partir. Sintiéndose libre de un gran peso, le pareció que su pecho se estaba expandiendo en una alegría que nunca sintiera, mientras que una enorme sensación de bienestar invadiera su ser.

Se entregara suavemente y salieron de la humilde cabaña.

Mientras los primeros rayos del sol bendecían el día del amanecer, transmitiendo un mensaje de vida, dos figuras entrelazadas desaparecieran rumbo al infinito; solo quedaba un cuerpo pálido y demacrado, un rostro sereno y angelical, un camisón manchado de sangre, abandonado para siempre, como ropa inútil y rota que el tiempo se encargaría de transformar y destruir en el cambio constante de la naturaleza.

CAPÍTULO I
LA FAMILIA SUFRIDORA

En la granja Lageado en Minas Gerais, el día comenzaba temprano.

Había mucho trabajo por hacer y los colonos necesitaban levantarse temprano para estar en la terraza cuando sonara la vieja campana en el porche que los llamaba a trabajar.

El Coronel Gervásio Fartes no era un hombre para los juegos. Exigía a los colonos una ejecución rigurosa de sus tareas y era el terror de los hombres cuando montado en su bayo aparecía en los campos o pastos. No toleraba los retrasos. Se levantaba muy temprano y cuando el capataz tocase la campana, los hombres ya necesitaban estar en el patio para que se distribuyera el servicio.

José Mota trabajaba en la hacienda desde que era un adolescente. Hijo de colonos, no conformándose con la miseria de la casa paterna, a los doce años decidiera probar suerte. Llegara a Lageado y nunca había podido salir. Siempre había ganado muy poco y, además, nunca aprendiera a leer, lo que lo hizo bastante desconfiado.

Aunque nunca había podido mejorar su vida, no se acostumbrara a las humildes condiciones de su trabajo. Odiaba al Coronel Gervásio. Lo envidiaba, pero le temía. Para él, era Dios en el cielo y el Coronel, con el diablo, en la Tierra.

A menudo se rebelaba contra su situación, pero no importaba cuánto lo intentara, no podía salir de ella. Había conocido a María en la hacienda. Desde la juventud comenzaran a salir. Al principio, ella soñaba con ir a vivir en el pueblo. A los quince años, casi se escapa con un vendedor ambulante rumbo a otras ciudades. Pero la ambición de Zé la tentó. Su inconformidad coincidía con su ambición: juntos irían a la ciudad y ganarían dinero. Llevaban buena ropa y muchas decoraciones, como su siñá doña Eugenia, esposa del Coronel, una niña alfabetizada, de cara maquillada, que conducía el automóvil y fumaba como un hombre.

Se casaran. Ella a los dieciséis años, él a los dieciocho.

La cabaña "pico y palo" fue erigida poco antes con el consentimiento del Coronel y la ayuda de algunos compañeros los domingos después del trabajo. La cama había sido un regalo de doña Eugenia. Estaba vieja y, rota, pero Zé la arregló.

Su corazón estaba lleno de odio frente a la cama con la pata rota.

No era un hombre conforme a las migajas de los demás.

Disimulando sus sentimientos, trató de arreglarse de la mejor manera: el colchón fue hecho por María, quien durante dos meses secó y seleccionó paja de maíz para ese propósito. El revestimiento estaba desteñido y remendado.

La fiesta consistió solo en café con pastel de harina de maíz, que los padres de María ofrecieran a sus amigos y dos botellas de aguardiente que Zé había recibido de su patrón.

Con esto comenzó para ellos una vida difícil. Pero ambos trabajaban en el campo y, por lo tanto, a expensas de algunas privaciones y mucha lucha, lograran comprar algunos utensilios, algo de ropa. El tiempo pasaba. Los niños comenzaran a llegar La primera, nació fuerte y hermosa. Le dieron el nombre de Nina. Su nacimiento causó algunas alteraciones en la salud de María, perjudicada por la falta absoluta de atención médica. Así que solo después de seis años pudo tener otros hijos. Luego, nunca se detuvieran, vinieran uno tras otro. A cada hijo Zé le decía a la mujer: ¡María! Gracias a él, no podemos ir a la ciudad por ahora. El dinero no es suficiente. Cuando sea mayor, nos vamos.

Pero no pudieran ir. Si no se hubieran ido cuando eran solo ellos dos, ¿cómo podrían hacerlo ahora con tantos niños? A pesar de eso, Zé era un padre extremadamente celoso. Su rebeldía aumentaba con cada hijo, porque no podía darles lo que quisiera. Lo que siempre había querido tener y le fuera negado. Poco a poco, un odio intenso hacia la persona del Coronel Gervásio comenzó a surgir en su pecho. Cada vez que daba una orden incisiva y enérgica que no admitía una respuesta, José vibraba de rencor.

Envidiaba la casa solariega de la hacienda con sus cortinas rojas y sillas tapizadas. El reluciente arnés del hijo del maestro, sus brillantes botas de cuero y su ruidosa y feliz risa infantil.

Obedeció con la mirada baja para que el Coronel no viera el resplandor de la revuelta. Así era su día en el trabajo.

Por la noche, de vuelta en la pobre casa, se irritaba por los callos de sus gruesas manos, que le quemaban tanto como sus pensamientos.

Callado, desanimado, se sentaba a la tosca mesa para la comida que le parecía insípida. Frijoles, yuca, harina de maíz o trigo. A veces arroz, con algunas de las verduras cosechadas en el quintal. Se imaginaba sentado en la mesa limpia y bien colocada de doña Eugenia, con vasos limpios, con una comida fragante y variada.

María, con sus lamentos, le provocaba más revuelta. Para ella, que imaginara mejor vida en la ciudad, la trágica realidad la había hecho infeliz. El esposo se volvía más taciturno a cada día. Por mucho que se esforzaba por multiplicar sus recursos para servir bien a los suyos, sus intensos esfuerzos nunca fueron reconocidos.

Al principio, tratara de ser optimista, de alentar a su esposo. Poco a poco las dificultades fueran matando sus ilusiones y llenando su corazón de infinita amargura.

Después de unos años de matrimonio, ni siquiera se parecía a la joven y bella mujer que siempre fue.

Nina creció en ese ambiente. Entre las quejas de la madre y la revuelta del padre. Sin embargo, en su rostro delgado y oscuro siempre había una sonrisa. Sus brillantes ojos negros parecían dos estrellas, irradiando alegría y amor.

Desde muy joven demostró gran fuerza y ternura hacia todo y para todos. Intentó con su pequeño cuerpo ayudar a su madre como pudo. Se levantaba temprano y a la edad de siete años ya estaba a cargo de encender el fuego, buscar agua y cuidar de las pocas aves que poseían. Ella nunca se quejara. Si le daban un trapo viejo, sonreiría felizmente con gratitud.

Soportó las quejas de su madre y siempre trató de darle palabras de comprensión y optimismo. Cuando su padre llegaba a casa del trabajo, con el ceño fruncido habitual en su rostro y palabras duras en sus labios, ella envolvía sus brazos alrededor de sus delgados brazos y besaba sus mejillas quemadas con sol y lucha. Aunque no era pródigo en caricias, se estaba calmando gradualmente y las noches podían ser un poco menos amargas.

Pero no lo notaron. Había tanta suavidad y amabilidad en Nina que ellos, embrutecidos por las pasiones, no podían entender.

A medida que iban naciendo sus hermanitos, se dedicaba a ellos con desvelo materno. Nina tenía doce años, pero ya reemplazaba a su madre que iba al campo temprano, cuidando a sus hermanos, cocinando. Cuando la madre regresaba, iba a lavar la ropa en el arroyo. Su cuerpo debilitado, doblado bajo el peso del manojo mojado o de la lata, no descansaba. Llegaba a casa con el vestido empapado y las manos enrojecidas por el jabón, que era hecho en casa y de mala calidad.

Pero las cosas para el Coronel no fueron muy buenas: la pérdida de ganado, la enfermedad diezmando a los animales.

Exprimió aun más a los colonos, haciéndolos pagar más por la comida que consumían, hasta el punto que siempre le debían.

Eran esclavos que trabajaban subalimentados y rebelados.

Un día, Nina, cuando buscaba leña cerca de la casa, escuchó voces. Su madre se rio a carcajadas, mostrando alegría. Con eso era raro, Nina también sonrió y se acercó, pero se detuvo un poco asustada.

Una extraña voz dijo suavemente:

- Escucha lo que digo. ¡Nunca te olvidé, María! ¡Esto no es vida! ¡Vivir con este hombre que no reconoce su valor! Vámonos. ¡Juntos seremos felices! Mira, tengo una casa en la ciudad.

Hizo una pausa y, notando la brillante mirada de María, continuó participando:

- No es muy rica, pero está hecha de ladrillo. Tiene un piso de madera y un balcón en la entrada. Tiene un pozo con buena agua, no necesitas ir al río para obtener agua. Y luego estoy yo, que pienso mucho en ti, que no puedo ir sin ti. Desde aquellos tiempos.

- No puedo, Manuel. Si fuera solo Zé... Pero no dejaré a mis hijos. No puedo.

Manuel no se daba por aludido:

- ¡Mira María! ¡Vea esto!

De la maleta en el suelo sacó un vestido de ramadán, en colores alegres y un par de aretes de perlas que brillaban al reflejo del sol.

María no pudo evitarlo. Tocó la tela suave con sus gruesas manos y se avergonzó porque estaban un poco sucias por trabajar en el suelo.

- Es tuyo, María. Puedes quedártelo -. Ella sonrió encantada:

- ¿Mío?

Con entusiasmo, recogió el vestido y lo colocó frente a su delgado cuerpo.

- Solo acortarlo un poco y se ve bien.

En un éxtasis amoroso, Manuel intentó abrazarla. Ella se resistió:

- No. No hagas eso.

Su voz suplicaba:

- ¡María! Naciste para usar seda y no algodón. ¡Todavía eres hermosa y conmigo serás feliz! Toda su belleza revivirá con el tratamiento que tendrás.

Nina observaba pálida, su pequeño corazón amoroso latía con fuerza. Al no poder soportar más la escena, asumió que llegaba corriendo y exclamó:

- ¡Mami! Estás aquí. ¡Me alegra que estés aquí! - María, asustada, devolvió el vestido al vendedor ambulante y tímidamente respondió:

- Me iba a casa, Nina -. Y volteándose hacia Manuel con un tono indiferente:

- Adelante, Manuel. No quiero comprar nada No tengo dinero ahora.

Él, sonriente, trató de poner el vestido en sus manos:

- No hace mal. Su esposo es un buen hombre. Paga después.

Ella se puso seria.

- No, Manuel. Realmente no puedo. Si pudiera, compraba ropa para mis hijos, no para mí. No necesito. Adelante, Nina. ¡Que tenga un buen día, señor Manuel!

Abrazando a su hija, María se alejó entre la sonrisa fría de Manuel y el temor disimulado que hería el corazón de Nina.

En los días que siguieran, María se cambió gradualmente y descuidó sus obligaciones. Llenaba a su esposo de quejas más violentas.

Lo acusaba de ser miserable, exigía un nuevo padrón de vida.

Molesto, José casi agredía a la mujer recalcitrante. Y Nina sintió el miedo creciendo dentro de ella. Sorprendió a su madre en una actitud soñadora, ajena a todo lo que la rodeaba. La había visto arrojar al suelo los humildes vestidos que tenía en una crisis histérica.

Corriera hacia ella, abrazándola con afecto, diciéndole en voz baja:

- ¡Mamá! Eres la madre más bella, la mejor y más amable del mundo. ¡Tengo suerte de ser tu hija!

María miró sorprendida la carita morena de su hija. Tanta adoración leyó en sus ojos que se conmovió:

- ¡Querida hija! - respondió, abrazándola, tomada de ternura repentina -. ¡Cómo eres buena! ¡Lamento verte en esta lucha y en esta miseria! ¡Qué vida, Dios mío! ¡Qué vida!

Nina le besara las mejillas contenta.

- Pero soy feliz. ¡Muy feliz! No quiero nada más que vivir aquí, como estamos. Yo, tú, papá y los hermanitos. No quiero nada más. Los vestidos nuevos se vuelven viejos y feos con el tiempo. Las comidas sabrosas pronto se transforman y terminan. Lo que cuenta, madre, es nuestra vida, nuestro amor, nuestro hogar.

María entendió. Besó la delgada cara de la niña e intentó modificarse a partir de entonces.

Así fue Nina. Tan pura, tan amorosa, y tan simple, que tenía el don de transformar el clima inestable y difícil donde vivía.

Pero la vida era dura. En su esfuerzo, en su afán por aliviar a los suyos, Nina, se debilitó gradualmente. No se alimentaba correctamente. Estaba adelgazando.

Los padres estaban preocupados por su apariencia, pero no tenían los recursos para su tratamiento.

Doña Eugenia advirtió a María de la debilidad de Nina. Tuvo cuidado de pedirle a su hijo que no se acercara a la niña, temerosa de contagio. Sin embargo, no le importó darle el tratamiento adecuado.

De esta manera, su condición empeoró, hasta que quedó en cama por la debilidad extrema, por la incómoda fiebre, por los ataques de tos y sudor.

Roque era el hermano mayor de Nina. Tenía solo siete años, pero guiado por ella, se hizo cargo de los tres menores mientras sus padres se iban a trabajar.

Estaba oscureciendo. Nina le dijo a Roque que abriera la ventana de su pequeña habitación, que había sido construida apresuradamente para separarla de los demás.

Doña Eugenia ayudó a construirla. Nina sintió que faltaba el aire. Roque la abrió y pudo ver un trozo de cielo que ya era anaranjado en la despedida del sol. Se sintió elevada en su contemplación.

A pesar de la calma de la noche, sintió que su corazón oprimido se había ido con un sentimiento de tristeza y dolor. No temía a la muerte. Íntimamente la estaba esperando con como una liberación. Le pareció que ya había muerto muchas veces, en diferentes cuerpos.

Pero ¿y los suyos? ¿Quién los vería en la Tierra? ¿Quién podría ayudarlos en tiempos difíciles?

Durmió. Soñaba con un campo florido y perfumado, una libertad de movimiento, una ligereza indescriptible. Los pájaros cantaban alegremente y el cielo reflejaba un azul puro de inmensa claridad. Niños alegres jugaban en sus alamedas y Nina se sentía fuerte, sin dolor ni sufrimiento. Pero he aquí, de repente, mirando al cielo con éxtasis, vio que una cruz luminosa se dibujaba sobre él, mientras la voz muy dulce de una mujer le susurraba al oído:

- Nina, tu tarea ha terminado. Hoy mismo serás libre. Que Dios te bendiga.

La niña sintió un shock. Pensó en sus seres queridos y sintió un revuelo dentro de sí que se transformó en desesperación y dolor.

Se sintió enferma de nuevo y gritó con todas sus fuerzas.

- ¡No! ¡No me lleven todavía! ¡No! ¡Quiero quedarme con ellos!

En el mismo momento, todo desapareció de su adolorida mirada y despertó angustiada, con un dolor muy fuerte comprimiéndole el pecho. Apenas podía respirar. Sentía que la crisis se acercaba. Se levantó tambaleante, fue hacia la ventana. La brisa fresca del amanecer le soplaba la frente ardiente.

Apoyada en el alféizar de la ventana, miró a las estrellas en el cielo en una súplica silenciosa. Un dolor agudo en el estómago y la espalda le quitó la capacidad de respirar. Sintió que sus ojos se nublaban cuando el primer chorro de sangre apareció en su camisa.

En un segundo, su espíritu recordó todos los momentos que había vivido en una retrospectiva meticulosa y elocuente.

Soltó un grito y su cuerpo se derrumbó en el duro y frío piso de la habitación.

CAPÍTULO II
RECORDANDO EL PASADO EN LA COLONIA ESPIRITUAL

En agradable sala de estar, apoyada en un sillón, Nina descansaba cómodamente. El ambiente era tranquilo y acogedor. Elegantes y coloridas flores adornaban el jarrón de la consola, y la luz del atardecer se extendía a través de las grietas de las ventanas, en tonos suaves.

Su rostro cada vez más joven era el mismo, pero ahora era más maduro y de color saludable.

En esos momentos, a la pequeña habitación entró una joven señora, trayendo en las manos algunos de los lienzos en los que aparecían retratados bellísimos paisajes. Se acercó y con cariño depositó la mano sobre el hombro de Nina.

- ¡Nina! Es hora, vine a buscarte.

Nina abrió los ojos, que reflejaban una gran vivacidad, y dijo:

- ¡Cora querida! ¿Ya?

- Sí - respondió la otra -. Podemos ir.

Nina se preparó rápidamente y se declaró lista para partir. Había pasado casi un año desde que Nina llegó a Campo de la Paz.

A pesar del bienestar que sentía, Nina no estaba satisfecha con dejar a su familia terrenal y deseaba a toda costa regresar a la Tierra.

Había solicitado una nueva reencarnación en la misma familia, pero incluso ahora los mentores de su colonia espiritual le habían aconsejado que intentara trabajar en beneficio de las almas sufrientes mientras estudiaban el caso.

Nina vivía en la casa de Cora, con quien se identificaba espiritualmente, y aunque no recordaba los detalles, se sentía conectada con su pasado, como benefactora y querida amiga.

Bajo sus cuidados, había sentido renacer su salud, lo que siempre decaía cuando desesperaba de extrañar a sus seres queridos que se quedaran en la Tierra.

Con paciencia y afecto, le aplicaba pases amorosos y al mismo tiempo conversaba con ella, consolándola e intentando levantar su mente con fe y amor.

Con estos cuidados, Nina estaba mejorando y sus crisis de nostalgia se estaban espaciando. Es por eso que Cora pudo llevarla con ella para ayudar a las hermanas enfermas que acababan de llegar de la Tierra, las cuales fueran llevadas al hospital, así como en el entretenimiento a los niños que asistían a la Escuela Evangélica donde Cora militaba como asistente y orientadora.

Los dos salieran. Era agradable caminar por las calles donde acogedores árboles sombreaban las aceras y donde las coloridas y alegres cabañas endulzaban los ojos. Nina, siempre sensible a la belleza natural, iba preocupada y ansiosa.

Fuera convocada a una reunión en la que, junto con su asesor, Cordélio, revisaría su caso y posiblemente lo vería resuelto.

Caminando rápidamente, las dos pronto llegaron a la plaza donde se encontraba el Departamento de Orientación y Asistencia para la Reencarnación y Elección de la Pruebas. Conducida a la presencia de Cordélio, Nina se sintió conmovida. La amable y enérgica figura de su asesor le inspiró respeto, y simpatía.

Su penetrante mirada la envolvía con franqueza e interés. Sus palabras siempre sabias tenían el poder de hacerla sentirse amparada y tranquila.

Al verla, Cordélio se levantó y la abrazó con cariño.

- Bienvenida, Nina. Te esperaba Por favor siéntate.

Nina obedeció y no dijo nada. Ella sintió que él podía adivinar su ansiedad.

- Hija mía. Estudiamos tu caso. Quieres volver a la Tierra. Quieres reencarnar. Sin embargo, Nina, nos parece demasiado pronto. Si bien tus motivos son justos y nobles, no consideramos útil tu sacrificio.

Al ver que la decepción se esbozaba en el delicado rostro de la joven, continuó:

- Tú, por las obras y los merecimientos que tienes, puedes obtener lo que te propones. Sin embargo, recientemente has venido de la Tierra. Al tener tus pensamientos dirigidos a quienes todavía están allí, aun no has podido despertar a su pasado y ver tus vidas pasadas. Creemos que es injusto que vuelvas al mundo sin ese conocimiento. Por eso hoy te invitamos a recordar el pasado. Comenzaremos. Si te sientes cansada, continuaremos en otras sesiones. Solo entonces estarás en condiciones de discernir y resolver el caso en estudio.

Una ola de alegría envolvió el corazón de Nina. ¡Conocer el pasado! Finalmente, desenredaría el hilo de las existencias pasadas para descubrir el origen de los lazos de amor y afecto, de responsabilidad y amistad que la unían a tus seres queridos.

Se dejó llevar dócilmente, tratando de calmar su espíritu para no perder un solo detalle de lo que se le mostraría.

Entraron en una pequeña habitación donde una pantalla colgaba de una pared y algunos elegantes sillones se alinearon frente a ella. En la parte posterior, un dispositivo con una descripción complicada y difícil comenzó a funcionar tan pronto como los tres se sentaran y las luces se apagaran.

Inmediatamente, la pantalla de enfrente pareció cobrar vida, y las primeras imágenes, adquiriendo forma y color, comenzaron a dibujarse en ella.

La sala estaba preciosa decorada. Las paredes estaban cubiertas con alfombras de colores vivos. Los muebles están laboriosamente esculpidos en el más puro estilo Luis XV, todos pintados en oro. Las figuras de porcelana delicadamente coloreadas combinaban con los bellísimos candelabros de plata que adornaban la magnífica pieza.

Libros, un piano de cola y, en un rincón de la habitación, una joven de rara belleza trabajaba sin mucho interés en una delicada alfombra que tejía aburrida.

Al ver su rostro blanco, de cabello castaño y sedoso, atado en rizos caprichosos por una cinta y los hermosos ojos negros aterciopelados, Nina dejó escapar un pequeño grito:

- ¡Soy yo! ¡Esa soy yo! Ahora me acuerdo.

Luego se controló, con los ojos fijos en la pantalla rememorativa, tratando de no perder ningún detalle de la escena que se estaba desarrollando.

La joven, presumiblemente de quince años, ajena a todo, impregnando permanecía tejiendo en la tibia intimidad de la sala. De repente, la puerta se abrió y una mujer de unos cincuenta años, vestida severamente, con una fisonomía seria, entró erguida, vanidosa y con pasos estudiados. Unos quevedos, que retiraba y reemplazaba a cada paso, hacía que su figura se pusiera más rígida. Su cabello, pegado a la parte superior de su cabeza con tanto cuidado que no se movía ningún mechón, la hacía más distante e impersonal.

Era la institutriz de la casa del Conde de Gencelier, señor feudal del hermoso condado de Ancour, con muchas parcelas de tierra fértil y generosa.

Eficiente y rígida, vivió durante veinte años en el castillo de Ancour, donde era respetada y temida.

La joven hija del Conde de Gencelier la detestaba. Además, nadie tenía nada contra la señora y Henriette, celosa y cumplidora de sus deberes, dedicada y honesta. Pero Geneviéve tenía la costumbre de examinar todo lo que podía, de conocer a las personas con las que vivía. No que fuese calumniosa, sino extremadamente impulsiva, cuando le gustaba alguien, lo hacía en cuerpo y alma, pero antes buscara instintivamente penetrar profundamente en lo íntimo de la criatura para conocer las partes más recónditas de su alma y luego expresar su estima de manera completa y segura.

Con madame Henriette nunca consiguiera hacer contacto personal. Había nacido bajo su cuidado y vigilancia, pero nunca había sido capaz de sorprenderla con un momento de debilidad, sensibilidad, sentimiento, ira o incluso de amor.

Segura, equilibrada, impersonal, irritaba a Geneviéve, tan emotiva, tan alegre, tan llena de vida. Implicaba solemnemente con ella, pero, a pesar de ser la hija menor y favorita del Conde, no consiguiera que él la sustituyese en el gobierno de la casa. A pesar de su corta edad, ella comprendía que era a ella a quienes todos debían el envidiable orden e higiene que reinaba en el enorme castillo, pues su encantadora madre, la Condesa Margueritte, no estaba interesada en las tareas domésticas, llevando una vida intensa en la corte, brillando en el fulgor resplandeciente de sus joyas y belleza.

Acercándose a la niña, madame dijo:

- Señorita Geneviéve, su tiempo de bordado ha terminado. Puede descansar media hora. La profesora de baile vendrá hoy a las cuatro.

Con un suspiro de alivio, la niña empujó el marco y se levantó:

- ¡Maldita sea! No me gusta este trabajo. No creo que lo termine -. Y mirando desafiante a la institutriz, continuó: - No me gusta y no lo haré. Entonces haré todo mal.

Sin preocuparse, señora y respondió con voz tranquila y firme:

- Lo completará, sin duda. Deshará todos los puntos que hizo mal y las volverá a tejer. Tenemos tiempo. Lo que le aseguro es que se completará.

Una ola de rebeldía envolvió a la niña frente a su propia impotencia\.

- ¡Si no quiero, no lo haré! Lo rompo en pedazos.

Sin darse por vencida, madame concluyó serenamente:

- Comenzaremos otro con el mismo diseño. Puede estar segura que lo haremos.

- ¿Sabe de una cosa? Madame, no es humana, no es como la gente, ¡es una fiera!

En un ataque de ira, Geneviéve golpeó sus delicados y pequeños pies en el suelo mientras su rostro estaba teñido de un intenso rubor.

Ignorando la escena, madame, impasible, respondió:

- Con su permiso. ¡Prepárese para la clase a las cuatro en punto!

Cuando se fue, la niña se arrojó en una silla tratando de controlarse. Se sintió triste, En con completa soledad. Quería ver a su madre admirar su belleza, sentir sus manos descansando sobre su cabello en un gesto amoroso en el que ella la envolvía cuando la visitaba. Sin embargo, la Condesa no admitía que fuese a verla sin ser llamada. Cuando quería verla, la mandaba llamar. Casi siempre las primeras comidas en su habitación privada, y cuando tenía ganas de ver a su hija, la invitaba para la merienda de la tarde, lo que siempre era una fiesta para Geneviéve.

Además, se veía poco, ya que, por la noche, casi siempre, había recepciones y fiestas, que se esforzaba para no faltar. Pasaba mucho tiempo preparándose, y entre el descanso, la modista, el joyero, el peluquero, los tratamientos de belleza, ella repartía las pocas horas de su corto día, ya que por la noche brillaba en los salones aristocráticos.

La niña se sentía muy sola. El Conde, ocupado cuidando de la administración y la aplicación de sus rentas, estaba ausente con frecuencia. Sus dos hermanos mayores pasaban más tiempo en Versalles que en Ancour.

Cierta vez su madre le dijera:

- Eres linda. Pronto brillarás en la corte.

Geneviéve había sentido un calor de alegría y orgullo calentarle el corazón, ¡y soñaba! Soñaba con las fiestas, las pedrerías, el brillo y el bullicio de los salones. Sin embargo, siempre imaginaba que brillaría en la corte, siempre veía el rostro satisfecho de su madre, admirándola, alabándola, orgullosa de ella. Tomada por estos pensamientos, olvidó a madame Henriette con un polvo encantador. Se recostó en el sofá de terciopelo y disfrutó de su libertad dando rienda suelta a sus divagaciones juveniles.

Un poco más tarde, se sorprendió al escuchar nuevamente la voz de la institutriz, pero no tuvo tiempo de volver a irritarse con ella.

- La profesora de baile no vendrá hoy. Está resfriada. Le pide mil disculpas. Ahora, prepárese porque la Condesa la invita a tomar el té.

Geneviéve se levantó de un salto y comenzó a bailar con alegría, dando vivas al resfrío de la profesora. Fingió no ver ni oír las amonestaciones de madame Henriette, y a un ritmo rápido, casi corriendo, recorrió las habitaciones y los pasillos hasta llegar a su habitación.

La criada ya la estaba esperando y, a pesar de la paciencia de la niña, solo la dejó salir cuando la vio bien vestida, peinada y perfumada. Como la conocía jovial y descuidada, la precedió hasta las habitaciones de la Condesa.

En la puerta, Geneviéve se detuvo. Sabía que su madre se irritaba por la violación de la etiqueta. Así que se contuvo y llamó con delicadeza.

Entró. Siempre representaba para ella una fiesta penetrar este reino desconocido.

Entró con elegancia y se dirigió al pequeño salón donde la Condesa tomaba sus alimentos.

- Está decidido, me quedo con los dos. El de diamantes y el de rubíes.

Con un gesto delicado pero decisivo, se despidió del joyero, quien agradeció y se retiró de la habitación.

Geneviéve estaba asombrada. Su madre, elegante, con cabello castaño y anillado, que le envolvía suavemente los hombros, estaba más bella que nunca. Llevaba una delicada bata verde claro y en sus manos brillaban algunos anillos. A pesar de estar tranquila y en reposo, nunca se quitaba de los dedos el anillo que el Conde le había ofrecido el día de su boda. Se trataba de una delicada joya de piedras preciosas en la que se reproducían los escudos de armas de la casa de Ancour. Despojándose de él, aunque en la intimidad, la joven Condesa Margueritte Bertran Gencelier se sentía como despojada de su posición social.

Estaba tendido sobre un delicado sofá de pura seda, cuyo color esmeralda combinaba muy bien no solo con su traje, así como con el color perlado de su cutis muy bien empolvado.

En una consola, dos cajas abiertas conteniendo dos maravillosos juegos de collar, aretes, pulsera y anillo brillaban, a pesar de la penumbra de la habitación. La Condesa siempre estaba en la penumbra, para descansar sus ojos cansados por las vigilias constantes.

Al ver a la chica parada en la entrada de la habitación, su rostro se iluminó de alegría.

- ¡Mi pequeña! ¡Mi rayo de sol!

Con los ojos brillantes, Geneviéve se arrojó a los brazos de su madre.

De hecho, para la Condesa, lejos de la agradable luz del sol, la niña con su radiante alegría y vivacidad contagiosa, logró transmitir el calor de un rayo de sol.

La apartó de sí y, con mirada de aprobación, dijo:

- Estas muy bonita. Estoy orgullosa de ti. Ahora, cuéntame lo que has hecho durante esos días en que no nos vimos.

- ¡Hace ocho días, señora mi madre! Parece mucho tiempo, porque mi vida es muy monótona.

Sin importarle, la Condesa sonrió y suplicó:

- ¿Madame Henriette? ¿Continúa siempre la misma? Pero debes obedecerla. Prepara tu educación. Nadie puede brillar y ser la reina de los salones si no tienen una esmerada educación. Lamento que necesites soportarla. Pero no hay otra manera de lograr nuestro objetivo de prepararte para un brillante matrimonio.

Geneviéve se sonrojó violentamente. No se atrevía a decirle a nadie que en sus sueños de juventud ya había un ardiente deseo de amor y comprensión.

- Pero no te preocupes. Todavía es muy temprano. Ahora, necesito contarte sobre tu visita hoy. El próximo mes cumplirás quince años y las puertas se abrirán para dar paso a los invitados, y por primera vez lo haremos de noche en el salón principal. Serás presentado a la corte en tres semanas y luego los oficiales ya pueden invitar a nuestros pares a la fiesta.

El corazón de la niña latió más fuerte. ¡Finalmente su sueño se haría realidad! ¡Por fin!

Se encargaran de los preparativos y los detalles, y cuando Geneviéve salió, le parecía que no pisaba el suelo tal el éxtasis en el que se veía envuelta.

Al mismo tiempo, le preocupaba el temor de no saber brillar como su madre y no hacer justicia al lugar que, por la belleza, gracia y delicadeza, ella pudiera conquistar.

Se retiró a sus habitaciones y, emocionada, no pudo contenerse y comenzó a llorar.

El rostro de Nina estaba bañado en lágrimas cuando la escena desapareció de la pantalla brillante. Se identificaba y, cosa extraña, revivía las emociones no solo en la profundidad de la memoria sino también en si la estuviese viviendo de nuevo, aunque manteniendo la conciencia del presente, sintiendo la experiencia de hoy y analizando el ayer que ya había terminado.

Cuando el espíritu de Nina se calmó nuevamente, la pantalla comenzó a brillar con encanto, y los presentes sensibilizados, con respeto y tranquilidad, la fijaran de nuevo. La rememoración continuaría.

CAPÍTULO III
ESCENAS DE TIERNA FELICIDAD

Las majestuosas puertas de hierro pintadas de negro estaban abiertas de par en par, y los dos porteros con librea dorada, sosteniendo el bastón con las armas de los Ancour en la mano, señalaban la dirección a los cocheros de los carruajes ricamente decorados que entraban en el suntuoso parque, la entrada principal al castillo.

Los cascos de los animales chasqueaban las piedras de la avenida principal y el tintineo de los metales completaba el ruido característico y agradable.

Frente a las escaleras de mármol blanco, se colocó a un sirviente en una posición imponente y en el piso inicial dos sirvientes daban la bienvenida a los invitados que llegaban, inclinándose profundamente y colocando los dos escalones alfombrados para ayudarlos a descender.

La noche era hermosa y se podía ver, a pesar del candelabro de muchas velas y antorchas, el brillo de las estrellas y la agradable caricia de la brisa primaveral.

Con cada nombre pronunciado por el portavoz, el Conde y la Condesa se apresuraban a recibirlos con elegancia e hidalguía.

El salón de baile estaba abarrotado y el baile ya había comenzado.

Como la flor que florece en pétalos y perfume, Geneviéve se arremolinaba en los brazos de un joven caballero. Sus ojos reflejaban emoción y encanto, todo para ella era nuevo e intoxicante. Presentada en Versalles la semana anterior, su éxito había sido absoluto.

Su madre se encargaba de prepararla y vestirla según el gusto más exigente de la vanidosa corte de la época. Sus joyas fueron encargadas y diseñadas por famoso joyero, y sus gestos fueran ampliamente ensayados. Pero fue gratificante, pensaba Geneviéve, sintiendo el orgullo de su madre y la aprobación de su padre. Para ella era más importante que eso.

Ahora, los quince años, el baile, los homenajes, los regalos, los primeros cortejos. El apretón furtivo de una mano elocuente, una mirada intencional y complaciente. Todo era emoción, despertar, alegría.

Todos querían bailar con ella, su agenda estaba completamente llena.

Miró a su compañero, a quien prometiera tres contradanzas. Era un joven elegante, de rostro moreno pálido, ojos marrones como su cabello sedoso y brillante, atado con una delicada cinta negra. El elegante traje de terciopelo verde oscuro se adaptaba a su figura alta y delgada. Sus puños de encaje y su túnica almidonada le daban un aspecto juvenil. Pero sus ojos demostraban energía y firmeza.

En cierto punto, pasando por una de las puertas, toma la delicada manita y pregunta:

- Ven conmigo. Vamos a ver el jardín.

Geneviéve sonrió. Estaba cansada y un poco de aire le haría bien. Aceptando el brazo que el caballero le ofreció, bajaron por los senderos florecidos y perfumados.

- Cuando te volví a ver, nunca pensé que podría ser la misma persona -. La joven hizo un gesto de niña malcriada:

- ¿Por qué me puse más fea? - Él sonrió sinceramente:

- ¿Más fea? ¡Imposible! Peor de lo que eras nunca podrías ser.

Ella retiró el brazo humillada:

- Debo decir que tampoco eras gran cosa. La última vez que te vi eras delgado, poco elegante, lleno de pecas y con horribles pantalones a rayas.

Él se rio aun más, y mientras camino, la mano de la niña se volvió conciliador:

- Está bien. ¡Me rindo y ante la evidencia! Fui horrible, pero lo peor es que no cambié mucho, mientras que tú...

Fingiendo ignorar la mirada de falsa inocencia de la niña maliciosa, continuó:

- Qué bueno sería si no tuviéramos que pasar por la adolescencia. Desde la candidez de los primeros años hasta el florecimiento de la juventud, donde el amor aparece para glorificar nuestras vidas.

Caminando, habían ido a una banca al lado de un seto florido y perfumado. Se sentaran. De repente hubo un ruido de voces. Una pareja probablemente en la banca al otro lado del seto, entre risas y refranes irónicos comentaba sobre la fiesta.

Disgustado, el joven comenzó a alejar a Geneviéve, pero ella, en el momento en que se levantó para irse, despertó su atención con las palabras de la mujer, que decían:

- Justamente. Todos sus amantes están aquí esta noche. Ella es una devoradora de hombres. El Conde ni siquiera lo sabe. Si lo sabes, ¡finge muy bien!

Risas. La voz masculina respondió:

- Bueno, siento pena por la hija. Tan joven y hermosa. ¡El día que se case, pobrecita, la madre le robará a su marido!

- ¡Es verdad! Y digo más, incluso puede ser que ella le sugiera a uno de sus favoritos para tenerlo siempre a mano. ¡Todos saben que ella adora a los hombres jóvenes!

Un puñetazo en la cabeza de Geneviéve no la habría dejado tan aturdida, pálida y habría caído si Gerard no la hubiera detenido.

Lívido, el joven aristócrata, tomó el abanico de la joven la abanicaba temeroso.

Cuando la vio respirar mejor, saltó sobre el seto con la intención de sorprender a los calumniadores y darles una lección. No encontró a nadie. Con el ruido hecho por Geneviéve se habían ido.

Regresó al lado de la niña, que estaba molesta y lloraba silenciosamente. Conmovido le limpió los ojos llorosos y con infinito afecto dijo:

- Nadie puede penetrar la hipocresía de los salones y preservar la inocencia. Pobre Geneviéve. ¡¿Qué te hicieron?!

Gerard pasó una mano suavemente por el cabello de la joven. Su tono era serio:

- ¡Geneviéve! En un tribunal, donde la vanidad, la envidia, la intriga, los celos y la lujuria por el poder desencadenan los dispositivos de las reuniones y las relaciones, es natural que la belleza de la Condesa, que brilla en todas partes, despierte los sentimientos más contradictorios. La calumnia es una forma de destruirse o empañar ese brillo, esa belleza, esa admiración. Sin embargo, mi pequeña, has aprendido hoy que no puedes confiar en las personas cuya mayor ambición se reduce a ser siempre el primero, el mejor, donde quiera que vaya. En la corte, mi pequeña, salvo rarísimas excepciones, son todos así.

Geneviéve lo miró con admiración. Nadie le había hablado tan seriamente y las palabras encontraron resonancia en su corazón.

En los ojos de Gerard había sinceridad, y simpatía. La niña apoyó sus frías manos sobre las suyas y le pareció que de su figura emanaba una fuerza y bienestar, que poco a poco fue balsamizando su corazón. Sin pensar en las molestias de lo que iba a decir, Geneviéve dijo:

- Eres mi único amigo. ¿Prometes que no me dejarás a merced de estas almas mezquinas?

Las palabras de la joven lo tocaron profundamente cuando soltó las manos que sostenía con ternura. Un brillo doloroso pasó por sus ojos.

- Ciertamente Geneviéve. Siempre estaré a tu lado siempre que pueda. Te defenderé contra todos los dragones y con la espada si es necesario.

Dijo esto en un tono jocoso, queriendo disimular un poco sus sentimientos. Y ofreciendo su brazo con galantería, una vez más tomaran el rumbo a los salones.

La fiesta continuó, pero Geneviéve no era la misma. La maldad humana comenzaba a rasgarle el velo de la ingenuidad y la confianza. Sin embargo, mirando la fisonomía orgullosa de su madre en el salón iluminado, la emoción no pudo evitar sonreír a todos sus temores. Pero en el fondo, muy en el fondo, había un cierto miedo inconfesable, un cierto presentimiento que luchaba por vencer.

Miró a su hermano Antoine con orgullo. Bailaba con una de las más lindas damas del salón. Se inclinaba sobre ella en las delicadas formas de bailar con galantería y elegancia. Era el hermano menor, con una fisonomía agradable y rasgos delicados. Tez clara, ojos marrones claros, a veces con reflejos color de miel. Cabello castaño, gruesos y bien peinados, manos finas y de rara belleza. Era el favorito de Geneviéve. Simón, el mayor, aunque la estimaba, tratándola con atención y cariño, no participara en sus confidencias y juegos infantiles. Serio, silencioso, era casi taciturno y recurrió a los estudios científicos, extravagante, no atrajo mucho el favor de la joven hermana.

Simón, a diferencia de su hermano menor, no participaba en los bailes, prefiriendo aislarse al máximo, leyendo sus libros favoritos o sumergiéndose en sus pensamientos íntimos.

Geneviéve no lo vio en el salón. La fiesta seguía animada y alegre. Sin embargo, Nina, al verla en la pantalla iluminada, rememorando las emociones sufridas, recordó que, durante el resto del baile, aunque deseaba olvidar la infamia que había escuchado, no tuvo éxito. siendo este su pensamiento predominante en ese momento.

CAPÍTULO IV
EL MATRIMONIO FELIZ
Y UN INTENTO DE
HOMICIDIO

Las siguientes escenas que se reflejaran en la iluminada pantalla de rememoración mostraron el cortejo de Gerard y Geneviéve. El compromiso y, finalmente, el matrimonio. Dos años después nació el primogénito, que entre encajes y cintas fue bautizado con el nombre de Gerard.

Estaban felices Ellos se amaban. Gerard había resultado ser un esposo bueno y afectuoso. La joven dedicada se convirtiera en una mujer hermosa que estaba encantada de volverse cada vez más bella, en el deseo inconsciente de continuara encantando a los suyos, especialmente a su joven esposo. Gerard Bertran Montpellier era el único hijo del marqués de Trussard, un amigo cercano del Conde de Ancour. Su unión con Geneviéve fue bien recibida por las dos familias nobles, ya que había llegado a solidificarse todavía las relaciones de amistad que ya existían entre ellos.

Al revisar las escenas de tierna felicidad que marcaron su vida en ese momento, Nina sintió dentro de sí momentos de indescriptible emoción. Buscando dominarse, continuó observando.

Era un día feliz y festivo. Geneviéve, vestida con un vestido primaveral, esperaba emocionada la visita de su madre. Atareada, inspeccionaba la disposición de todo para que la mirada crítica y exigente de la Condesa no se disgustara con los dotes de su hija como anfitriona.

Listo. Oyó un carruaje entrando en la alameda principal. Ciertamente era ella. Se levantó y esperó para darle la bienvenida. Sin embargo, vio con sorpresa que su doncella entraba a la sala irreverentemente:

- ¡Señora, señora!

- ¿Qué pasa, Marie? La Condesa...

- No ha venido, señora. Solo el conductor pide ser recibido con urgencia.

Geneviéve estaba un poco sorprendida.

- ¡Que entre! - ordenó ansiosamente.

Entonces el hombrecillo entró en la sala, haciendo sonar las brillantes espuelas de sus botas.

- Tengo un mensaje para la señora marquesa.

- ¿De parte de quién?

- De la señora Condesa de Ancour.

Buscando dominarse, Geneviéve respondió:

- Muy bien. Puede entregarlo.

Con las manos que trató de hacer firme, tomó el sobre perfumado y rosado, tan conocido suyo, y le dijo al hombre que esperara.

Fue a la habitación contigua. Lo abrió impacientemente y leyó:

"Querida Geneviéve. Un asunto serio y muy importante, me impide ir a verte. Tan pronto como pueda, te enviaré noticias. Besos de tu madre, Margueritte."

No estaba claro. Regresó a la habitación.

- ¿Sabes si la Condesa está enferma? - Pregunto.

- No lo creo, señora. Su gracia me ordenó preparar un carruaje, pero recibió una visita inesperada y le envió este mensaje.

La niña suspiró aliviada. Al menos, había temido algo terrible. Fue entonces cuando tuvo la idea:

- ¡Espera un poco! Como la Condesa no vino a verme, iré allí para abrazarla.

Pasando una mano por una capa ligera, la joven se fue felizmente pensando en la sorpresa que le daría a su querida madre. Gerard no volvería a la casa hasta la noche. Tendría tiempo para quedarse una hora en su antigua casa, que no estaba muy lejos.

Durante el viaje, estaba alegre y feliz, con su mente vuelta hacia los queridos recuerdos de la infancia, antes de la evocación familiar de los paisajes que cruzó.

Cuando ya casi estaban allí, pasó un carruaje a toda prisa, lo que hizo que el conductor usara todas sus habilidades para impedir que los asustados caballos se desbocasen.

Geneviéve se asustó y ordenó al conductor que tratara de llegar lo antes posible.

Afortunadamente encontraron las puertas abiertas y en pocos minutos la joven entraba en la casa materna. Se dirigió a las habitaciones de su madre, sin preocuparse por los criados que la miraban asustados.

Cuando entró en la habitación de la Condesa, no pudo reprimir el grito doloroso. Extendida en el suelo, en un charco de sangre, allí estaba ella, pálida e inmóvil.

Geneviéve, afligida, se arrojó sobre el cuerpo ensangrentado gritando:

- ¡Ayuda! ¡Llamen a alguien! ¡Ayuda! ¡No la dejen morir!

La brutal escena despertaba en Nina dolorosa emoción. De repente recordó los acontecimientos que siguieran y, con una intraducible sensación de alivio, reconoció que la Condesa no estaba muerta.

Como Geneviéve se negase a abandonar su hogar materno para brindarle amorosa asistencia, se hicieran arreglos para que la joven pasara una temporada como huésped en el castillo, junto con su hijo y su esposo.

El Conde estaba muy conmocionado por lo sucedido y tenía la intención de investigar los hechos para poder castigar al culpable. Sin embargo, los eventos fueran inusitados.

La Condesa había recibido a una mujer extraña y estaba muy nerviosa por esta visita. Pero lo curioso es que el cochero había reconocido en el carruaje que los enfrentaba en el camino como uno del Barón de Varenne. Era más que obvio que la mano asesina estaba huyendo en ese carruaje.

Cuando la doncella de la Condesa fue interrogada, no encontraron nada.

Geneviéve se sentó en una silla junto a la cama, meditando. En esos ocho días, su madre había estado entre la vida y la muerte, pero ahora comenzaba a dar signos de una leve mejoría.

Le parecía extraño que alguien quisiera asesinar a su madre. ¡Una mujer! ¿La envidia? ¿Celos? ¿Robo?

No faltara ninguna de las joyas de la Condesa. Apartada esta última hipótesis, las otras prevalecían.

La joven se puso de pie. Varias veces había buscado en los cajones en busca de una pista, de la nota que debería haber recibido, que la haría desistir la visita que iba a hacer esa tarde.

Miró a su alrededor los objetos en la habitación. ¿Dónde estaría?

Volvió a abrir los cajones y los examinó cuidadosamente. Nada. Fue al cofre de la ropa y pacientemente comenzó a examinarlos. Los bolsillos de los *negligés* eran registrados con perseverancia hasta que un sobre arrugado cayó en sus manos.

Ansioso, Geneviéve sacó la nota que contenía y leyó:

"Lo sé todo. Necesito veros hoy y a las 2 pm. Entraré de todos modos. ¡Vamos a arreglar todo de una vez!"

No tenía dirección ni firma, pero estaba claro que era una amenaza. ¿Qué hacer?

Con manos temblorosas, Geneviéve guardó la ropa y con la nota en la mano fue a la habitación contigua en busca de Ana, la criada.

Cerró la puerta con cuidado y preguntó: - Ana, ahora vas a contarme todo. La criada protestó:

- No sé nada más, señora. Todo lo que sabía ya os lo dije.

- No creo. Estabas con ella cuando recibió esta nota. También estabas con ella cuando llegó la visitante.

La otra continuó protestando, pero no podía negar que había estado presente hasta la llegada de la extraña mujer y que, por orden de la propia Condesa, se fue poco después.

Con firme determinación, Geneviéve advirtió a la sirviente angustiada: - No sirve de nada tratar de encubrir. O dices lo que sabes, o le mostraré al señor Conde esta nota y serás acusada como el cómplice de esa mujer. Además, no creo que, ante tantos misterios, no hayas estado escuchando detrás de la puerta, como es tu costumbre.

La mujer temblaba y su rostro alternaba de pálido a rojo. Inmisericorde, Geneviéve continuó: - Varias veces te sorprendí espiando y escuchando detrás de las puertas; no creo que no estuvieras allí durante la visita de esa mujer.

- Por piedad señora, no sé nada, lo juro, no sé nada...

- ¡Elige! O cuentas todo y el caso se queda entre nosotras o llevaré al conocimiento del Sr. Conde lo que sé y él te acusará de cómplice en el crimen.

- No debéis hacer eso. ¡Por amor de Dios! Soy fiel a mi ama hasta la muerte. Siempre he mantenido en secreto los problemas de la señora Condesa y no puedo revelarlos sin traicionar su confianza -. Molesta, Geneviéve sacudió a la criada por los hombros y dijo: - "Quieres ayudarla encubriendo a un asesino". ¿No sabes que cuando descubra que su crimen no ha sido irremediable, intentará regresar? ¿No ves que la vida de la Condesa está en peligro con este asesino suelto sin poder saber quién es ella?

- Señora... -. dijo la sirviente con un voz temblorosa - ¿creéis que ella vuelva?

- Odia a mi madre. Si no pudo matarla, enviará a alguien y pondrá una trampa. ¿No entiendes que necesito saber dónde está ese enemigo para defenderla? ¿Qué necesito para saber el alcance del peligro para evitarlo?

La mujer estaba temblando violentamente.

- Tenéis razón. Perdón para mí que no supe cómo defender a mi ama con la vida. Le contaré todo lo que sé. Se trata de la Baronesa de Varenne. Se disfrazó muy bien, se cubrió la cara, pero cuando entró, miré por la puerta y vi cuando se descubrió.

Discutieron y la Baronesa estaba muy nerviosa. La señora Condesa respondió con calma hasta que de repente sacó un puñal y embistió contra mi ama. Corrí, pero no tuve tiempo de impedirlo. Ya con el rostro cubierto, ella salió corriendo y yo asustada corrí buscando ayuda. Justo entonces llegó la señora Marquesa -. Geneviéve estaba asustada. La Baronesa era una mujer joven, muy delgada y equilibrada. ¡Le parecía que era posible! Su esposo era un amigo cercano del Conde de Ancour, a pesar de la diferencia de edad entre ellos.

- ¿Por qué discutirían? ¿La razón?

- No sé bien. Parece que la Baronesa estaba celosa de la Condesa.

- ¡¿Celos?! - Geneviéve lo encontró extraño. La Baronesa era muy hermosa y mucho más joven que la Condesa -. ¿Celos? - repitió - ¿Por qué?

- Del Sr. Barón.

Un rubor vivo tiñó las mejillas de la joven.

- ¡Qué horror! - pensó - ¿Mi madre y el Barón? ¡Qué absurdo! ¡La Baronesa debería estar molesta!

Al ver que nada más podía ser arrancado de la sierva, Geneviéve regresó a la habitación materna y se sentó nuevamente junto a la cama.

La Condesa durmió, abrumada por la debilidad. La joven volvió a leer la nota: "Lo sé todo". ¿Todo lo que?

Afortunadamente, su madre estaba mejor y pronto pudo aclarar el asunto.

La oportunidad llegó unos días después, cuando la señora Condesa había aprovechado al máximo su comida, a la que la hija dedicada estaba ansiosa por asistir.

Con afectuosa solicitud, Geneviéve esperó a que la Condesa terminara. Se sentó al pie de la cama, envolviéndola con una mirada de cariño, y dijo: - Madre, necesito hablarte.

Cerrando los ojos con un poco de debilidad, la Condesa respondió distraídamente: - Puedes hablar.

- ¿Te sientes mejor?

La bella dama suspiró con cierto alivio.

- Sí. Me siento mejor.

La joven emocionada insistió con cariño: - ¡Nos dio un susto!

- Sí. Ya pasó. Afortunadamente, la cicatriz no aparecerá cuando use mis escotes favoritos. La infeliz no consiguió alcanzarme en el corazón como quería. La esquivé a tiempo.

La Condesa había hablado como para sí misma, su voz registraba un indisimulado rencor. Geneviéve aprovechó la señal: - Nunca pensé que la Baronesa de Varenne llegara a ese punto. ¿Me intriga y la causa de su comportamiento? ¿Se ha vuelto loca?

Margueritte se sobresaltó y por un momento sus ojos angustiados buscaron en el rostro de su hija con preocupación.

- ¿Por qué crees que fue ella? Qué sabes Geneviéve - respondió con miedo: - No te preocupes por eso. No te hará ningún bien. Hablaremos otro día.

- No, estoy bien. Háblalos ahora. ¿Qué es lo que sabes?

- Nada. O casi nada. El día que vine a verte y te encontré herida, el carruaje de la Baronesa estaba saliendo de las puertas del castillo. Deduje que era ella quien se escondía dentro.

Margueritte pareció calmarse un poco. Geneviéve permaneció en silencio, temerosa de seguir preguntando. Después de unos minutos, la Condesa abrió los ojos y miró a su hija tranquilamente, y dijo: - ¡Geneviéve! Preferiría que nadie lo supiera. Especialmente el Conde.

- Puedes estar tranquila. No se lo dije a nadie. Esperé tu palabra esclarecedora.

La Condesa sonrió, visiblemente aliviada.

- Hiciste bien. El Barón es un muy buen amigo del Conde y no me gustaría involucrarte en esta intriga. Deja todo para olvidar entonces. Geneviéve protestó:

Pero ¿por qué? Esta mujer es peligrosa. ¿Continuará frecuentando nuestra casa después de lo que hizo? ¿No crees que ella necesita ser castigada? ¡Podría haberte matado!

La Condesa tomó la mano de la hija y mirándola a los ojos preguntó:

Hija, olvida lo que pasó, te lo pido. Tengo motivos para temer por la cordura de la Baronesa. El mismo Barón me confió y que tiene la intención de ponerla en una casa de tratamiento. Últimamente se ha estado comportando de manera extraña. Teme que ella esté en camino a la locura. Hablaré con él para que pueda ser hospitalizada y luego todo estará en paz, sin que el escándalo sacuda al nombre de las dos familias. Prométeme que nadie sabrá la verdad.

La joven estaba más tranquila. De hecho, su madre tenía razón. Lo mejor era mantener la discreción y asegurarse que la Baronesa estuviera hospitalizada donde no podía lastimar a nadie más.

- De acuerdo, mamá. No diré nada

La Condesa acarició la mano de la joven: - Estoy orgullosa de ti. Eres una buena hija. Ahora déjame descansar.

La joven asintió y fue más serena a sus habitaciones. De hecho, el caso estaba resuelto, solo la locura podría justificar la horrible agresión que había cometido.

- Pobre querida madre - pensó -. ¡Era amable y noble, perdonando a su atacante! - Se sintió culpable por sospechar, incluso de lejos, el procedimiento de su madre.

Sin embargo, tan pronto como su hija salió de su habitación, Margueritte se levantó y aun mostrando signos de debilidad, comenzó a buscar, en el cofre de ropa, la nota que había recibido el día del asalto. No lo encontró. Muy preocupada y todavía sintiéndose débil, se recostó de nuevo, tocando el timbre. La camarera respondió solícito: - Ana, ¡dame papel y tinta! Necesito escribir

La criada obedeció rápidamente colocando un apoyo para que la Condesa pudiera apoyar el papel.

- ¡Espera! Necesito tus servicios. Madame Henriette no puede saber, como siempre.

- Sí, señora Condesa.

Con una mano temblorosa, la Condesa escribió en el papel perfumado, pero sin las anclas del condado de Ancour.

"Necesito verte. Si no vienes, será demasiado tarde. M. "

Simplemente. También cerró el sobre sin timbre y lo selló. Luego ordenó: - Vete, Ana. Sabes dónde encontrarlo. Entrega esta carta. Si no es así, simplemente colóquelo en su lugar de siempre.

Al ver a la criada irse apresuradamente, después de haber colocado la nota en una de los bolsillos del vestido, sin nombre ni destinatario, la Condesa mostró más tranquilidad. Cerró los ojos deseando que pudiera dormir, pero en su mente la joven y bella figura de la Baronesa de Varenne estaba dibujada. Ella no perdía por esperar. Negro sentimiento de odio obnubiló el semblante aun joven de la Condesa – ¡ella no vio que figuras sombrías, en ese momento, se aliaran con ella, como alimentando y reforzando sus planes de venganza!

Nina observó la angustiosa escena. Había captado nuevos detalles en la rememoración del pasado que, ahora, ayudado por las imágenes que revivía, comenzaran a resurgir nuevamente en su corazón.

Pero era diferente haber vivido, observado y participado en los acontecimientos de ese tiempo, sin saber la verdad total que ahora se reflejaba sin ilusiones o parcialidad en la pantalla brillante de la sala de rememoración.

Pero, las imágenes continuarían, con el corazón temeroso, Nina esperó.

CAPÍTULO V
MISTERIO RESUELTO Y CONSCIENCIA HOMICIDA

El castillo del Barón de Varenne no estaba lejos de las tierras de Ancour, pero, aunque eran casi vecinos, la propiedad del Barón difería enormemente en el gusto extremadamente moderno de sus cuidados jardines, caprichosamente adornados con un follaje elegante y la audaz arquitectura de su castillo.

Se podría decir que el Barón, que viajaba y era culto, se había inspirado en Grecia para construirlo. Mármoles y piedras decoraban ingeniosamente la parte inferior de la magnífica propiedad, mientras que en la planta superior la ligereza de la construcción de mampostería está rodeada de elegantes arcos de hierro artísticamente trabajados. La escalera en la entrada conducía directamente al pabellón superior porque, la parte inferior, cuya puerta estaba en la parte posterior, se destinaba al servicio y almacenamiento de comestibles, bodega, cocina, etc.

Debido a su originalidad, el castillo era muy admirado por los nobles de la época. El lujo interno confirma el gusto particular del Barón, muy fino y personalísimo.

El carruaje se detuvo en la entrada principal y una mujer, corriendo, entró en el castillo. Tenía un grueso velo sobre la cara, que se quitó con una mano nerviosa. Era una mujer de rara belleza. Alta, bien hecha de cuerpo. Artísticamente peinado cabello rubio. Ojos verdes, que en ese momento parecían reflejar todo el miedo en un impulso que rugía en su alma. Deslizándose rápidamente por los pasillos, fue a sus habitaciones, corriendo el cerrojo. ¡Lo que había hecho, Dios santo! Miró horrorizada sus manos nerviosas que temblaban con lo que la tocaba con una emoción incontenible. Entonces vio que su vestido estaba manchado de sangre. La Condesa, al tratar de arrebatarle la daga de las manos, había luchado con ella, pero dominada por una fuerza duplicada, la Baronesa había logrado alcanzarla con un golpe directo.

La cara de Livia era incolora. Por mucho que quisiera, la sensación que había tenido al enterrar el puñal en el hermoso pecho de la Condesa no la dejó en la brutal escena en la que Margueritte cayera finalmente mirándola con odio, intentando inútilmente con las manos detener la sangre que brotaba abundantemente.

Aterrorizada, quería deshacerse del vestido ensangrentado. El puñal delgado y peligroso lo había arrojado al fondo de un pozo en las afueras del castillo de la Condesa.

Necesitaba limpiar los últimos rastros. ¿Alguien la había reconocido? ¿Algún criado habría sospechado? Llevaba un velo grueso y un traje oscuro. El carruaje, sin escudos de armas, que el mismo Barón usaba cuando tenía la intención de salir de incógnito.

¡Ciertamente nadie la habría reconocido! Con agitación febril, se cambió el traje y lo envolvió cuidadosamente en un paño viejo. Lo ató con una cuerda y lo ocultó cuidadosamente. Al día siguiente, lo tiraría al río. Se miró en el espejo, estaba muy pálida. Necesitaba evitar sospechas, especialmente de su perspicaz marido. No tenía dudas que Margueritte estaba muerta. Incluso con su inexperiencia, estaba segura de haberla apuñalado en el corazón.

¿Cuál sería la actitud de Gustavo, sabiendo que su amada ya no existía más? Se sentó en una silla sin encontrar posición ni tranquilidad. Un nervioso escalofrío recorrió su cuerpo y, aunque hizo todo lo posible por escapar de él, había otra vez en su mente, la repetición automática y terrible de la escena del crimen.

Un principio de arrepentimiento surgió en el corazón de la Baronesa. Nunca se había levantado para lastimar a nadie. Nunca había lastimado a nadie. ¿Por qué esa mujer se había metido en su camino? ¿No fue suficiente con las amantes en la corte? ¿Por qué indignó a su hogar robando el amor de su esposo?

Al principio, Lívia no había notado las atenciones y meneos de Margueritte para interesar a Gustavo, pero, a medida que pasaba el tiempo, sintió que el Barón, sin estar atento, estaba distante de su hogar, desinteresado en ella, relegándola a un segundo plano. Últimamente, rara vez la buscaba en sus habitaciones, saliendo constantemente y tratándola como si no existiera.

Ella se había casado con él por amor. La atractiva figura del Barón, su personalidad cautivadora y exótica, había despertado en Livia una ardiente pasión que coincidía con su felicidad.

Ambos matrimonios habían sido uno de los mayores eventos sociales de la época, ya que Lívia provenía de un excelente linaje y tenía una gran tradición familiar. Todo había sucedido con felicidad. Solo faltaba un heredero que no hubiera venido en esos primeros años, pero que, para alegría de la pareja, había enriquecido su hogar hacía dos años.

Sintiendo el desinterés de su esposo, Livia buscó la causa e investigó y descubrió la verdad. Gustavo mantenía reuniones clandestinas con la Condesa de Ancour.

Se sentía asqueada. Cambiada por una mujer mayor y esposa de uno de sus mejores amigos. Había hecho todo lo posible para separarlos. El Barón siempre negó tener una relación con Margueritte que no fuera la amistad que unía a las familias. Pero la Condesa tenía una reputación en la corte como una mujer desenfrenada, rodeada de admiradores, a quienes logró arrastrar constantemente. Ya había causado muchos duelos, pero con una habilidad espectacular siempre pudo salvaguardar las apariencias.

En una de las fiestas donde conoció a su rival, Lívia pudo mantener reservada conferencia donde ella le rogara que dejara al Barón en paz.

Extremadamente halagada por la humildad de la Baronesa, manejó la ironía como arma, instándola a que recuperase a su esposo, afirmando que nada podía hacer pues no estaba absolutamente interesada en el Barón, lo que implica que, si tal vez ella lograba atraerlo de nuevo, el Barón volvería a casa como antes. Lívia detestaba a esa mujer vanidosa. Usara humildad, amabilidad, francamente suplicara con el corazón. Ella la humillara, la hiriera, la azotara con duras palabras de vencedor, sin respetar su dolor.

Fue en ese momento que Lívia juró vengarse. El Barón se ocultó, principalmente en los misteriosos paseos que realizaba ciertas tardes a caballo.

No tuvo dificultad en saber a dónde iba. En el bosque del castillo de Ancour pabellón de caza. Había visto entrar al Barón y, poco después, la Condesa acompañada por la camarera que estaba afuera observando.

Con cautela, Livia, desde la parte de atrás, se acercó a la ventana y a través de una de las grietas pudo ver al Barón y la Condesa abrazados. La emoción que sintió fue tan violenta que Lívia tardó unos minutos en analizar la situación nuevamente. No tuvo el coraje de entrar. Se retiró rumiando lo que debía hacer.

La cara de su esposo, que expresaba amor, mirando a esa mujer, sus abrazos, sus besos, no escapó de su mente, estableciendo así una cadena de fuego. ¡Lívia nunca pensó que tenía tanta capacidad de odiar! ¡Se vengaría! Que sea un trabajo útil para librar al mundo de esa mujer vanidosa y fútil destructora de hogares.

Planificó todo con cuidado. El arma sin escudo de armas, el recado sin firmar, la adhesión del cochero bien pagado. Pero ahora que se había vengado, no estaba tranquila. Los terribles y rencorosos ojos de la Condesa parecían estar mirándola, y por mucho que lo intentó, no pudo alejarse de ella.

- Estoy nerviosa - pensó, buscando un tranquilizante en el tocador -. Mañana estaré más tranquila.

Hice lo que debía. Ahora es tarde.

Ingirió las gotas que había servido generosamente en un vaso de agua. Le dolía la cabeza tenazmente. Decidió acostarse por un rato, dejando la habitación en la penumbra.

Una hora después, cansada y sin dormir, se levantó de nuevo. No podía cerrar los ojos. Cada vez que lo hacía, se acentuaba en su mente la falta cometida. Recordaba con tanta claridad que le parecía estar cometiéndola nuevamente.

Cuando la criada vino a prepararla para la cena, Lívia hizo un tremendo esfuerzo por dominarse.

Necesitaba bajar al salón. Gustavo no podía sospechar nada. Ansiosa, se miró en el espejo y se sintió alarmada. Vio su rostro pálido luciendo profundas ojeras como si se estuviese levantando después de una grave enfermedad. Sentía que le temblaban las piernas y sus manos están sumergidas en sudor frío.

Intentó febrilmente de encubrir su condición.

- Está enferma, señora Baronesa. ¿Queréis que avise al señor Barón? - Livia sujetó a la criada violentamente: - Nada de eso. Estoy bien. Solo un ligero dolor de cabeza. Vamos, ayúdame.

Cuando Lívia entró en la habitación, el Barón ya la estaba esperando, leyendo distraídamente un hermoso libro encuadernado. La saludó cortésmente, su breve e indiferente mirada no se detuvo en el rostro joven y macerado de su esposa. Esta indiferencia que tanto dolió a Lívia, esa noche fue providencial, pero, aun así, no podía dejar de alcanzarla.

- Piensa en ella, por supuesto - pensó la Baronesa -. ¡No sabe que está muerta! - Ante ese pensamiento, sintió que sus piernas se debilitaban.

- ¡Asesina! ¡Asesina! ¡Eres una asesina! - Un escalofrío recorrió su cuerpo y se habría caído si no se hubiera sentado de inmediato.

Afortunadamente, el Barón todavía estaba entretenido por el libro y no notó la incomodidad de su esposa.

Durante la cena apenas tocó la comida, pero la mesa era muy grande y Gustavo al otro extremo no se dio cuenta.

Fue con innumerables dificultades que Lívia logró disimular su real estado de ánimo, en el salón, donde el Barón se reclinó en cómoda poltrona, teniendo a sus pies su enorme perro pastor, retomó el libro y continuó leyendo. Lívia fue al piano, pero se sintió sin ánimo para tocar. Si lo hiciera, la emoción se desbordaría y nada podría detenerla. Prefería reanudar su bordado y disimular que lo hacía. Cuando el reloj dio las diez, decidió ir a sus habitaciones. Se retrasó tanto como pudo, pero ya era demasiado tarde. El Barón estaba irritado porque había que esperar a que se calmara y, a su vez, abandonar el salón. Muy caballeroso nunca lo hacía antes que ella.

Sin embargo, Lívia temía a la soledad. Tenía ganas de llorar, de contarle todo al compartir su dolor y su tiempo con él. Pero el miedo a su desprecio la contuvo. Ciertamente la odiaría si supiera que era una asesina. Tuvo el impulso de pedirle que viniera a su habitación esa noche.

¡Necesitaba mucho consuelo! Pero no tuvo el coraje. Se despidió como de costumbre y fue a sus habitaciones, después de besar al hijo dormido.

¡Pobre Livia! Sin dormir y aterrorizada, afligida e infeliz, ya estaba empezando a enfrentar las consecuencias de su crimen en su conciencia. ¡Cómo se engañó pensando en liberar su hogar de la influencia dañina de su rival! Inspirada por los celos y el odio, había logrado sumergirse con el crimen del sufrimiento y la mayor esclavitud del error cometido, del crimen perpetrado, lo que sin duda agravaría aun más las dificultades para lograr la felicidad deseada.

Pero los tormentos de Lívia apenas habían comenzado, habían aumentado en los días siguientes, sin poder mitigarlos.

Con cada ruido, esperaba la noticia de la muerte de la Condesa, con cada momento que anhelaba y temía al mismo tiempo, para saber la magnitud de su crimen.

Sin embargo, todo seguía igual y nada podía descubrir lo que realmente había sucedido. Sin embargo, a medida que pasaban los días en esta angustia constante, su salud se debilitaba cada vez más. Apenas comía y las pesadillas llenaban sus noches de insomnio. Hasta el punto que Gustavo se interesó por su salud.

Pero, Livia, temerosa que su esposo descubriera su crimen, se sintió enojada en su presencia, lo que le causó más tormento y un mayor sentimiento de culpa. Estaba en la cama, febril y agitada, cuando el Barón recibió la carta de Margueritte, solicitando una entrevista. Habían pasado muchos días desde que recibiera un mensaje de la Condesa, así que se regocijara por la oportunidad de verla. No sabía por qué se había dejado envolver por la fascinación de esa hermosa mujer. Cuando estaba con ella, se sentía dominado por una fuerte y constante atracción que lo consumía cada vez más, sin agotarse. Cuando se apartaba, vivía ansioso e insatisfecho, viviendo solo del deseo de volver a verla y estar a su lado. Todo lo demás le era indiferente, consumido por la constante y ardiente llama de esa avasalladora pasión.

Se preparó rápidamente y sin paciencia para soportar el lento trote del carruaje, hizo ensillar al caballo y galopara; iba al castillo de Ancour. Margueritte, estaba enferma. Era amigo de la casa, podía visitarla sin protocolo incluso si el Conde no estaba en casa.

Buscando ocultar su emoción, el Barón se dejó llevar a la sala del castillo donde Geneviéve lo recibió con cortesía y atención.

- Perdonad la Sra. Marquesa la osadía de presentarme y con estos trajes en un momento tan impropio. Escuché que la señora Condesa está enferma y vine a informarme sobre su salud.

- Muy amable, señor Barón. Estamos agradecidos. Mi madre sufrió un atentado y simplemente no murió por la gracia de Dios.

- ¿Un ataque? - El Barón palideció.

- Sí. Mi madre fue víctima de un intento de muerte -. En pocas palabras, Geneviéve puso a Gustavo al tanto de lo que sucedió. Temeroso que el Barón descubriera que su esposa era la perpetradora del crimen. El Barón estaba disgustado.

- ¿Quién podría hacer tal cosa? ¿Quién se atrevería?

- No lo sé. Mi padre investiga, pero aun no ha descubierto nada.

- ¿La señora Condesa puede recibirme? Me gustaría rendirle mi homenaje.

Geneviéve sintió una ola de repulsión. Hizo un esfuerzo tremendo para calmarse.

- Esperad.

Veré si puede recibiros.

La joven, aunque confiaba en la honestidad de su madre, instintivamente sentía celos del Barón, tenía la urgencia de impedirle que entrara a la habitación, como deseaba ardientemente que él se retirase. Pero encontró a su madre alegre, sonriente. Al anunciar la presencia del Barón de Varenne, ella fingió un aire de encantadora ingenuidad y sonrió cuando dijo: - Querida, él puede entrar. Veré si puedo hablar con el Barón para lidiar con la locura mental de su esposa. Necesito tu cooperación. Está muy encariñado a la Baronesa, va a ser golpeado con fuerza. Desafortunadamente, tengo que deshacerlo para evitar un mal mayor. Déjanos solos, por favor. Al mirar el rostro sonriente y sereno de su madre, Geneviéve se sintió más tranquila. Con amabilidad, invitó al Barón a entrar y, acomodándolo en un sillón agradable, se retiró.

Tan pronto como se cerró la puerta, el Barón se puso de pie con un impulso, tomó la mano bien cuidada de la Condesa y se la llevó a los labios con acentuada emoción.

- ¡Gracias a Dios que te perdonó la vida, Margueritte! ¡Ni siquiera quiero pensar en el dolor de perderte!

Halagada, la Condesa bajó la mirada suavemente, aparentando cierto bochorno.

- Por poco la mano asesina no me destruyó.

En un momento de emoción, el Barón se arrodilló junto al elegante diván donde, entre sillas y encajes, Margueritte estaba convaleciente y cubría de besos sus manos y su rostro. Margueritte se abandonó lánguidamente hasta que, con un temblor, recomendó: - Por favor, Barón, le pido que se calme. ¡Si mi hija te sorprende! Me comprometería. Vamos a conversa.

Gustavo trató de contenerse a sí mismo y volvió a sentarse en la silla a su lado.

- Estoy tranquilo. Me indigna saber que alguien trató de quitarte la vida

¡Reclamo el derecho de vengarte!

Un brillo de satisfacción brilló furtivamente en los ojos de Margueritte. Trató de ocultarlo cerrándolos lánguidamente: - ¡Me conmueve tu dedicación! Sin embargo, ¡temo darte un disgusto! Por nada en este mundo revelaré la verdad - Gustavo se sorprendió.

- ¿Tú lo conoces? Sabes quién se atrevió...

La Condesa sacudió negativamente la cabeza: - No.... no... Fue solo un momento de debilidad. ¡No debo hablar!

El Barón se puso de pie: - ¿No confías en mí? Dime y todo, sabré cómo ayudarte. Me estremezco al pensar que este brazo asesino podría intentarlo de nuevo. ¿No ves en qué peligro estás?

La Condesa se llevó las manos a los ojos y dejó escapar un sollozo angustiado.

- Te amo Gustavo. ¡Quiero salvarte!

El Barón palideció. De pie frente a la Condesa con una voz donde la sospecha se mezclaba con la ira, exigió: - Quiero la verdad, soy un hombre de honor y carácter. Se hará justicia duela a quien duela.

Mirándolo a la cara con voz firme, Margueritte declaró: - Te contaré todo. Este secreto me sofoca.

Fue la Baronesa Livia quien quiso matarme.

La cara del Barón se puso pálida y cerró los ojos, vencido por la violenta conmoción.

- ¡Livia se atrevió! ¡Llegó a tanto! ¡Asesina! ¡Asesina!

¿Cómo pudo?

Después de unos momentos, Gustavo se derrumbó en una silla, consternado. También se sintió un poco culpable por no haber previsto y evitado la tragedia.

Ordenó a la Condesa que le contara todo, con todos los detalles. Escuchó la narrativa que hizo Margueritte, con una voz penetrante.

Después de unos momentos de silencio, rugió con voz quebrada: Margueritte, ¿cómo puedo recompensarte por todo este sufrimiento? ¿Cómo borrar la ofensa que soportaste? ¡Perdóname! ¡Perdóname por el daño que te causé!

Imperceptible enfado se reflejó en el comportamiento suave de Margueritte; sin embargo, con aspecto resignado, respondió: - No tengo nada que perdonar de quien recibí tanto amor. Sin embargo...

Hizo una pausa y miró hacia abajo con timidez.

- Continúa, te lo ruego.

- Sin embargo, he sufrido mucho. Por la noche, apenas puedo dormir para ir. Me temo que volverá, empuñando un arma para golpearme. Vivo asustada. ¡La veo por todas partes, blandiendo el arma homicida! ¡Oh! ¿Gustavo - continuó sollozando – cómo superar esta terrible amenaza que me quita la paz? ¿Cómo evitar que vuelva a golpearme otra vez?

Gustavo estaba horrorizado. Era verdad ¿Podría Lívia establecer otra trampa para evitarla? Sacudió la cabeza con determinación: - No te preocupes, pondré guardias en su habitación y de allí no podrá salir. Vigilaré. Tranquilízate. Ya no estará más en peligro -. La Condesa parecía más tranquila. Después de unos minutos de silencio, dijo con voz persuasiva: - Me siento reconfortada de poder compartir este terrible secreto contigo.

Si me callo, fue para salvarte. Lamento darte este disgusto. Sin embargo, me sentiría más tranquila si la encerraran en algún lugar de donde no pudiera salir. Los sirvientes pueden ser engañados con dinero y promesas, y el peligro continuaría. Quien no duda en cometer un delito debe ser cerrado, para su propio beneficio.

El Barón vaciló: - No sé... ¡Encerrarla!

- Sí. En un lugar que nunca podría dejar y que ya no represente un peligro para nadie. Tu esposa está desequilibrada y después de lo que ha hecho, es justo que cargue con las consecuencias -. Quizás tengas razón -. Solo así me sentiré tranquila. Sabía que podía confiar en tu dedicación y tu afecto.

Y envolviendo sus lánguidos ojos en una racha de afecto, enfatizó: - Ahora, me siento protegida. No tienes que decirle instintivamente la verdad instintivamente. Eres mi defensor Estoy en paz.

El Barón realmente se sintió conmovido. ¡Qué buena alma la de la Condesa! ¡Qué generosidad no queriendo revelar la verdad! Eliminó los últimos escrúpulos que nacieron en su conciencia y le prometió todo lo que deseaba obtener.

Después de repetidas protestas de amistad y afecto, se retiró.

No pudo ver el resplandor victorioso que se reflejaba en la mirada cambiada de Margueritte, ni Geneviéve lo notó cuando su madre la llamó para decirle que el Barón de Varenne, hombre honesto y bueno, por amar profundamente a su esposa, decidió llevarla a un lugar donde los médicos pudieran tratarla convenientemente para que se recuperara.

En la quietud de la sala de rememoración, Nina emitió un sollozo incontenible que restableció el recuerdo del pasado sin que la cortina de hipocresía lo cubriera. Inmediatamente, la pantalla reflectante se apagó y el silencio se estableció. Una suave brisa, con fuerzas delicadas y subliminales, bañaba su espíritu en silencio, manteniendo su equilibrio, y un perfume dulce y delicado se esparcía en el aire, despertando los recuerdos de la espiritualidad mayor. Solamente cuando Nina se calmó y serenó que la pantalla volvió a iluminarse. La rememoración continuaría.

CAPÍTULO VI
DESAJUSTES CAUSADOS POR LA OMISIÓN

De vuelta en su castillo, el Barón estaba menos dispuesto de lo que había venido. La idea que Lívia hubiese cometido un delito tan grave oscureció su razón. ¿Y si la Condesa hubiera muerto?

Un escalofrío recorrió su cuerpo. Sin embargo, ¿cómo evitar una nueva tragedia? ¿Cómo defender a Margueritte del mal y los celos de Livia?

La necesidad de internarla era evidente. Sin embargo, ¿qué pasa con la sociedad? ¿Cómo explicar? ¿Y la corte? Tendría que arreglar todo. Después de todo, ella era una criminal. Necesitaba pagar. Y pagaría.

Cuando llegó, la noche ya había descendido.

Inmediatamente fue a buscar a Lívia, que se estaba preparando para cenar en su habitación. Al verlo entrar, violenta emoción la dominara, presintiera que él lo sabía todo.

Esos días de incertidumbre e insomnio habían marcado el hermoso rostro de Livia. Estaba pálida y sus ojos reflejaban cierta agitación, mientras que sus manos no conseguían sostener entre sus dedos ni la pequeña bufanda de lino que cayó al suelo.

A una orden, la criada se alejó y el Barón cerró la puerta corriendo el cerrojo. Tratando de controlarse, la Baronesa, levantando la cabeza, preguntó con cierta ironía: - ¿A qué debo el privilegio de tu visita?

- Necesitamos conversar. Siéntate

Con alivio, Livia buscó la silla. Le temblaban las piernas, temía caerse. Gustavo permaneció de pie frente a ella y con mirada acusadora preguntó: - ¿Por qué atentaste contra la vida de la Condesa de Ancour?

Livia, a pesar de esperar la pregunta, se estremeció: ¿debería negarlo? ¿Debía confesar? ¿Hasta qué punto él conocía la verdad?

Al ver su indecisión, el Barón se acercó aun más y, sin poder contenerse, acusó: - Fuiste tú. ¡Fuiste tú! ¡Asesina! ¡Asesina!

Livia levantó las manos, como queriendo alejar de si una visión de horror, la voz se extinguió en su garganta como si estuviese estrangulada.

Inclemente, Gustavo casi colocó su rostro contra el de su esposa, y con la voz cargada de odio continuó: - ¡Alma negra! Mujer perversa. ¡Asesina! ¡Tu vida no valdría nada en este momento si ella hubiese muerto! ¡Mi odio, mi desprecio, te perseguirán hasta el final de tus días!

Livia sintió que todo giraba a su alrededor, mientras que su rostro pálido se contraía en un rictus doloroso. Cayera fuertemente al suelo.

Gustavo estaba realmente asustado. Livia estaba transfigurada.

Manchas violáceas teñían su rostro de blanco, mientras que una espuma viscosa salía de las comisuras de su boca cerrada.

- Fui demasiado lejos - pensó - ¿Si ella muere? Movido por el remordimiento, tiró del cordón para la sirvienta y corrió a abrir la puerta, ordenando en cuanto ella apareció: - La Baronesa está en mal estado. Llame al cochero de inmediato.

Mientras la sierva salía apresuradamente, Gustavo llevaba el cuerpo rígido de la joven esposa, extendiéndolo sobre la blanca cama. Tomó una copa de vino e intentó hacer que Lívia bebiera algunas gotas. Sin embargo, con los dientes apretados, no podía obligarla a tomar un sorbo.

- Livia, Livia. De hecho, me excedí. Perdóname. ¡Perdóname!

Pero la Baronesa no podía escuchar las palabras entrecortadas y angustiadas. Su cuerpo permanecía lívido, labios morados, manchas moradas en los brazos y el cuello, boca cerrada sin la más mínima expresión de vida. Solo su pecho agitado débilmente mostraba que todavía estaba viva.

Tan pronto como despachó al cochero en busca del médico, se sentó junto a la cama con la ansiedad estampada en su rostro.

Cuando llegó el viejo doctor Villefort, con serenidad en su rostro y la paciencia que solo tienen aquellos que se han acostumbrado a tratar frente a frente el sufrimiento poseen, se sintió más amparado.

Sin preguntar nada, el médico examinó cuidadosamente a la enferma. Sacó de la maleta una larga cánula de goma que insertó cuidadosamente en la fosa nasal de la Baronesa, derramando a través de ella unas gotas de medicamento. Se sentó al lado del Barón y con voz amable dijo: - ¡La Baronesa sufrió una emoción violentísima! Está presa de la conmoción que actuando sobre su cerebro causó una paralización del comando orgánico.

- ¿Conmoción cerebral? - Preguntó el aterrado Barón.

- Sí. Confiemos en Dios. Esperemos a que pase la crisis.

- ¿Hay algún riesgo?

El médico permaneció indeciso por unos momentos: - Espere lo mejor. Cuando recupere sus sentidos, sabremos la extensión del mal.

- ¿Puede morir?

- Esperemos confiados. ¿Usted cree en Dios?

Tomado por sorpresa, el Barón se estremeció. Este era un tema que no le preocupaba demasiado.

- Creo que sí - fue la respuesta evasiva.

- Bueno, es hora de pensar en él - dijo el médico con voz firme.

Gustavo estaba aterrorizado. Sintió que el caso era serio. ¿Qué hacer? ¿Rezar? Pero él nunca se acordaba de haberlo hecho. Obligado a frecuentar las misas en la infancia las asistiera a regañadientes e indiferente. Nunca había sentido la presencia de Dios en ninguna parte. ¿Existiría él?

Por su mente pasaban las ideas religiosas que esporádicamente tomara conocimiento, pero sin que ellas pudiesen en aquel momento difícil darle consuelo y serenidad. Avergonzado, respondió al cabo de unos minutos: ¡Doctor, no puedo! No puedo rezar ¡Yo no sé!

El médico puso su mano con cariño sobre el hombro del Barón. Le sintió una falta de comprensión. Lo conocía desde la infancia. Era amigo de la familia y lo estimaba, a pesar de conocer su carácter vanidoso y extravagante.

Él conocía su ligereza. Livia confiaba en su viejo amigo, contándole sobre el desapego de su esposo. Hacía mucho tiempo temía que el drama de ese hogar empeorara; sin embargo, ¿qué habría pasado?

Era evidente que la Baronesa estaba enferma. Hacía varios días había venido a verla notando su desánimo y depresión nerviosa. Temía un peor resultado. Le había sucedido algo, de lo que él no estaba al tanto. Algo que la había reducido a la triste condición de precariedad física.

- Para hablar con Dios a través de la oración, no es necesario ninguna fórmula. Dejad que vuestros pensamientos hablen y Dios, que lo ve todo y lo sabe todo, sabrá escucharos y ayudaros.

El Barón no dijo nada, pero un escalofrío de terror invadió su asustado corazón. ¿Había visto Dios todo lo que había hecho? ¿Sabría que él tenía la culpa de la condición de su esposa? No tenía ánimo para pensar en Dios.

Le incomodaba la idea que alguien pudiera saber todo lo que había hecho y, principalmente, lo que planeaba en relación a la reclusión de Lívia. Bajó la mirada confundido, simulando un recogimiento que estaba lejos de sentir.

El miedo, el remordimiento, ya se estaba mezclando con sus sentimientos, atormentándolo dolorosamente.

Durante muchas horas la situación no se modificó y Gustavo, al ver que ya comenzaba a amanecer en los albores de los primeros rayos del sol, aun no sabía si el nuevo día le traería la fuerza vital o el peso de la muerte. El médico no podía definir si Lívia sobreviviría o no.

Nina, estaba profundamente emocionada. Todo el pasado se encadenaba ante sus ojos llorosos y solo ahora comenzara a comprender tantas otras cosas que nunca podría haber imaginado que habían sucedido antes. Más que nunca, conociendo la tragedia de Lívia, se sentía culpable por haberse omitido, por no haber tratado de comprender y perdonar, por no haber despertado a para evitar consecuencias tan dolorosas. Siempre había ignorado el pasado en toda su extensión, pero ahora que comenzara a verlo en su totalidad, un impulso desenfrenado llegaba a su corazón. Ansias de saberlo todo. De verlo todo.

Desde arrancar la venda de la ilusión e ir al fin de todo, y solo después de conocer toda la extensión de la verdad, poder establecer nuevos rumbos y recomenzar.

La pausa que se hiciera en la pantalla de rememoración como para permitir que el espíritu de Nina se edificase con la verdad, se iluminó nuevamente, lo que indica que el regreso al pasado continuaría.

CAPÍTULO VII
LA RECUPERACIÓN DE GUSTAVO VARENNE

En una soleada tarde de junio, Geneviéve servía un apetitoso almuerzo para sus dos hijos. Gerard tenía cinco años y Caroline tres. La joven madre sonrió felizmente mirando a sus amados hijos. Eran hermosos y saludables.

Habían pasado cinco años desde el ataque que Margueritte había sufrido y el Conde de Ancour nunca había podido saber quién había sido el autor. Se conformara con tiempo a dejar impune al culpable, viendo que la Condesa se había repusiera por completo, continuando a ser la misma mujer célebre y hermosa.

Geneviéve también trataba placenteramente de olvidar estas dolorosas reminiscencias, ya que consideraba la enfermedad de Lívia con el castigo de su crimen.

La Baronesa nunca se recuperara por completo de la crisis que había sufrido. Nunca más la viera después de lo ocurrido; sin embargo, a menudo los criados le informaron de su salud y supiera que después de prolongado tratamiento andaba con extremadamente dificultad, casi arrastrándose.

También sabía que su belleza se marchitara en la extrema delgadez y la constante palidez. Vivía aterrada, en constante angustia, y a veces incluso se olvidaba su propio nombre. En otras ocasiones, sufría de profunda depresión y se negaba obstinadamente a comer. Nunca salía de la habitación y sus ojos solo se suavizaban cuando le llevaban al hijo que adoraba. La presencia del niño siempre fue capaz de calmar su triste semblante.

Geneviéve también se enteró que Gustavo se había revelado en atenciones a su esposa enferma. Entendió el gesto y en su corazón generoso vio sublime perdón en una actitud dictada por el sentimiento de culpa y remordimiento.

Al conocer las actitudes del Barón hacia Lívia, Geneviéve sintió que su repulsión hacia él disminuía. Gustavo nunca más volviera a la casa del Conde de Ancour, y Geneviéve entendía que ciertamente no había nada entre él y su madre y, en todo caso, habían sido castigados.

Todo había vuelto a la normalidad en su hogar y estaban felices. En esa tarde, se sentía particularmente alegre. Tal vez fuese la belleza del día que terminaba, o tal vez fue la propia alegría de los niños lo que llenó el ambiente de risas y dichos graciosos. Nada presagiaba el inminente dolor que se abatiría sobre ese hogar feliz.

Pero la vida tiene sus razones y el destino dispone de las criaturas, poniéndolas a prueba en el crisol de la Tierra. Geneviéve escuchó el sonido de las patas de los caballos. ¡Visitas a esta hora! ¿Quién? El carruaje se detuvo en la alameda principal y poco después la palidez de Gustavo de Varenne auscultaba con ansiedad la cara curiosa de Geneviéve.

¡Sr. Barón! - exclama ella admirada - ¿a qué debo el honor de su visita?

- Lamento molestarla, señora, pero ocurrió un accidente. Encontré al Marqués caído en el camino. Él está inconsciente. Lo traje aquí. ¡Vamos, señora Marquesa, necesitamos ayudarlo!

Geneviéve palideció.

- ¡Gerard! - exclamar o asustado - ¿Qué sucedió?

- Debe haber sufrido una caída. Encontramos su caballo a pocos pasos del camino.

- ¡Oh! ¡Dios mío! – exclamó ella - ¿Dónde está?

- En el carruaje. Venid.

Ambos se dirigieran al carruaje mientras que el ama conducía a los dos pequeños a la casa. Gerard estaba pálido y no respondía. Con cuidado, dos sirvientes lo transportaron a sus habitaciones mientras el Barón mismo fue en busca del Dr. Villefort.

Geneviéve estaba asustada. Ella trató de reanimar al esposo llamándolo y llevándole la botella de sales a la nariz, pero Gerard no reaccionaba. Se estaba poniendo cada vez más pálido y su respiración se debilitaba a cada minuto.

Cuando llegó el médico, no pudo hacer nada más. Gerard, víctima de una hemorragia interna causada por la caída, murió.

Fueron momentos de desesperación y dolor para Geneviéve. Ella amaba entrañablemente a su esposo, quien siempre había sido un buen amigo. Era el compañero que la dejaba con dos hijas menores para enfrentar la vida sola.

Sin embargo, la joven señora creía en Dios. La presencia amistosa del Dr. Villefort fue de gran consuelo para ella, despertando en su corazón la responsabilidad de sus hijos, quienes, sin un padre, dependían más de ella y también la confianza en que la vida continuara después de la muerte.

El doctor dijo: - Hija mía, no debes llorar; la muerte no es el fin; ¡el cuerpo muere, pero la vida es eterna! La vida en la Tierra es un breve momento y todos nosotros algún día volveremos al mundo del cual vinimos. Allá, todos los que nos precedieron y que nos aman, nos estarán esperando.

- ¿De verdad lo creéis? - Geneviéve lo miró con los ojos llenos de lágrimas.

- Ciertamente mi hija. Dios experimenta nuestra fe para poder ofrecernos un lugar mejor en su reino. ¡Ciertamente estáis siendo probada en este momento difícil! Si vencéis, valientemente enfrentando el con coraje el momento presente, seguramente Dios os compensará.

- Pero sin él, doctor, no podré...

- Pues yo creo que podréis. Dios lo sabe todo, lo ve todo. Si Él permitió que esto sucediera, fue porque sabe que seréis capaz de continuar con coraje y fe para dirigir este hogar con honor y dignidad.

Geneviéve se calmara. Lágrimas todavía le mojaban las mejillas pálidas, pero comprendiera que el médico tenía razón.

Con valentía y dignidad se enfrentó a las ceremonias de las exequias. El Barón de Varenne se mostró infatigablemente en el curso de las medidas necesarias, lo que le valió la gratitud del Conde de Ancour.

El Barón, durante esos años, había cambiado mucho. Se había retirado a sus dominios, ya no aparecía en los pasillos de la Corte. Cuando las circunstancias lo exigían, su presencia era protocolar y rápida, restringiéndose apenas a lo indispensable.

Su rostro había perdido su aire alegre todo el tiempo y sus ojos retrataban tristeza y determinación. Las puertas de su castillo nunca se habían abierto para recepciones. Y los amigos de antaño, que acudían en masa a los salones festivos, se desencantaran y, poco a poco, sus visitas se hicieron raras, lo que en cierto modo era lo que él quería. Ya no encontraba placer en reuniones frívolas e infantiles.

Su amor se concentraba en su hijo, ya de siete años. Se esforzaba en su educación y lo amaba con todo su corazón.

La presencia de Livia siempre lo entristecía. ¿Qué había hecho con su hermosa juventud? ¿Qué había hecho con la joven alegre e ingenua que le había dado amor y afecto?

Durante la fase aguda de su enfermedad, observando su sufrimiento agudo, sintió un fuerte remordimiento en su corazón. Al ver su rostro pálido, transmutado por el dolor, luchando por sobrevivir, le pareció que era víctima de una pesadilla cruel y odiosa.

Rememoró el cortejo, el compromiso, la boda, con las opciones más dulces en el amor correspondiente. ¡Ella era hermosa! ¡Cómo la había amado!

Luego, el aburrimiento, la inquietud, la fascinación de los salones y la bella y experimentada figura de la Condesa de Ancour.

Ella había penetrado su corazón como una llama ardiente quemando y calentando, cada vez más sin nunca apagarse, volviéndose insuperable e imperiosa. En aquellas horas, acosado por el ardor de las reminiscencias y los remordimientos, Gustavo comenzó a darse cuenta de lo culpable que había sido en los dolorosos eventos que involucraran su vida.

El intento de homicidio, la enfermedad grave, las horas de angustia, el consejo atento y sabio del médico amigable cuya dedicación fue desinteresada, contribuyeron a cambiar profundamente el carácter del Barón.

Sintió que, si Lívia moría, sería su culpa, que además de traicionarla, también la había llevado al crimen y por poco le causara la muerte con crueldad e incomprensión.

Una noche, cuando Gustavo estaba cuidando a la enferma, el médico, preocupado, notó que el pulso de Lívia parecía debilitado. La cara pálida envuelta en sudor, algunos gemidos sordos, revelaron que el momento era extremo, Gustavo se inclinó ante ella temiendo lo peor, emocionado llamó... -. Lívia, no me dejes. Quédate conmigo.

Ella, que hasta ese momento parecía inconsciente, se estremeció y abrió los ojos, arreglando el gruñido contraído de su marido. Sus labios se movieron, mostrando un tremendo esfuerzo, pero no pudo hablar. Conmovido, el Barón suplicara nuevamente: - Lívia, perdóname. No me dejes. ¡No me dejes! -. Nuevamente, la paciente lo miró, retratando angustia, y sus ojos estaban pesados.

Hizo supremo esfuerzo para hablar, no consiguiéndolo, se desmayó.

Aterrorizado, Gustavo cayó de rodillas y exclamó en el paroxismo de la angustia y el dolor: ¡Está muerta! ¡Ella está muerta! ¡Doctor, ella está muerta! El médico tomó o pulso al paciente e intentó constatar su estado.

- No puedo negar que está muy mal. Os digo que, si sabéis orar, es hora de orar.

Gustavo tenía, entonces, más que nunca, la conciencia de su culpa. Aterrado, de rodillas, por primera vez en su vida, dirigió sus pensamientos a Dios con sinceridad y pudo murmurar, sintiendo que las lágrimas le caían por las mejillas. cansadas y pálidas: ¡Dios! ¡Señor Dios! Soy culpable Yo soy el único culpable. Castígame, Dios mío, ¡pero déjala vivir! Déjala vivir para que pueda redimir mi culpa. Dame, Señor Dios, la oportunidad de ser lo que debería haber sido para ella y no lo fui. Permitidme Señor demostrar mi arrepentimiento. Consérvale la vida y prometo que me dedicaré por completo a redimir mi error.

El Barón hablaba con tanta vehemencia y coraje que parecía poner su propia alma en cada palabra.

- Señor Barón, señor Barón. Dios escuchó tus palabras. La Sra. Baronesa vive, y lo que es mejor, solo está dormida.

Gustavo se puso de pie aun inseguro sin entender lo que decía el médico. Cuando se enteró de lo que estaba sucediendo, fue tomado de gran alivio. A pesar de saber que el estado de Lívia, incluso fuera de peligro, no estaba en plena recuperación, Gustavo aun se consideraba escuchado por Dios en sus ruegos.

A partir de ese día, cambió por completo su vida, dedicándose exclusivamente a la recuperación de Lívia, administrando su negocio y su hijo.

En su corazón, afligido con un lastre de fe, comenzó entonces la búsqueda de Dios. Acudió al médico que con paciencia y amor lo visitaba frecuentemente, y manteniendo con él largas y edificantes conversaciones donde le habló sobre Jesús, el Evangelio, la reencarnación y el amor.

De las pruebas de la Tierra, de nuestra lucha interior, de la necesidad de progreso y comprensión.

Y, a medida que el viejo médico incrementaba la frecuencia de sus visitas a pedido del Barón, interesado y ansioso, se afirmaban entre los dos los lazos de la más firme y sincera amistad.

Siempre fuera con placer que Gustavo lo recibiera, y después del examen y cuidadoso a la enfermera, se sentaban en la habitación contigua para intercambiar ideas.

- Entonces, ¿cómo está ella hoy?

El médico, tratando de expresar optimismo, respondió sonriendo: - Mejor, se ve mejor.

Un día, Gustavo, influido por la melancolía y el remordimiento, se sintió deprimido y desanimado. Su casa parecía particularmente triste ese día, e incluso la figura alegre y querida del hijo no pudo sacarlo de esa tristeza. En presencia del amable médico, no pudo evitarlo: - Doctor, ¿cree que se recuperará? ¿Volverá a ser como antes?

El doctor levantó la vista hacia donde se leía una pena infinita, pero al mismo tiempo una llama de energía: - Debéis reaccionar, Sr. Barón. No os dejéis abatir ahora. Las cosas ya han estuvieran peores. La Sra. Baronesa está fuera de peligro y nuestra gratitud a Dios debe ser constante. En cuanto a la curación radical, confieso que aun no lo puedo determinar o predecir.

- Resulta que cada vez que la veo, pálida, casi sin poder moverse, así sin poder articular las palabras, me acuso de ser un asesino y no puedo soportar el peso de mi culpa.

- ¿De qué os estáis acusando?

- Del crimen de llevarla por los celos al estado en el que se encuentras.

- No os acuséis. Esto solo empeorará las cosas. Vuestra actitud no la beneficiará.

- Son los remordimientos. No me dejan en paz.

- Sr. Barón, no os esclavicéis a la angustia y al fracaso. ¿Quién puede ser un juez de los acontecimientos? Solo Dios. Sin embargo, tanto el Sr. Barón como la Sra. Baronesa estaban equivocados; sin embargo, ¿quién nos puede garantizar que su enfermedad ya no estuviese determinada por el destino, incluso si nada de esto hubiera sucedido?

- ¿Creéis en eso? Lívia, siempre bondadosa y pura ¿habría sido destinada a tan triste suerte? ¿Lo creéis justo?

- Mi amigo. Siempre que desee analizar nuestras pruebas y desgracias, no debemos olvidar nuestras existencias anteriores en la carne.

- Ya me habéis hablado sobre eso. ¿Realmente creéis que eso sea cierto?

- He tenido varias comprobaciones y hace mucho que no tengo dudas al respecto. Así que sin recordar las vidas pasadas no tenemos elementos para formarnos cualquier juicio. En ese caso, debemos abstenernos de hacerlo; sin embargo, considerando la perfección de Dios, su bondad, su justicia, debemos entender que todos sus designios son sabios y justos.

Las palabras seguras y seguras del médico volvieron gradualmente a Gustavo a la serenidad y al equilibrio.

- ¿Creéis que la vida no termina con la muerte?

- ¿Creéis que Livia, joven y bella, será destruida poco a poco presa a esa cama?

- La situación de la señora Baronesa es dolorosa. Si dependiese de mí, si pudiera hacer algo para ayudarla a recuperar su salud, lo haría con buen gusto; sin embargo, solo Dios tiene el poder de curarla. A pesar de todo, Sr. Barón, creo que algún día ella será liberada de toda esa angustia. Porque incluso si cada enfermedad arrastra esta existencia, su espíritu es eterno, por lo tanto, llegará la hora de la recuperación y la paz.

- Si nada se pierde en la Naturaleza y todo se transforma, ¿por qué solo nosotros y nuestra vida deberían terminar? ¿Por qué infinitas diferencias de inteligencia, honestidad, responsabilidad y comportamiento y de moral entre los hombres? ¿Por qué algunos sufren tanto y otros llevan una vida más pacífica? ¿Nunca os habéis preguntado dónde está la Justicia de Dios en la Tierra?

Eso es lo que he estado pensando todo el tiempo. Dios me escuchó y el llamado en tiempo de aflicción y dolor, no puedo negar su existencia. Sin embargo, no consigo entender su justicia. Por eso me desanimo. ¿Cómo confiar?

El doctor sonrió, sacudiendo la cabeza y respondió: - ¿Podéis dudar? ¿Dudar después que vuestras oraciones fueran escuchadas?

- Es verdad. Nunca pude aceptar la religión debido a sus misterios.

- El pueblo acostumbra decir que "Dios escribe derecho por líneas torcidas". Sin embargo, yo creo que Dios ha establecido Leyes inmutables para guiarnos en el camino de la evolución, que nos enseñan la línea directa y más corta. Somos nosotros quienes, abrazados por las ilusiones y al inmediatismo al que nos acostumbramos en el mundo, caminamos por líneas torcidas y tortuosas. Dios, a pesar de todo, como padre amoroso que es, termina sorprendiéndonos al final, haciendo redundar en bien el mal que ligeramente nos obstinamos en hacer. Gustavo se admirara.

- Nunca pensé en eso. Pero de esta manera nos colocáis en la posición de criaturas malvadas y viciosas.

- ¿Por casualidad seremos puros?

Gustavo se sobresaltó. Tomado por sorpresa por la pregunta del médico, se sonrojó fuertemente. El sentimiento de su culpa y de los errores cometidos causaran un asombro involuntario.

- Sois grosero.

- No tengo más ilusiones sobre nuestras debilidades. Sé lo que son y lo que valen. Incluso en niños, seres que despiertan amor y ternura, sorprendemos la semilla de la envidia, los celos y el orgullo, la rebelión y el egoísmo.

- Sois muy pesimista y contradictorio.

El facultativo sacudió la cabeza suavemente, había un brillo profundo y alegre en sus ojos.

- Absolutamente. Solo estoy poniendo las cosas en su lugar. Solo Dios es perfecto. Es sabio, es bueno. En cuanto a nosotros, somos aun seres imperfectos, que caminamos en la escuela de la vida para progresar. ¿Dónde está la contradicción?

- Al mismo tiempo, nos invita a la fe y la resignación, al esfuerzo y a la lucha por la conquista de la felicidad, nos tasa de egoístas y perversos. ¿No será todo inútil?

- De ninguna manera. Si aun somos falibles y llenos de imperfecciones Dios nos invita a una mejora interna, dándonos la certeza que la vida en la Tierra es transitoria y que los enfermos aquí, cuando estén bien soportados, nos purifican y nos hacen aprender y progresar -. Gustavo permaneció pensativo por unos minutos.

- Esta forma de ascensión es cruel.

- Quizás no sería así si fuéramos más dóciles, pero el mismo Cristo que vino a la tierra para enseñarnos todo esto, sufrió el peso de nuestro mal.

- Es verdad. ¿No sería eso una injusticia?

- Por su parte, fue desinterés y amor, por nuestra parte, con siempre, fue un crimen, una infamia. Analizando bien, siempre llegaremos a la conclusión de que, en la parte de la responsabilidad, la peor parte siempre ha sido la nuestra. Y con Dios le da a cada uno según sus obras, cada vez que sufrimos, debemos pedir perdón a Dios porque es seguro que estamos recibiendo las consecuencias de las acciones practicadas en otras experiencias. ¿Hoy? ¿Ayer? ¿Hace doscientos años? ¿Hace mil años? No importa cuándo, pero lo hicimos.

- Y ahora, ¿cómo actuar?

- ¿Ahora? Haz tu mejor esfuerzo para redimir el error.

- En mi caso, doctor. ¿Cómo proceder?

- Continúa como hasta aquí. Dedicaos a la Sra. Baronesa con amor y desinterés. Dios la ha confiado a vuestra guardia y ciertamente espera que hagáis lo mejor que podáis para ayudarla. Es la forma que Dios nos está mostrando cómo reparar los errores que os pesan en el corazón. ¿Queréis una mejor oportunidad?

Estas conferencias con el viejo doctor tuvieron un efecto saludable en el espíritu deprimido de Gustavo. Tenían el poder de levantarle la moral abatida, su coraje amenazado.

Gradualmente, con el paso de los meses, se produjo un gran cambio en ese espíritu débil, que comenzaba a despertar a la vida espiritual. Inspirado por el sabio consejo de su amigo médico, se dedicó exclusivamente a su amado hijo y a la esposa enferma.

Fue en vano que las invitaciones sociales le buscaban a la noble figura. Con cortesía y educación, disculpando por la mala salud de la Baronesa y la necesidad de su presencia constante a su lado, evadió gradualmente el bullicio de los salones y las amistades de los cortesanos.

Además, la Condesa Margueritte intentó en todos los sentidos atraerlo en la misma seducción de otros tiempos. Pero Gustavo estaba muy cambiado. Su remordimiento era real y sincero. Sacudido por la realidad, por el dolor, comprendía que su pasión por la Condesa solo había sido una atracción tan avasalladora como efímera.

No queriendo ser descortés para con una dama, respondió a su apelo yendo a su encuentro una vez más, en el pabellón de caza del castillo de Ancour.

Consideraba útil un entendimiento franco con ella. Le debía una explicación.

Cuando se enfrentaron en la cabaña, se miraran con curiosidad. Ella, arreglada cuidadosamente, teniendo en los ojos el brillo de una pasión avasalladora. Él, tratando de no herirla, deseando ser comprendido en su nueva disposición. Habían pasado seis meses desde que la visitara en su lecho de enferma. Al verla, su herida, su remordimiento se reavivó.

Después de las preguntas iniciales, Margueritte se sintió decepcionada y temerosa. No notaba Gustavo la llama ardiente de otros tiempos. Se dio cuenta que había perdido terreno. Él, manteniendo una actitud sobria y correcta, trató de hacerle entender que nada más era posible entre los dos. Que era hora de evitar un mal mayor que lo que ya había sucedido.

Margueritte estaba consternada por esta actitud. No esperaba encontrarlo tan diferente. Sin poder comprender el drama de la conciencia del Barón, prefería creer que por falta de amor quería deshacerse de ella. Su corazón vibraba de odio. Cada día tenía un miedo terrible de envejecer.

Todas las mañanas estudiaba su rostro en el espejo, tratando de descubrir algunas arrugas o una señal de advertencia de envejecimiento. La actitud de Gustavo hacia ella era una señal inequívoca que ya no tenía la misma fascinación.

Decidió usar todos los recursos de una mujer experimentada y hermosa para reconquistarlo.

Demostró que lo comprendía y compartía sus escrúpulos y comenzó a llorar desconsoladamente y diciendo que también era culpable de la tragedia de Livia.

Si hubiera sido en otros momentos, habría logrado su objetivo. Gustavo se conmovía ante las lágrimas de esa bella mujer, pero ahora más experimentado, no se rendía con la misma facilidad. Había sorprendido un brillo intenso en sus ojos lo que instintivamente lo puso en guardia. Había sido un resplandor rápido pero revelador.

Inmune a sus encantos, el Barón ahora estaba sorprendido de no encontrar en ese rostro bien cuidado, la llama de otros tiempos. La encontrara calculadora y superficial, y se admiraba por haber perdido la cabeza y haber dañado su hogar por su culpa.

Fue con alivio y cierta prisa, como quien se libra de una obligación desagradable que el Barón se despidió y se retiró al fin.

Con alivio y cierta prisa al despedirse, mostrando sus sentimientos, hizo más sombría la fisonomía de Margueritte que, viéndolo salir, se dejó caer en una silla y murmuró entre dientes levantando su puño amenazador:

- Pagarás por esto, Gustavo de Varenne. Nunca he sufrido tal afrenta. ¡Juro que me vengaré!

CAPÍTULO VIII
SABIAS LECCIONES DEL DR. VILLEFORT

Apoyado en un sillón artísticamente tallado, Geneviéve, con un luto riguroso, empuñaba un libro sin leer. Su pensamiento entonces, sin poder concentrarse en la lectura, vagaba por el pasado, en la tristeza de la separación de la pareja que, desde los días de su juventud, fuera su amparo y dedicación.

¡Cuánta falta le hacía! Había encontrado en él todo el apoyo para su corazón inexperto y ahora que le faltaba, era difícil proceder. Le consultaba todo en lo más mínimo, y si alguna herida lastimaba su corazón, era con él que se desahogaba y buscaba consuelo.

Con le era difícil asumir el liderazgo de todo, cuidando las propiedades y la familia. Tenía la ayuda del Conde de Ancour, pero aun así no se sentía segura.

Constantemente, en esos seis meses de soledad, su mente buscaba el pasado, recordando los tiempos felices. A pesar de su juventud bien cuidada junto a sus padres, siempre viviera solo, ya que ellos estaban involucrados en los compromisos sociales, no tenían tiempo para hacerle compañía. Con el matrimonio se había sentido amada y feliz. ¡Pero ahora, a pesar de los niños muy queridos, la soledad había regresado, trayendo nostalgia y tristeza!

No vio cuando la criada entró en la habitación y dijo: - Señora Marquesa, el doctor está allí -. Extraída de su pequeño mundo, Geneviéve se sorprendió. Cuando la criada repitió la frase, ella sonrió: - Haz que entre.

La presencia del médico siempre le causaba alegría.

A pesar de no conocerlo sino hasta el día en que murió su esposo, él por su amabilidad, su comprensión, su dedicación y su inteligencia había conquistado su simpatía. Ella confiaba en su figura canosa y experimentada, se sentía segura y a gusto diciéndole sus miedos y problemas. Fue en la calidad de un amigo muy querido que lo recibió.

Sin embargo, el médico, preocupado con el abatimiento de la joven, la examinó cuidadosamente, dándole sedantes y consejos.

Al verlo entrar, Geneviéve se puso de pie con un brillo fugaz de alegría en su triste rostro: - ¡Señor doctor! ¡Qué placer!

- ¿Cómo va, señora Marquesa?

- Disfrutando de mi soledad. Estoy feliz con tu presencia.

- Noto que mantenéis la tristeza en el semblante. ¿No sabéis que, al alimentar siempre ese pensamiento, puedes enfermaros? ¡Es hora de olvidar!

Geneviéve bajó la cabeza consternada: - ¡No puedo!

- En ese caso, permitidme deciros que causáis inmenso dolor a vuestro pobre esposo.

Los ojos de Geneviéve se abrieron y no pareció entender: - ¡¿Cómo?!

- Os digo que es verdad. ¿Por qué tanta tragedia en torno a la muerte? Por supuesto, que sentimos el dolor de la separación de aquellos que amamos. Pero la vida continúa y la separación es temporal. Entonces Dios es justo y bueno. Si así lo determinó, fue porque era necesario para el beneficio de todos.

Sacudida por las enérgicas palabras del médico, la joven pareciera salir de la depresión en que deliberadamente se mantenía.

- ¿Por qué no debería estar triste con la viudez? Decís que la separación es temporal, pero todos piensan que quien haya muerto nunca más volverá.

- ¿Dónde está vuestra fe en Dios? ¿Creéis en Dios?

Un poco picada por la pregunta, ella respondió: - ¡Ciertamente, doctor!

- Entonces, ¿por qué no confiáis en él?

- ¡Pero yo confío!

- Entonces, ¿por qué creéis que la vida termina con la muerte? ¿Que los que se fueran no regresan?

Geneviéve bajó la mirada confundida. A menudo había apelado en oración y recibiera ayuda y consuelo. Al verla en silencio, el médico continuó: - ¿Nunca se os ocurrió que el espíritu es eterno y, en ese caso, después de la muerte del cuerpo, debe vivir en algún lugar, que por ahora no sabemos, pero que no por eso deja de existir? ¿Nunca pensasteis que estas mismas almas algún día deberían reencarnar en la Tierra, que es una escuela para los sentimientos, además de un Centro penitenciario donde la justicia de Dios siempre se cumple y de la que nadie puede salir sin pagar hasta el último ceitil?

- Habláis de una manera extravagante. ¿Dónde encontrasteis estas teorías?

- En la vida, señora Marquesa. Los orientales siempre han creído en la transmigración de las almas. Sócrates también lo difundió en la antigua Grecia. Pero nunca las habría aceptado si la vida cotidiana no pudiese comprobarlas.

- ¿Quieres decir que tienes pruebas?

El doctor sacudió la cabeza afirmativamente.

- Para el observador atento e interesado en encontrar la verdad, se revelan con abundancia. Es suficiente enviar los eventos que hemos tomamos conocimiento al análisis para verificar que solamente la reencarnación puede explicar claramente, al mismo tiempo que muestra la justicia perfecta de Dios. A pesar de todo, siempre he sido uno de los que necesitan entender para aceptar cualquier cosa. Quizás es por eso que nunca me he sometido al dominio de una religión, que considero meramente humana. Dejando a un lado la Iglesia instituida por los hombres, traté de investigar racionalmente el cristianismo y cuanto más lo hacía, más y más entendía su profunda sabiduría. Fue necesario tiempo, observación y estudio, pero finalmente llegué a la conclusión que representa el camino que nos llevará a la redención espiritual.

Geneviéve escuchó atentamente, queriendo penetrar profundamente en la mente del médico. Al darse cuenta que estaba siendo escuchado con interés, el médico continuó: - Asumí que todos los eventos, fenómenos, que ocurrieron anteriormente y que la Biblia nos habla, ciertamente, deberían poder suceder hoy. Si sucedieron ayer, pueden repetirse hoy y mañana, de lo cual parece que quienes representan leyendas son el fruto de la imaginación fértil de la gente; naturalmente, no se repetirían.

Entonces, comencé a presentar todos los hechos extraordinarios que conocí. Al razonar y observar y clasificarlos pude aprender ciertas manifestaciones que, debido a la repetición insospechada, ya que ocurrieron desde el comienzo de nuestra civilización, deben ser catalogadas con lo real y lo natural. La manifestación de los espíritus de los que dejaron este mundo es uno de esos hechos tan notorios que solo los voluntarios ciegos no quieren ver. Siempre han ocurrido.

Rara es la familia que no puede contar en su propio hogar, con al menos una manifestación de este tipo. Una advertencia providencial, una despedida a un pariente ausente que muere, una ayuda en un momento de angustia. ¿Conoces alguno de estos casos en vuestra familia?

- Mi madre siempre decía que vio a mi abuelo sentado en la cama de mi abuela, en el momento de su muerte. Pero estaba muy nerviosa, habría sido una alucinación.

- Esto es lo que dicen algunos. Pensando así, avergonzado, jamás cuentan lo que vieran o sintieran en esas ocasiones. Sin embargo, este es un fenómeno normal. Por repetición en todos los tiempos y en todas partes del mundo, no hay duda, es una realidad. A partir de ahí, pronto somos llevados a pensar. Si vuelven, entonces continúan viviendo en otro lugar, y siendo así, ¿cómo será él?

Geneviéve estaba sorprendida.

- Quizás un lugar de nubes y humo como ellos mismos.

El médico sacudió la cabeza: - No creo, lo que siempre dicen, como se ve, comprueba lo que Cristo dijo en el Evangelio: A cada uno se le dará según sus obras. Serán felices si fueran buenos y miserables si perjudicara a su prójimo.

Geneviéve suspiró con cierto alivio: - En ese caso, mi Gerard estará en el cielo. Siempre fue muy bueno.

- Estoy de acuerdo Deberíais sentiros en paz, al menos. Pero, señora Marquesa, así de razonamiento en razonamiento, de observación en observación, llegué a la conclusión que la vida continúa después de la muerte. Que el espíritu es eterno, pero para que pueda purificarse y alcanzar la perfección, debe volver a nacer en la Tierra muchas veces.

- ¿Cómo llegaste a esa conclusión?

- Observando el sufrimiento humano y la maldad de muchos, la bondad injustificada de algunos. Solo la reencarnación puede explicar tantas anomalías en el mundo, reconciliándolas con la perfección de Dios y su justicia.

- ¿Sobre qué bases?

- En la única que podemos aceptar: que quien haya hecho mal debe volver para la debida reparación y purificación. Hay dolores que solo nos tocan cuando sentimos que nos destrozan el corazón. Si los causamos a otros, es justo que los sintamos que aprenden a moderar nuestros impulsos en el mal. Todo en la vida, en la Naturaleza, es una manifestación de amor y es por eso que debemos aprender a amar para estar con Dios.

- Esa justicia es dura. ¿No será demasiado estricta?

- ¿Qué os parece mejor? ¿Pueden vuestros hijos pagar por vuestros errores o que seáis vos misma forzada en vidas futuras a rescatarlos?

- Para ser justos, tenéis razón. Prefiero pagar por mis propias faltas a que mis hijos sufran inocentes.

- Si nosotros, a pesar de nuestra insignificante comprensión humana pensamos así, ¿será Dios peor que nosotros castigando a inocentes por los pecadores?

- Esto nos hace muy responsables de repente - dijo Geneviéve pensativa.

- Qué bueno sería si todos fuesen comprensivos como sois - comentó el médico - pero estoy hablando aquí y creo que os he cansado con mis devaneos.

- Por el contrario, doctor. Estaba triste y deprimida, vuestra plática me consoló. Le estoy muy agradecida.

- Me siento muy feliz cuando puedo reavivar la llama de la fe en un corazón que sufre. Hoy tuve un día triste. Vengo del castillo de Varenne. La Baronesa está muy mal.

Me conmueve la desolación del Barón y su hijo.

Geneviéve sintió su corazón angustiado: - ¿Creéis que ella puede recuperarse?

El doctor sacudió la cabeza.

- Lamentablemente no. Ayer hubo una recaída y ella está postrada. Quizás sea el final. Iré a casa por unos quehaceres y volveré al castillo de Varenne por la noche. Tengo la intención de permanecer con esos amigos a quienes aprecio -. Geneviéve consideró: - Pobre Barón. Le debemos muchos favores con motivo de la muerte de Gerard. Deseo que ella pueda salvarse.

- Dios te escuche.

Cuando el doctor se fue la joven apoyada contra la ventana, miraba los árboles en el parque; y una lágrima, se asomó a sus ojos conmovidos.

- Pobre Barón. Si se equivocara en su juventud - pensó ella - su dedicación a su esposa enferma y casi asesina lo redimiera. ¿Amaría realmente a su mujer? No lo sabía.

Pensó en Gerard y recordó las convincentes declaraciones del médico sobre la continuidad de la vida. La amada figura del esposo apareció en su mente y en un remolino de emoción su pensamiento llamó: - Gerard, ¿dónde estás? ¿Por qué me abandonaste? La figura que veía en sus pensamientos parecía tener vida propia, le alisó el cabello y le besó la frente contraída.

Geneviéve sintió un dulce calor envolver su cuerpo, como restaurando sus energías latentes. Abrió los ojos, aliviada, sintiéndose ligera y dispuesta a comenzar la lucha en el hogar y en la administración familiar.

No entendiera muy bien lo que ocurriera, pero sintiera que a partir de ese día en adelante ya no lloraría por Gerard. Ella lo sentía a su lado y se dio cuenta de que, desde algún lugar, donde sea que fuera, él la estaría cuidando.

CAPÍTULO IX
BENEFICIO DEL PERDÓN
A UN MORIBUNDO

El día fue frío y triste. El invierno había vuelto gris el paisaje y las continuas heladas de la madrugada ya habían anunciado que pronto comenzaría a nevar.

A pesar de esto, Geneviéve se había ido, por la noche, rumbo al castillo de Varenne. Sabía que la Baronesa languidecía y había decidido visitarla, en un pulso de su carácter generoso.

Le conmovieron mucho los elogios del Barón y, pensando en el doloroso problema de esa familia, decidió mostrar su gratitud.

Sin embargo, mientras el carruaje corría por el camino bien cuidado, la joven pensó y llegó a la conclusión que otra razón, aun más importante, la estaba llevando a Varenne.

Con su presencia, tenía la intención de hacer que Livia y Barón entendieran tanto que el horrible ataque en el que estaba involucrada su madre fuera olvidado. Deseó que la pobre dama que sufría tanto, que había arrastrado las penas de su crimen con tantos sufrimientos, pudiera al menos en ese momento supremo partir en paz.

- Geneviéve sentía mucha pena por ella. Se horrorizaba al pensar que, si estuviera en su lugar, no podría abandonar la vida sin el consuelo del perdón.

Revivió mentalmente las escenas del pasado y con alivio se dio cuenta que solo había mucha piedad por esa desafortunada criatura. Cuánto dolor, cuánto remordimiento debería tener en su corazón. ¡Pobre señora!

Llevó a su hijo mayor a saludar al hijo del Barón, pensando en la infelicidad de ese niño, solo, sin amigos y que estaba a punto de estar sin su madre.

Fue recibida por el Barón con extrema delicadeza. Mirando a su cara cansada y entristecida, vislumbró alegría cuando los dos niños, abrazados, con la simplicidad típica de las criaturas, se fueran al otro lado de la habitación, en una amistad espontánea y efusiva.

Al verlos entretenidos, el Barón dijo: - Os soy muy agradecido por su amabilidad. Solo el corazón de una madre como el vuestro podría recordar alegrar a un niño solo con mi hijo -. Geneviéve sonrió: - Gerard disfrutó mucho de esta reunión, Sr. Barón. No tiene nada qué agradecer.

Después de unos segundos de silencio, sentado en una elegante poltrona Geneviéve, continuó: - Mi visita se refiere a otro motivo. Escuché del Dr. Villefort que el estado de la señora Baronesa ha empeorado. Vine a saber de su salud y desearle una pronta recuperación.

Por la fisonomía contraída del Barón atravesó una ola de tristeza.

- Desafortunadamente, Livia está en mal estado. Desde el comienzo de su enfermedad, hemos estado luchando para restablecer su salud. Gracias a la ayuda del doctor, su dedicación y la ayuda de Dios, llegamos a alimentar esperanzas, pero hubo una recaída y ahora sentimos que todo está perdido.

Gustavo bajó la voz que murió en su garganta como disimulando su sollozo. La joven dama se sintió conmovida por su sufrimiento.

- ¡Cómo el Barón debería amar a tu esposa! - Pensó.

Mirando su fisonomía, que ya ser recompusiera aparentando más tranquilidad y cortesía Geneviéve, creyó más que nunca que el supuesto romance con la Condesa Margueritte, su madre, no había sido más que malentendidos, intrigas y celos.

- Valor, Barón - dijo ella, poniendo su delicada mano en su brazo, tratando de consolarlo -. También sufrí el inmenso dolor de perder a mi querido Gerard. Comprendo cómo os sentís ante esta posibilidad. Debo recordaros que ni siquiera tuve el consuelo de prestarle asistencia en sus últimos momentos. Pero Dios así lo quiso y necesito ser fuerte para poder criar a mis hijos con el mismo cuidado y afecto que el Marqués lo haría. Coraje.

Gustavo fijó el rostro expresivo de Geneviéve con emoción. Su figura joven y elegante figura cuyo vestido negro lo hacía aun más delicado, su rostro sincero cuyos labios temblaban trayendo emoción, sus ojos puros, brillantes, en un ardiente deseo de suavizar su dolor, le hicieron mucho bien. Una sensación de serenidad lo envolvió y destensó su rostro angustiado. En un gesto espontáneo, colocó su mano sobre la de ella mientras decía con contenida emoción: - Sois muy bondadosa. Vuestra presencia trajo un poco de paz y consuelo en medio de nuestro dolor -. Temblando ligeramente ante el contacto de la mano de Gustavo, retiró la suya ligeramente sonrojada.

- Si no se incomoda y si vuestra gracia lo permite, me gustaría saludar a la Sra. Baronesa -. Gustavo se puso de pie.

- Está enferma y en las brumas de la inconsciencia. Nuestro doctor lo hace compañía. Tal vez ni siquiera note vuestra delicada presencia. A los amigos que nos han visitado, no les hemos permitido entrar a su habitación, pero le ruego que me acompañe. ¡Un motivo especial me lleva a pediros os vayáis sin antes verla! - Geneviéve se levantó con curiosidad.

- ¿Razón especial?

- Sí. Lamento tocar un tema tan doloroso como desagradable para nosotros, que su generosidad y gentileza de corazón no desean ni mencionan: el terrible intento de asesinato que Lívia llevó a cabo en la persona de la Condesa su madre y que tan generosamente ambas ocultaran.

Geneviéve inclinó la cabeza, avergonzada, evitando fijar el rostro del Barón, sintiendo su dificultad y sufrimiento ante la mención de un tema tan doloroso que todos querían olvidar.

- Me gustaría que la viese en su lecho de dolor y la perdonases. Varias veces, en su delirio inconsciente, ha pronunciado el nombre de la Condesa, entre el terror y la angustia. Varias veces pensé en enviar un mensajero a Ancour solicitando la presencia de la Condesa, rogándole el perdón para mi pobre Livia. Sin embargo, me detuve y temí molestaros con el recuerdo de un momento tan terrible y reconozco que no tenemos ese derecho después de todo.

Geneviéve escuchó con la cabeza baja la voz grave del Barón, que visiblemente se esforzaba por parecer sereno. Dos lágrimas silenciosas cayeron por sus mejillas, ella no se las secó tratando de no hacerlas parecer evidentes.

- Livia ha sufrido mucho, señora Marquesa. Debe haber lamentado mucho el error que cometió.

Soy más culpable que ella por no haberle sabido darle todo el cariño que se merecía y de ser castigado por todo esto, y no ella. Pero esto no es importante ahora. Le pido, señora, como hija de la Condesa, consciente de la verdad, que habiendo también sufrido las consecuencias de su crimen, que tranquilice a una agonizante con la paz y el consuelo del perdón.

Gustavo se calló. No tuvo el valor de decir que había enviado dos veces un mensajero al castillo de la Condesa, solicitando su presencia en ese momento difícil sin que ella aceptara aceptar su pedido. Su nota lacónica que se negaba a ir y perdonar a

Livia era otra angustia añadida al corazón atormentado de arrepentimiento del Barón. Por esa mujer fútil y malvada había destruido el amor, la paz, la felicidad de su hogar, de su hijo y de su joven esposa.

La presencia espontánea de Geneviéve le hizo muy bien, le devolvió un poco de confianza en la amabilidad, generosidad y comprensión de las criaturas. En la puerta de la habitación, el Barón, poniendo su mano sobre la manilla, se detuvo y la miró con ojos suplicantes. Geneviéve levantó la cara, que todavía estaba en el aire, donde se reflejó compresión y firmeza.

- Os soy muy agradecida por todos los regalos con motivo de la muerte del Marqués, pero esa no fue la única razón que me trajo aquí. También me preocupaba el pasado, y no me compete juzgar a nadie porque eso solo concierne a Dios. La Sra. Baronesa debe saber, si es posible, si Dios lo permite, que todo ya haya sido olvidado, perdonado. Por eso vine. Para decirle lo que siento. Estoy segura que mi madre diría lo mismo.

Emocionado, Gustavo abrió la puerta invitando a Geneviéve a entrar, cruzaron la antesala y entraron en la habitación de Lívia.

Las cortinas estaban cerradas y la enferma inmóvil, en medio de la enorme cama con cortinas rojas, parecía aun más pálida y delgada.

Sentado a su lado, el viejo doctor se alegró de ver a Geneviéve que se detuvo en una actitud respetuosa y no se atrevió a acercarse. El médico se levantó y tomando la mano de la señora la condujo a la cabecera de la enferma. Mirando su rostro abatido y demacrado Geneviéve, se asustó: - ¿Está muerta? - preguntó en un susurro.

- Todavía no - respondió el médico - pero falta poco.

De hecho, la respiración de Livia era tan imperceptible que apenas se notaba. La gravedad de la condición de la paciente conmovió aun más el generoso corazón de la joven.

- ¿Llegué demasiado tarde? ¿No podrá oírme?

- Pienso que no. Sin embargo, a veces ha habido algunas reacciones de conciencia que nos hacen sospechar que hay momentos en los que pueden escuchar.

Nina, continuaba observando la rememoración entre lágrimas y emociones revividas y se sorprendió al verse a sí misma aparecer en la pantalla, el espíritu de Lívia desconectándose de su cuerpo al final. Estaba amparada por dos figuras iluminadas que la ayudaran a desatar los últimos lazos y pudo observar emocionada que al observar la figura de Geneviéve, quiso aproximarse a su cuerpo agonizante, pegándose a él por un momento en un esfuerzo supremo.

Nadie en la triste alcoba de la enferma podría saberlo. Sin embargo, Geneviéve, mirando la delgada cara de la Baronesa, notó que sus ojos se abrieron, fijándola con lucidez. Mirándola profundamente, Geneviéve dijo con cariño y energía: - Lívia, vine a traerte amistad y paz. Ruego a Dios que te bendiga y te guíe a sus oraciones de luz. El pasado está olvidado. Perdóname y si alguna vez no supiera entender. Vete en paz.

El cansado pecho de Livia se agitó en un profundo suspiro cuando sus ojos carnales se cerraran para siempre. Dos lágrimas de despedida rodaran por sus pálidas mejillas. ¡Estaba muerta!

Y mientras el médico se inclinaba sobre el frágil cuerpo de la enferma tratando de encontrar el latido de su corazón sufriente, Gustavo desanimado, se arrodilló al lado de la cama doblado por el dolor y Geneviéve rezaba conmovida, la delicada figura de Lívia, amparada por dos entidades luminescentes, lanzaba una última mirada alrededor de la casa que se veía obligada a abandonar. Pero consolada por las palabras de Geneviéve, pudo conciliar el sueño en los generosos brazos de sus compañeros y ser suavemente conducida a las moradas del Padre.

Iba redimido por el sufrimiento soportado con paciencia y por el remordimiento que había amargado sus días sin cesar. Pero, le competía, aun aprender más sobre el sagrado derecho a vivir, para poder regresar a la Tierra y reparar su crimen.

Nina no pudo dominar la emoción. Era su historia.

Sentía revivir las experiencias experimentadas en cada escena que se desarrollaba en la pantalla de la sala de rememoración, pero solo que ahora la diferencia era inmensa porque las imágenes reflejaban la realidad, en cada detalle, retratando incluso los eventos de naturaleza espiritual mientras vivía en la Tierra como Geneviéve, veía solo una porción en particular y filtrada por sus propios sentimientos.

La luz se encendió en la pausa necesaria para el descanso de Nina, quien, abrazada por su generosa y cariñosa amiga, consideró: - ¡Cómo la realidad es diferente! ¡Ah! ¡Si en la Tierra pudiésemos saber lo que ven aquí!

- Sería peor, querida - Respondió Cora suavemente -. En la Tierra para que puedan vivir juntos en relativa paz, es imperativo que ignoren ciertas verdades. Son demasiado duras para que podamos soportarlas sin desilusión y desesperación. Esto será posible en el futuro cuando los hombres sean mejores y la verdad sea más agradable.

Nina se calmó. Dirigiéndose al instructor, que a su lado permanecía silencioso y cortés, le preguntó: - Por favor, podemos continuar -. El instructor sonrió y respondió: - ¡Pero tu memoria ya recuerda el pasado!

- Sí, lo está. Pero recordando mi versión. Necesito ver la realidad.

- Sí, hija mía, porque esas son las que están aquí. Sin embargo, es suficiente por hoy y mañana a la misma hora nos reuniremos para continuar.

Nina aceptó sin valor decir que quería saber por qué recordaba muchas cosas que habían nublado su felicidad. ¿Serían verdaderas? Mil preguntas surgieron en su mente febril, despertado por la fuerza de un pasado que todavía vibraba en lo más recóndito de su ser.

Cora la abrazó dulcemente, sintiendo lo que estaba sucediendo en el alma y susurró con cariño a sus oídos: - Nina, ten paciencia. Todos estamos ansiosos por buscar la mejor solución para tu felicidad y para los que amas. Confía en Dios y en nuestros mayores.

Nina se calmó y miró al supervisor que la miraba con amistad.

- Perdónenme tanta emoción. Saben lo que más me conviene. Que Dios los bendiga.

Y las dos abrazadas salieran a la alameda perfumada donde el crepúsculo ya comenzara a descender la cortina de penumbra sobre los últimos, los rayos del sol, dibujando en el cielo suave y hermoso las formas fantasiosas de nubes doradas y caprichosas.

La agradable brisa se movía a través de las frondosas copas de los árboles y Nina sintió despertar en su corazón un nuevo sentimiento de paz y esperanza como jamás pensara que pudiera experimentar.

CAPÍTULO X
EL AMOR BROTANDO
EN LOS CORAZONES
DE GUSTAVO Y GENEVIÉVE

Al día siguiente, Nina se preparó con alegría para aparecer en la sala de rememoración.

Sin embargo, un fenómeno curioso se operara en ella. Mirándose en el espejo, sonrió feliz: su apariencia había cambiado un poco. Parecía mayor y su rostro tenía una tez más aterciopelada y formaba las más delicadas, se parecía más a Geneviéve que a la pálida y enferma Nina de los otros tiempos.

Incluso su indumentaria le parecía desagradable, y la joven se apresuró a hacer nuevos arreglos para ella que la hicieran parecer más elegante.

Al verla, Cora se movió.

- Estoy empezando a reconocerte - dijo cuando la vio -. Ahora estás reencontrando tu personalidad.

- ¿Te gusta? - Preguntó Nina, refiriéndose a su traje.

- Ciertamente, querida, pero lo que más aprecio son las virtudes de tu corazón amoroso y amigo. Vamos, ya es hora.

Se fueron alegremente. Nina sintió que su corazón latía emocionado al tomar asiento frente a la pantalla de rememoración, que en unos momentos comenzó a iluminarse. El regreso al pasado continuaría: En la sala de estar, Geneviéve observaba con emoción a los niños que jugaban alegremente a los dardos balcón. Dejó caer a su madre que sostenía el libro con el que se entretenía y pensó en los últimos eventos.

Su hijo Gerard y Gustavo, el hijo de Lívia, se habían estimado desde el primer momento en que se conocieran. Amistad sincera y simple entre dos niños de casi la misma edad.

Con la muerte de Lívia, Geneviéve sintió lástima por el huérfano que quería darle un poco de afecto que su propio hijo disfrutaba. Uno de ellos quedó huérfano de padre y el otro de madre. Esto la conmovía, principalmente porque el pequeño Gustavo era de salud delicada, introspectivo, maduro para sus ocho años. Era sobrio y educado y Geneviéve siempre lo sorprendía con un brillo de tristeza en su mirada viva y brillante.

Siempre se expandía con la compañía de Gerard. Cuando estaban juntos, sonreía y bromeaba, su tono se volvió más hablador y ese aire adulto desaparecía de su rostro. Por eso, un mes después de las ceremonias fúnebres de Lívia, la Marquesa solicitó el permiso del Barón para invitar al niño a pasar las tardes en su casa.

Gustavo viniera triste y abatido en su riguroso duelo, pero poco a poco la delicadeza de Geneviéve, la amabilidad y las gentilezas de Gerard y Caroline tuvieran el poder de devolverle un poco la alegría de vivir. Al mirar a los niños, entretenidos y alegres, la joven se sintió más feliz. La delicada figura del hijo del Barón le causaba sincera emoción. Sentía despertar en su corazón profundamente maternal gran afecto por el niño.

- Sra. Marquesa, el Barón de Varenne pide permiso para ser recibido -. Geneviéve, arrancada de su meditación, sorprendida, levantó la vista y vio la figura esbelta de Gustavo atravesar el vitral de la puerta principal. Se levantó sorprendida: - Que entre el Señor Barón.

Hacía un año que Lívia había muerto y nunca más había visto al Barón después de las ceremonias fúnebres, aunque el niño venía muy seguido a su casa. Por esta razón, la visita inesperada le provocó justa sorpresa. Geneviéve pensara al principio que después de la muerte de Lívia, el Barón reanudaría sus actividades mundanas de las que había partido desde la enfermedad de su esposa. Pero no. El Barón continuaba viviendo una vida retraída y sobria, inmerso en una profunda soledad.

Llevado al salón, Gustavo se inclinó y besó suavemente, sin tocar, la mano que Geneviéve extendió para darle la bienvenida: - Me siento muy honrada de recibiros. Acomodaos.

Gustavo se acomodó, arreglando la cara joven y delicada de la marquesa con amabilidad.

- Os pido disculpas por la intrusión. Pero necesitaba hablar con vos. Os estoy muy agradecido por lo que le ha hecho a mi hijo. Solo un corazón maternal como el vuestro podría haberle ofrecido tanto cariño. Mi pequeño Gustavo la adora.

Geneviéve sonrió con placer: - Podéis creer que lo considero como un hijo. Estoy feliz de poder darle un poco de alegría, pero sé que nadie podrá jamás reemplazar en su corazón el amor de la madre que perdió.

Gustavo suspiró imperceptiblemente mientras el triste sonido habitual de tristeza se reflejaba en su rostro.

- En realidad, Livia representaba mucho para él. Sin embargo, la Sra. Marquesa ha podido ayudarlo mucho, brindándole la asistencia que yo diría de un ángel guardián. Habéis conversado con él, explicado muchas cosas, lo habéis orientado de tal manera que incluso en su sufrimiento logró conservar la fe en Dios, la alegría y la esperanza. ¡No sé cómo agradeceros tanta generosidad!

Geneviéve se sintió profundamente emocionada. La voz del Barón era vibrante y un poco embargada, y había en sus ojos el brillo de una lágrima que logró retener.

- ¡Qué hombre tan extraño! Ella pensó. Lo había visto tan discreto que nunca pensara que podría mantener tanta emoción.

- Vuestra amabilidad me confunde, señor Barón. Si deseáis mostrar vuestra gratitud, permitid que vuestro hijo venga a vernos más a menudo. Tanto yo como mis hijos nos sentimos muy felices con su presencia.

El Barón guardó silencio pensativo. Luego dijo: - Vine solo para despedirme. Tengo la intención de viajar un poco. Ir a Italia, a Alemania. Quizás a otros países; aun no lo sé, ¡Gustavo y yo necesitamos olvidar! - Geneviéve se sintió triste.

- ¿Pretendéis demoraros?

- No lo sé todavía. Tal vez seis meses, un año o más.

- ¿Tanto tiempo? ¡Vamos a estar muy solos sin Gustavo!

El Barón miró el porche donde los niños se reían y jugaban alegremente. En ese momento, el pequeño Gustavo, como atraído por la mirada penetrante de su padre, se volvió y al verlo sorprendido dejó de jugar: - Vamos hasta allá - propuso Geneviéve, seguida por el Barón.

- ¡Papi! ¡Qué alegría!

- No vinisteis a buscar a Gus, ¿verdad? - Preguntó Gerard, un poco molesto -. Aun es muy temprano.

- El Sr. Barón vino a despedirse. Ellos van a viajar por algún tiempo.

Por la fisonomía de Gus pasó una sombra de temor. Instintivamente, se abrazó a Geneviéve como aquellos que buscaban protección.

La marquesa se sintió abochornada, pero al mismo tiempo estaba conmovida por la prueba de afecto del niño. Se les unieron los otros dos y la joven los abrazó mientras decía con amor: - ¿Qué es esto? El sr. Barón sabe lo que le conviene a su hijo. No tenemos derecho a intervenir.

- No quiero que Gus se vaya. ¡Por favor, mamá, no lo dejes ir!

- Yo tampoco quiero a mamá - suplicó Caroline, ya llorando.

El Barón miraba con admiración y sin saber qué decir. Finalmente se dirigió a su hijo: - Vamos a viajar, hijo mío, según lo planeamos. Hemos estado haciendo planes de viaje durante mucho tiempo. ¡Estabas tan emocionado! ¿Has olvidado todo?

El niño que escondiera el rostro en el brazo de Geneviéve dijo: - No lo he olvidado, papá. Pero ¿ellos no pueden venir con nosotros? - Esta vez fue Geneviéve quien respondió: - Desafortunadamente, no. Pero estaremos esperando a que regreses; y nos contarás todos los paseos, la diversión, todo. ¿Sabes a dónde vas? Ven conmigo, te lo mostraré.

- ¿Puedo ver? - Preguntó Gerard.

- ¿Yo también? - Preguntó Caroline.

- Claro.

Dando una mirada significativa al Barón, Geneviéve los condujo a la biblioteca mientras decía: - Les mostraré cuántas cosas hermosas hay y merecen ser vistas.

Escogiendo un enorme volumen Geneviéve tomara asiento en uno de los sillones, con los tres niños alrededor. Y con voz soñadora abrió el volumen y comenzó a contar: - Iréis a Italia, tierra de grandes pintores y grandes tribunos. Mira: esta impresión es de Roma, la ciudad que dominó el mundo...

Y la Marquesa, con una voz dulce e imaginativa, contaba historias de una manera atractiva y romántica sobre cada impresión que examinaban.

98

Los niños escucharan con interés y entusiasmo, bebiéndole sus palabras con entusiasmo y encantamiento. El Barón, sentado a un lado, no podía escapar del encanto de la narrativa hecha con erudición, maestría y gracia.

Miraba la figura de Geneviéve con éxtasis mientras pensaba: - ¡Qué mujer!

Nunca había conocido a otra que conservara tanta belleza, tanta delicadeza, tanto amor. "Ella es hermosa por dentro y por fuera", pensó, mirando su rostro expresivo derramarse en emoción, transmitiendo a quienes la escuchaban todo lo que deseaba sobre la colorida narrativa del supuesto viaje.

Cuando terminó, no solo el pequeño Gus quería irse, sino que los otros dos miraron a su amigo con respeto, mientras que Gerard dijo: - Será bueno ver todo esto. Un día también iremos, ¿no, mamá?

- Ciertamente, hijo mío. Ahora es hora de almorzar. Espero que el Sr. Barón acepte el té con nosotros.

- Es muy amable, señora Marquesa.

Mientras los chicos almorzaban en la terraza, Geneviéve ordenó té en la sala de estar. Al verse a solas con ella, Gustavo dijo: - Una vez más, debo agradeceros por la ayuda providencial. No pensé que las noticias del viaje pudieran causar tantos problemas. Me pregunto si valdrá la pena -. Geneviéve captó un nuevo brillo de admiración en los ojos de Gustavo. El continuó:

- Hemos vivido muy solos. No hemos tenido la suerte de encontrar tanta calidez con lo que nos alberga aquí. Perdonadme a mí señora Marquesa si os lo digo, pero mi hijo y yo no encontramos alegría en nuestra casa vacía de amor y afecto. No sé si hago bien llevándome a mi hijo.

El amor es un sentimiento tan profundo y precioso que cuando las personas sinceras lo encuentran, nunca debe ser subestimado -. Geneviéve levantó la vista y fijó sus expresivos ojos.

- Tenéis razón. La presencia de Gustavo nos trae sin mucha alegría. Me sensibiliza saber que él también nos aprecia. Cuando perdí a mi esposo, aprendí a apreciar la presencia de aquellos que nos son queridos. Nadie sabe cuánto por cuánto tiempo estaremos juntos. Me aferré cada vez más a mis hijos, traté de darles más de mi tiempo y de hablar con franqueza, estamos juntos, tanto como podemos. Quiero vigilarlos, amarlos, hacer lo que pueda para hacerlos felices.

Geneviéve hablaba con sinceridad, sin darse cuenta que había entrado en el campo de las confidencias. Le pareció que el Barón podía comprenderla, porque valorando el amor, lloraba a la esposa perdida tan prematuramente.

Gustavo dijo: - ¿No frecuentáis la corte?

Geneviéve sacudió la cabeza negativamente.

- A pesar de la aparente alegría, siempre me siento triste cuando tengo que visitar los salones. Recuerdos de mi juventud tal vez. No me gusta la hipocresía, señor Barón.

- ¿Y vos no os sentís sola?

- A veces. Pero las fiestas de la corte nunca podrían acabar con esa soledad. Prefiero la compañía de mis hijos. Es muy triste para un niño la falta de afecto materno. Deseo de estar con ellos, confiando sus dudas, buscando apoyo y no poder. Es un vacío que nada ni nadie puede llenar.

Por primera vez, Gustavo pensó en la madre Condesa. Era evidente que la vanidad no le había dado tiempo para dedicarse a su hija con esta desearía. Comprendió como la niña Geneviéve, había sido infeliz. También se sentía huérfano de afecto y de comprensión. Sentía remordimiento siempre que recordaba a Livia y se atormentaba con la consciencia de su culpa.

Hablaron durante media hora más y cuando Gustavo se fue, llevando a su hijo de la mano, tuvo una sensación de paz que no había experimentado en mucho tiempo. La presencia gentil y serena de Geneviéve, su comprensión innata, su cultura, su sinceridad, tuvieran el don de darle tranquilidad a su corazón amargado.

Tenía ganas de desistir del viaje, pero no quiso dar la impresión de ligereza al hijo que ya ahora tenía deseos de partir. Sabía que este viaje era parte de la educación del niño y no podía descuidar ese deber.

Entonces, una semana después viajarían al extranjero.

Geneviéve extrañaba mucho a Gus, pero los niños nostálgicos anticipaban la alegría del regreso y, cada vez que podía, la Marquesa se veía obligada a tomar el libro de grabados, tratando de imaginar dónde estarían los dos.

Dos meses después, en una tarde de otoño, los tan esperados viajeros regresaran.

Estaban reunidos en el salón, hablando animadamente cuando se anunció a la presencia Gus, acompañado por su padre. Traían en la mirada la alegría del retorno y el placer del reencuentro.

Recibidos con sorpresa y mucha alegría, relataron las aventuras del viaje en el que Gus había traído muchos regalos a sus amigos.

Mientras los ruidosos niños se entregaban un poco en silencio a la conferencia fraterna Geneviéve, él hablaba con el Barón.

- Decidimos regresar. Los extrañamos mucho y tanto Gus como yo llegamos a la conclusión que ya no podíamos más estar lejos de casa.

Los ojos oscuros y profundos del Barón buscaran los de Geneviéve con insistencia. La joven señora se sentía perturbada por esa mirada tan emotiva donde había un mayor interés de lo habitual. Pero Gustavo en ese momento estaba siendo sincero.

Durante su ausencia, la figura de Geneviéve, su dulzura, su belleza, no había abandonado su mente. Gus en su ingenuidad contribuyó más a eso, constantemente hablando de ella con admiración y afecto.

Gustavo se sentía profundamente solo. Sin embargo, la sensación que comenzaba a surgir en su corazón era muy diferente de todas las otras que había experimentado antes. Ni el afecto ingenuo e inseguro de Lívia, ni la pasión inquieta y desordenada de Margueritte. Sentía un calor agradable cuando la miraba. Un sentimiento mixto de respeto, admiración, pero al mismo tiempo de plenitud que a veces asustaba por la profundidad.

Geneviéve sintió que el Barón estaba interesado en ella más de lo que debería.

Al principio se asustó. Le parecía que estaba siendo desleal con Lívia y Gerard, pero al mismo tiempo, las emociones que Gustavo dejaba escapar discretamente hacían latir el corazón aceleradamente. Su amor con Gerard había sido tranquilo y calmado.

Insegura e inexperta, ante los primeros contactos con la vida, ansiosa por emociones y cariño, hace mucho tiempo que encontrara en él el amparo, la comprensión y el afecto que le daban seguridad y paz.

Se sorprendió por el posible interés amoroso del Barón y decidió evitar su presencia, lo que, a diferencia de Gerard, le provocaba inquietud y cierto temor.

Pero el Barón era muy delicado. Al darse cuenta de un cierto bochorno en Geneviéve, dirigió el asunto de manera personal y poco a poco la Marquesa se sintió tranquila, rindiéndose al encanto de una buena conversación. Gustavo fue un prosador innato. Su voz profunda de entonaciones de terciopelo mantuvo el encanto de las modulaciones encantadoras, expresando finura, cultura e inteligencia brillante, atrayendo la atención del orador exigente.

En los últimos años, había vivido entre el remordimiento y la depresión, se había vuelto triste y silencioso. Pero en ese momento, revivido por ideas nuevas y enriquecedoras, instintivamente se mostró tal como era. Geneviéve estaba encantada. Se entregó de cuerpo y alma al placer de la conversación, tratando de mantener alejados los pensamientos inoportunos. Y los dos fueran entendiéndose. Invitados para cenar aceptaran con placer y el encanto continuó durante otras dos horas.

Los dos estaban conversando animadamente en el salón. Geneviéve sentada en una poltrona frente al Barón. Caroline jugaba entre los dos, felizmente llevando una hermosa muñeca de porcelana con la que Gus le había regalado.

Hubo un tiempo en que su pie se tambaleó y habría caído si el Barón no hubiera podido sostenerlo con una velocidad impresionante. Geneviéve también quiso impedirle caer, lanzándome sobre ella tratando de sostenerlo Abrazando al Barón y a su hija, su rostro rozó el rostro moreno de Gustavo, sus manos temblaron ante el contacto de sus brazos vigorosos y sus manos fuertes, Geneviéve se sonrojó mientras se sentía abrumada por la emoción. Inmediatamente se puso de pie, excusándose, tratando de consolar a la niña cuya muñeca se había destrozado en la alfombra: - No llores, Caroline. Mandaré pedir otra para ti.

- Pero esta era mía - sollozó la niña - ¡Gus me lo dio!

Tratando de calmar las opciones Geneviéve tomó a su hija en sus brazos tratando de calmarla.

- No llores. ¿No sabías que se rompía? Vamos, aprende a ser paciente.

Poco a poco, la niña se calmó y aceptó ir a la cama con la institutriz.

Cuando el Barón se despidió, Geneviéve dijo: - Quizás no aprobéis la manera libre de educar a mis hijos, tan diferente de la rigidez de nuestras costumbres. Resulta que somos muy unidos y pienso de manera diferente. Creo en el amor con el factor primordial en la educación. No apruebo el rigor del castigo y las puniciones.

Gustavo la miró directamente a los ojos. Estuvo tentado de besar sus labios, recordando la suavidad de su tez a la luz, el roce involuntario de momentos antes.

- Sus hijos son encantadores, Sra. Marquesa. Proporcionaré otra muñeca para Caroline.

- Fue descuidado, no sé si ella se lo merece.

- Bueno, creo que merece mucho más. Con mucho gusto traeré la muñeca. No me prives de la alegría de ofrecerlo.

Geneviéve sintió abochornada. Afortunadamente, Gus se acercó para despedirse y no tuvo que responder. Y mirando por la ventana al carruaje que partía, consideró que era un día feliz, tan feliz que no recordaba haber vivido otro igual.

CAPÍTULO XI
LAS FUERZAS DEL MAL REACCIONANDO

Los días siguientes continuaran siendo felices y alegres. Poco importaba el viento que soplaba desnudando los árboles, alejando a las aves habituales que migraron en busca del sol y el calor, sintiendo la llegada de la estación fría.

Todas las tardes, Gus se aparecía en el castillo Trussard, con gran placer por sus moradores. Aunque Gus llegaba acompañado de su ama, era el mismo Barón quien solía pasar a recogerlo, invariablemente tomando el té de la tarde con ellos.

Esto se había convertido en un hábito y Geneviéve entendió un día que sentía una gran amistad por Gustavo. La convivencia, la conversación íntima en el agradable retraimiento de su sala mientras los niños jugaban a su alrededor le habían hecho conocer los sentimientos, el carácter, los hábitos, la inteligencia y la cultura del Barón. Su personalidad se le figuraba fascinante.

De hecho, lo era. Nunca dejara de conquistar a una mujer cuando quería. Con Geneviéve fue sincero. Preso a la fascinación de la joven señora, encantado por su belleza física, pero descubriendo aun más su belleza moral y espiritual, comprendiera que aquella hermosa mujer representaba su sueño tan a menudo buscado en las sonrisas de las fingidas de las muñecas en los salones, en los contactos aventureros y ocasionales.

Se identificaba tanto con Geneviéve, con su forma de ser, sentir, sonreír, hablar, que se arrepintió desde el fondo de su corazón de no haberla conocido antes de su infeliz matrimonio.

Él la amaba. Había descubierto esto durante el viaje que hiciera. Sin embargo, temía que no fuera correspondido. También temía que el amor de Gerard estuviera demasiado vivo en su corazón para que lo aceptara.

A veces recordaba su aventura con la Condesa Margueritte. ¿Hasta qué punto Geneviéve sabía la verdad? ¿Sabría que fuera más que un simple coqueteo? Avergonzado, trataba de deshacerse de esas inoportunas reminiscencias como si nunca hubiesen sucedido.

Frecuentaba su casa regularmente. Tenía esperanzas que ella viniese a amarlo. Con este fin se esforzaba, sin abandonar la posición respetuosa de amigo de la familia con la cual había sido recibido. Esperaba que el tiempo hiciera el resto. La emoción de Geneviéve no pasó desapercibida cuando la sorprendía, apareciendo inesperadamente. Ni de su tremor cuando descansaba sus labios con ternura sobre su mano suave en el saludo habitual.

Una tarde, cuando los primeros albores del invierno comenzaron a hacer caer las hojas del parque y el fuego crepitaba agradablemente en la chimenea, los niños jugando como de costumbre y el Barón, sentado en cómoda poltrona, saboreaba una deliciosa taza de té. Sus ojos miraban amorosamente la figura de Geneviéve ocupada atando la cinta que se había desprendido de Caroline.

¡La amaba! ¡La amaba! Era imperativo que ella le correspondiese.

¡La tarea ha terminado! Caroline se unió a los otros dos, y la Marquesa, levantando los ojos, sorprendió su ardiente mirada en un silencio suplicante. Se sonrojó. Corazón acelerado recogió unas imágenes al azar para desviar la atención, pero sus manos temblaban.

Gustavo ya no podía callar más. Le ordenó a la ama que llevara a los niños a la sala de juegos, lo que provocó el fácil entusiasmo infantil.

Al verse solas con ella, no se contuvo más. Se acercó y le tomó las manos con ardiente emoción: - ¡Geneviéve! ¡Necesito hablarte!

Se puso de pie nerviosamente tratando de impedirlo, arrancando su mano de entre las de él con inquietud.

- Es mejor que no digas nada, Gustavo. Es imposible.

Frente al primero obstáculo Gustavo se acobardó. Tenía miedo de perderla. Dominado por la ardiente emoción, la sujetó con determinación, buscando su boca en una inconsciente necesidad de saber si era amado. Geneviéve ya no reaccionó. Se sintió morir. Le pareció que la vida se resumía a ese beso, en esa emoción delirante de la que nunca se juzgara capaz. Se dio cuenta que nunca había conocido el amor antes de Gustavo, quien también se intoxicara de emociones nunca imaginadas y no se podía contener. Le besaba los labios, las mejillas, el cabello, en un vértigo inconsolable.

Asustada por el volumen de las emociones que los envolvía, ella suavemente trató de calmarlo murmurando con cariño: - Ten calma. No somos niños. ¡Por favor!

Por un momento sus ojos buscaron los de ella con un brillo ardiente.

- ¡Geneviéve, te amo! ¡Yo te amo! Nunca he amado a nadie como a ti. Ninguna mujer ha penetrado en mi corazón de esta manera. Hace días quería preguntarte si podía tener esperanzas. No somos niños, es cierto, ¡pero ahora para mí es como si fuese el primer amor! ¿Puedes entender eso?

Trémula y feliz, la Marquesa, sin apartar los ojos de él, murmuró: Sí, puedo entenderlo. También te amo y parece que en mi vida me pasa a mí y por primera vez.

Extasiado, Gustavo la cubrió de besos ardientes la cara sonrojada y cuando la joven señora logró calmarlo un poco, se sentaron uno al lado del otro en un sofá, en el amoroso intercambio de confidencia entre enamorados.

Hablaran sobre las emociones del pasado, las alegrías del presente y principalmente los proyectos para el futuro. Gustavo desea casarse lo antes posible, pero Geneviéve deseaba esperar a la primavera. Quería preparar la casa, pero Gustavo no tenía la intención de vivir en el castillo de Trussard. Entonces se dio cuenta que Geneviéve no estaría feliz de morar donde Lívia viviera. Finalmente, acordaron que sería en la primavera y, mientras tanto, el Barón procedería a la renovación completa de su hermoso castillo, incluida la construcción de un ala nueva para vivir con Geneviéve.

Nina dejó escapar un profundo suspiro. La rememoración de esas escenas de gran emoción había revivido en su corazón el profundo sentimiento de amor que la vinculara a Gustavo. Al verlo amoroso, apasionado, se reavivó en toda su plenitud, dentro de su ser, el gran sentimiento que todavía se conservaba vivo y ardiente, a pesar de todo el tiempo que pasara. Lágrimas dolorosas de nostalgia corrían por sus mejillas, mientras que, de sus labios, como inconsolable partía el grito de dolor: - Gustavo, mi amor, ¿dónde estás?

Inmediatamente se encendió la luz y Cora, amorosa, tomó las manos de su amiga acariciándolas. Traída a la realidad, Nina trató de contenerse. Temía que su interrupción la privase de mirar el resto de su dramático pasado.

- Perdón. No interrumpiré más. Podemos continuar.

El instructor la miró con comprensión y amabilidad aconsejando:

- Esperemos unos momentos. Tenemos tiempo. No te preocupes.

Puso la diestra sobre la frente de Nina y poco a poco ella se fue calmando, sintiendo que suave calor penetraba en el cuerpo, en un dulce y sereno recogimiento. Poco después, la pantalla volvió a iluminarse. La rememoración continuaría.

Nina pudo, conmovida, revisar los días siguientes, llenos de la mayor felicidad.

Los niños fueran los primeros en saber y, para deleite de sus padres, se sintieron contentos y felices. La amistad espiritual que los unía iba a materializarse en la unión de las dos familias.

Geneviéve estaba rebosante de felicidad. Gustavo era el enamorado ideal. Galante, atento, apasionado. Parecía remozado ante el amor que inundaba su alma con calidez y comprensión.

Viviera siempre solo, incluso cuando estaba con su familia y su esposa. Ahora había encontrado la compañera con la que identificaba sus más caros ideales. La Tierra parecía el mismo paraíso.

Geneviéve, radiante, trayendo a la luz el brillo del amor correspondido, buscó la casa de su padre para las primeras participaciones.

A pesar de la viudez, la niña respetuosamente desea pedir su consentimiento. Lo hacía por una cuestión de orden y piedad filial. Estaba segura que los suyos estarían felices de verla hacer realidad su gran sueño, rehacer la vida. Consideraba con alegría que el Conde siempre distinguiera a Gustavo con amistad y deferencia. Había conocido al padre del que había sido amigo de la infancia. Y, en cuanto a su madre, no tenía miedo. Ciertamente lo entendería. Siempre se había mostrado muy amiga del Barón, hasta el punto de sufrir en silencio el horrible atentado de Lívia de no involucrarlos en un escándalo.

Geneviéve no tenía dudas sobre las relaciones de la Condesa con el Barón, creía que eran víctimas de los celos enfermizos y de una mujer tan descontrolada como para llegar al crimen por eso. En el auge de la felicidad, no veía a Gustavo como un hombre pasivo de errores y engaños, así como su amor por la madre, su consciencia siempre recta, no la consideraba capaza de llegar al adulterio. Prefirió ver a Livia como una mujer enferma cuyos celos causara la infelicidad en la vida de la pareja.

Fue con aires misteriosos que visitó a su madre en su habitación privada y pidió insistentemente la presencia del Conde.

Un poco asustado por la invitación de su hija, entró en la habitación privada de su esposa un poco avergonzado. No tenía la costumbre de entrar allí, ya que la Condesa no le permitía involucrarse constantemente con sus máscaras de belleza y sus cuidados excéntricos.

Sentados en artísticas poltronas, ambos miraran a su hija con curiosidad y preocupación. Pero la exuberancia de Geneviéve los tranquilizó: - Me disculpo si les tomo el tiempo, pero el tema es tan importante que no podía esperar más -. La Condesa, alzando las cejas, consideró: - Será algo inusual porque pareces una niña tonta y no una Marquesa -. Y volviéndose hacia su esposo: - ¿Viste cómo entró aquí?

El Conde simplemente miró a su hija, esperando la explicación que vino después: - ¡Vine a consultarle sobre un asunto muy serio! ¡Tengo la intención de casarme de nuevo!

- ¡Oh! - hizo que la Condesa intentando no arrugar la cara para no marcarla.

El Conde permaneció en silencio durante unos segundos, por fin habló: - Cuando Gerard murió, te dejó muy joven. No puedo ocultar de ti que esto me ha preocupado. Necesitas un esposo. Un hombre de nobleza que pueda administrar tus bienes de manera segura y educar a tus hijos. He querido hablar contigo sobre esto varias veces, pero siempre te niegas a escucharme.

- Tienes razón. Nunca antes había pensado en casarme. Sin embargo, ahora amo y soy amada. Un buen hombre, tan rico como yo misma, que mis hijos adoran, y como es su amigo, seguramente será muy bien aceptado en nuestra familia.

La Condesa parecía satisfecha. Consideraba a su hija muy sola, enterrada en su castillo sin querer frecuentar la corte, viviendo en reclusión como una monja.

Ciertamente le faltaba un marido que la guiara. El Conde sonrió aliviado: - Me alegra que sea una persona de nuestras relaciones. ¿A qué familia pertenece?

Geneviéve se puso de pie, revelando de alegría: - ¡Es el Barón de Varenne!

Mientras la cara del Conde se estiraba en gozosa alegría, corrió para abrazar a su hija, la Condesa palidecía mortalmente. Su rostro se contrajo en un rictus de odio que logró ocultar con mucho esfuerzo. Al darse cuenta que la estaban mirando esperando una reacción, trató de sonreír: - Parece que no estás contenta con mi felicidad ¿Por casualidad desapruebas mi elección? - La Condesa trató de ocultar lo que estaba sucediendo dentro de ella y argumentó: - No es eso, hija mía. Resulta que tu matrimonio con Gerard fue muy feliz. Eres ingenua y no conoces la maldad de la vida. El Barón, a pesar de ser nuestro amigo, es un hombre sufrido que escapa a la convivencia de todos, envuelto en los problemas de su primer matrimonio. Además, tienes un hijo, que seguramente te traerá problemas. Temo por tu felicidad.

La niña sonrió dulcemente: - Siempre has sido una madre extremada. Tus miedos no tienen razón de ser. El pequeño Gus es un muy buen amigo de mis hijos y fue gracias a nuestra amistad, ese afecto que nos une que Gustavo nos ha visitado. Lo conozco bien. Es un hombre sincero y encantador. Sufrió, es cierto, pero por eso mismo merece una oportunidad para rehacer su vida. Nos sentimos felices juntos y todos nos queremos mucho -. Picada por el rencor, la Condesa preguntó: - ¿Él dijo que te ama? - Geneviéve se sonrojó: - Lo dijo, pero incluso si callase, ¡sé que me ama! Tanto con el yo para él. Nuestro amor es verdadero y puro. Tanto él como yo, a pesar del primer matrimonio, no sabíamos bien qué era el amor. Ahora sentimos que realmente lo encontramos.

La joven señora estaba hablando, con los ojos perdidos en la distancia y su rostro reflejaba toda la fe, toda la euforia que había en su alma.

La Condesa se calló. El Conde agregó serenamente: - Gustavo siempre ha sido un buen hombre y un nombre de los más ilustres. Tienen mi aprobación y pienso que la de tu madre.

Cuando se le pidió que respondiera a la Condesa, ella sonrió: - Ciertamente, querida. Si te sientes feliz, ¡que así sea! - La Marquesa abrazó efusivamente a su madre y comenzaran a ocuparse de los detalles de la boda. Y cuando el Conde acompañado por su hija salió de la habitación, la sonrisa en el rostro de la Condesa desapareció, cuyo tono era amenazador y el sombrío.

- ¡Miserable! - pensó -. ¡Me despreciaba y porque me consideraba vieja! ¡No sabe que soy mucho más mujer que mi hija, inexperta e ingenua! ¡Una niña que no sabe amar!

La figura de Gustavo apareció en su mente oscura.

- Quizás sea mejor así. Estará en mis manos. Ajustaremos cuentas. ¡Ciertamente, él me las pagará!

Y ante la dolorosa sorpresa de Nina ante la desoladora realidad, tres figuras sombrías de entidades infelices y tenebrosas, que estaban en la habitación, envolvieran a la Condesa, pegándose a ella, alimentando sus pensamientos infelices que en ese momento parecían recrudecer e intensificarse. Blandiendo su mano con rabia, ella murmuró, con vibraciones de odio: - ¡Tu hora ha de llegar!

CAPÍTULO XII
EL ORGULLO Y EL EGOÍSMO PONIENDO EN RIESGO LA FELICIDAD DE UNA FAMILIA

La tarde fue agradable y agradable. Geneviéve, sentada en una cómoda poltrona, en alegre y lujosa sala, descansaba en el salón de música. Al lado, los niños toman clases con el profesor de piano. Con los ojos cerrados, Geneviéve reflexionó sobre el rumbo inesperado que su vida había tomado.

Su matrimonio con Gustavo, que tuvo lugar en un brillante día de primavera, hacía tres meses, le diera una gran emoción y alegría. Fuera temblorosa y conmovida que se conducir por su padre la condujera a la Capilla del Castillo de Trussard, donde se casaran. Esta unión le trajera una felicidad que nunca había experimentado. Cada día, el Barón se revelaba más amoroso, más efusivo, más encantador.

El hermoso castillo de Varenne sufriera una importante renovación y una nueva ala se había construido para recibir a la pareja. Tanto ella como el Barón deseaban la máxima simplicidad en el matrimonio, pero tanto el Conde como la Condesa no estuvieran de acuerdo. No queriendo incomodarlos, ambos acordaran ofrecer una recepción en el castillo de la Marquesa.

Aunque no apreciasen la corte, existían tradiciones de familia y costumbres, amistades, etc. Por lo tanto, se sometieron a demandas sociales, pero se sintieran infinitamente felices cuando se fueran al castillo de Varenne.

Antes de recogerse, fueron a mirar uno por uno a los niños que ya estaban instalados en el nuevo hogar. Luego, cálidamente abrazados, se encaminaran a sus habitaciones.

Geneviéve amaba profundamente a su esposo, con un éxtasis del que nunca se considerara capaz. A veces pensaba en Lívia y entendía sus celos, y tambіén sentía miedo de perderlo. Su felicidad le parecía tan grande que temía no merecerla.

Vivía para él. Ella siempre pensaba en él, trataba de darle alegría y paz. Amaba a Gus con ternura y distribuía su afecto equilibradamente con sus tres hijos.

Su meditación fue interrumpida por un ruido del exterior. Tuvo tiempo de levantarse y la Condesa ya estaba entrando elegantemente en la sala.

Sorprendida, Geneviéve no pudo evitar exclamar: - ¡Mamá! ¡Qué alegría!

La besara la mano, que su madre le tendía tratando de instalarla cómodamente.

- Te extrañé y vine a verte. ¡Naturalmente no me esperabas!

Un poco avergonzada, la Baronesa notó que, en el momento del descanso anterior, su cabello se había despeinado un poco: - Perdonadme, mamá. Me senté aquí y me dormí un poco. Permitidme salir unos segundos. Vuelvo enseguida. Aunque ya no era más una niña, Geneviéve aun temía la desaprobación materna.

Percibiera que su apariencia la había disgustado.

Cuando la hija se fue, la Condesa, con un ojo investigador, recorrió toda la sala. El matrimonio de su hija con el hombre que la había rechazado le trajera grandes emociones. La presencia de

Gustavo había revivido la pasión que un día él había despertado. No consideraba que su hija fuera una rival. En su enormidad vanidad, la Condesa se colocaba en una mejor posición para darle al Barón el amor que necesitaba. En el apogeo de su ilusión, a veces asumía que Gustavo había buscado a su hija para que pudiera regresar a su convivio con intimidad y seguridad. Era cierto que siempre la tratara con cortesía y respeto, sin dar lugar a ningún pensamiento sobre el pasado, pero Margueritte esperaba que transcurrido algún tiempo encontrase la oportunidad de hablar.

A pesar de ser una mujer experimentada, se estremecía de pasión y emoción al pensar en el día en que una vez más podrían volver a encontrarse a solas como antes.

Geneviéve regresó feliz, preocupada por recibirla con cariño y atención.

Conversaran durante unos minutos y en ese coloquio fueron sorprendidos por Gustavo. El Barón saludó a su suegra con delicadeza e inmediatamente sus ojos buscaran el rostro sonrojado y querido de su esposa.

Besara su rostro con ternura. La amaba perdidamente. Cada día se revelaba con un nuevo encanto. Se sentía solo cuando estaba lejos de ella y hacía todo lo posible para volver a la casa rápidamente. La presencia de la Condesa le disgustó un poco, porque le gustaba estar a solas con Geneviéve, poder acariciarla libremente, sentarse tomados de las manos en el sofá, contando las noticias del día, recostar la cabeza en su regazo y mirar su rostro feliz donde la vida parecía reflejarse entonces en dulce encantamiento.

La presencia de la Condesa siempre lo incomodaba. Cuando decidió casarse con Geneviéve, sabía que tendría que enfrentar esta desagradable relación y temía que incluso para vengarse, Margueritte intentase impedir el matrimonio. Como eso no sucedió, supuso que ella había comprendido que el error del pasado fuera olvidado. Ambos se habían equivocado. Al darle a su hija en matrimonio, ella ciertamente lo había perdonado. Quizás incluso estaría agradecida por haberle impedido que cometiera más errores al colocar las cosas en sus debidos lugares.

Entonces decidió darle un trato cortés, cordial, respetuoso y deferente. Nunca se le pasó por la cabeza que la Condesa quisiese disputarlo con su propia hija. Hablaron sobre diferentes temas, y Geneviéve se dio cuenta con alegría que su madre estuviera de buen humor, mostrándose encantadora.

De hecho, la Condesa intentaba parecer atractiva y fina. Ella sabía serlo cuando quería; sin embargo, en su interior, estaba con rabia. Sorprendiera las miradas ardientes de Gustavo hacia su esposa, observara la ardiente transformación de su rostro cuando se dirigía a ella. En ese momento, la Condesa comenzó a darse cuenta, a sentir que el Barón realmente amaba a su esposa. Un sentimiento mixto de desilusión, odio y revuelta comenzó a manifestarse en su corazón. Al mismo tiempo, tomó la determinación de luchar.

¡Tendría que recuperarlo! ¡Tenía que hacerlo! Se consideraba más bella y encantadora que la hija cuya simplicidad le disgustaba. Entendió que necesitaba actuar con inteligencia y astucia para lograr sus objetivos.

Tan encantadora que se mostró que el mismo Barón incluso olvidó su desagradable impresión cada vez que la veía.

Cuando se fue una hora después, Geneviéve felizmente le confió a su esposo: - ¿No es encantadora?

- Ciertamente - respondió gentil y sinceramente.

Geneviéve se levantó de puntillas y besó con entusiasmo el rostro moreno de su marido.

- Me siento feliz y te agradezco por ser tan amable con ella. Nunca la vi tan alegre.

Gustavo envolvió su cintura alrededor de ella, acercándola a él, sosteniéndola fuertemente contra su pecho: - No puedo olvidar que fue ella quien te trajo al mundo. Le estaré siempre agradecido por eso.

Sintiendo el calor agradable de su amada esposa, le besara el cabello, los labios con cariño y ternura. A partir de ese día, la Condesa comenzó a frecuentar asiduamente la casa de su hija, así como a insistir a que ellos la visitaran a menudo. Con destreza y cuidado, encontraba excusas y ocasiones para justificar estas visitas. Siempre se mostrara encantadora con todos, incluidos los niños, lo que para ella representaba un sacrificio sin precedentes. Al mismo tiempo, le pedía ayuda a su hija con cosas pequeñas, principalmente en sus actividades sociales, tratando de involucrarla de tal manera que no tuviera mucho tiempo libre.

Gustavo estaba molesto de ver a su esposa siempre ocupada, lidiando con los problemas inútiles y esnobs de su madre. Se manifestó a Geneviéve que lo regañó dulcemente, alegando que no le costaba nada proporcionar estos pequeños servicios a la madre, cuya dedicación siempre fuera constante.

Y la joven señora se desdoblaba para complacerla cada vez más, feliz de ser el blanco de las atenciones maternas que soñaba poder lograr durante la infancia y la juventud. Sin embargo, la Condesa, rodeada de sueños e ilusiones, calentaba cada vez más su loca pasión por el Barón. Con esfuerzo, conseguía ocultar sus sentimientos y ya no soportaba esperar más.

Una tarde, fue al castillo del Barón. Iba sola y su corazón latía rápido, a pesar de todo su control emocional.

Había logrado retener a su hija con sus nietos en su propia casa y, con el pretexto de una urgente necesidad de salir, le había recomendado a Geneviéve que la esperara. Seguro que sería obedecida, enrumbó al Castillo de Varenne. ¡Había llegado la tan esperada oportunidad!

Como había predicho, encontró a su yerno en la biblioteca. El Barón, triste y solo, trató de entretenerse leyendo, pero la presencia de sus seres queridos era muy querida por él. Entonces, ansioso, escaneaba el parque en cada momento que se extendía por la ventana esperando su regreso.

Al ver a la Condesa llegar sola, se preocupó. La recibió cortésmente preguntando por Geneviéve.

- Están bien, Gustavo. Vine aquí porque estaba cerca y me sentía cansada. Quiero descansar un poco.

Acomodándola en un sofá, Gustavo ni siquiera podía imaginar los fervientes pensamientos ardorosos de la Condesa: - Me duelen los pies. Quítame los zapatos, por favor -. Un poco molesto, Gustavo se inclinó y, torpemente, y con delicadeza le quitó los zapatos caprichosos a su suegra. A petición suya, puso los pies en las almohadas. Con el pretexto de la indisposición, la Condesa le pidió que colocara una almohada sobre su cabeza; solícito el Barón se inclinó sobre ella y Margueritte le rodeó el cuello con violencia. Sorprendido, Gustavo quería alejarse, pero ella lo abrazó suplicándole con voz débil.

- ¡Por favor! Me siento mal ¡Creo que me voy a morir! - Tomado por sorpresa, el Barón no sabía qué hacer.

Una duda lo asaltó sobre la repentina incomodidad de la Condesa. Esta posibilidad lo dejó aturdido por un momento sin la capacidad de reaccionar.

Con los brazos que parecían de hierro, la Condesa envolvió su cuello y su cara, bien empolvada, se presionó contra su cara.

- Soltadme, Condesa... -. Gustavo pudo tartamudear de miedo – Dejadme ayudaros. Llamaré a un médico.

Sintiendo la angustia de deshacerse de ella y la indiferencia con la que recibió su proximidad, la Condesa se desesperó. Su cuerpo temblaba de emoción al contacto con la piel morena de Gustavo y la proximidad de sus labios, que en otros tiempos le rogaban por el regalo de un beso.

Se sintió desmayar. Incapaz de detener la avalancha de emociones, ella lo apretó más fuerte y sus labios ardientes buscaron los de Gustavo con pasión desesperada.

El Barón, todavía preocupado por lo inesperado, se horrorizó al sentir el ardor de la mujer y el contacto de sus voluminosos labios. No devolvió el beso y Margueritte, al no encontrar reciprocidad, apartando un poco la cara y, mirándolo a los ojos, dijo: ¿No me amáis más? ¿Cómo pudisteis olvidar tiempos felices? ¿No tienes dentro de ti un poco de amor por mí?

Sintiéndose más libre, Gustavo, con delicada determinación, se quitó los brazos alrededor de su cuello y respiró hondo.

Aquella le era profundamente desagradable. Se enojaba frente a esa mujer, pero al mismo tiempo sentía pena por ella. Se sentía abochornado y sucio.

- Por favor, señora Condesa. Calmaos.

Ella, sintiéndose incapaz de lograr lo que quería, permitió que algunas lágrimas se deslizaran por sus mejillas.

- No pensé que pudieras haber olvidado todo. Te casaste con mi hija. ¿Por qué sino solo para estar más cerca de mí?

Sacudido por estas palabras, Gustavo reaccionó: - ¿Pensasteis eso de mí?

¿Creías que podía hacer de Geneviéve una forma de llegar a vos? Cometiste una tremenda equivocación. Ahora ya lo sabéis. Me casé con ella porque realmente la amo. No pensasteis en eso. ¡Yo la amo! Amo como jamás había amado antes y como ciertamente nunca más amaré a otra mujer -. Humillada, la Condesa lloraba suavemente. ¡Su plan había fallado! Su amor no había sido correspondido. Tan pronto como escuchó las explicaciones con las que el Barón quería aclarar esa cuestión de inmediato, para evitar molestias futuras.

Desafortunadamente, no podía sacarla, ni pedirle a Geneviéve que la viese, esperaba, al menos, que ella entendiera ese sentimiento imposible.

Mientras tanto, Margueritte rumiaba pensamientos de odio y venganza. Sin querer que lo notara, se llevó el pañuelo a los ojos y dijo con voz débil:

- Perdóname, Gustavo. ¡Era más fuerte que yo! ¡Me siento muy infeliz! Esto no volverá a suceder.

Un poco aliviado, Gustavo declaró generosamente que olvidaría lo que había sucedido y que todo sería como antes. Cuando la Condesa demostrando pudor y franqueza partió, Gustavo suspiró aliviado. Abrió las ventanas para tomar aire fresco.

A pesar de la actitud arrepentida que ella asumiera Gustavo se sintió aprensivo. Cuando ya se había olvidado del pasado, he aquí, todo salía a luz torturándole la mente con la sensación de culpa.

Sentía ganas de huir de allí con su familia, yendo a morar a otro lugar. Impedir a toda costa la convivencia de la esposa con aquella mujer sin carácter y sin sentimientos, que no escatimaba esfuerzos para robar al marido de su propia hija.

Sin embargo, temía que la Condesa, en su venganza, le dijera a Geneviéve toda la verdad. Ese era su mayor tormento.

El amor por su esposa era sincero y profundo. Ella era para él el símbolo de las cosas puras y bellas. El terror lo golpeó solo de pensar que esa sórdida historia le podría ser revelada.

Si fuera con otra mujer, encontraría una manera de explicarlo, pero con su propia madre, era extremadamente difícil. Enterró la cabeza entre sus manos en desesperación. Presentía que la Condesa no se rendiría fácilmente.

Decidió buscar al viejo y amigo doctor. Necesitaba consejo y consuelo.

Lo encontró en su casa y entre abochornado y angustiado, le contó sobre el desagradable incidente.

- La situación es delicada, doctor. Temo por nuestra felicidad -. El doctor sacudió la cabeza concordando.

- Tenéis razón, Barón, la Condesa no es una mujer que olvide. Realmente quiero creer que su orgullo se encuentra herido. Siempre ha dominado, impuesto sus caprichos. Su belleza ha despertado muchas pasiones.

- ¿Qué me aconsejáis? Tengo deseos de irme lejos con mi familia.

- La fuga solo posterga.

Cuando tienes un enemigo, lo mejor es tratar de hacer de él un amigo.

- Eso fue lo que hice. Pero mi suegra parece haber perdido la razón. ¡Si Geneviéve sabe la verdad, sufrirá mucho y tal vez no podrá perdonarme!

El doctor miró la cara torturada del Barón tratando de estudiar sus sentimientos.

- Hijo mío, en estos casos, necesitas tener coraje y enfrentar la realidad. Lo mejor que tienes que hacer es contarle todo a la Sra. Baronesa.

Gustavo se sorprendió: - ¡¿Cómo?! ¿Enloquecisteis? ¡Eso es justo lo que quiero evitar a cualquier precio! Nunca lo haré.

El Dr. Villefort sacudió la cabeza y exclamó: - Es la única solución posible, si quieres evitar males mayores. Escúchame Durante muchos años he conocido a la señora Condesa y me permite deciros que su carácter volátil, vengativo y malo, sin que se lo demuestre nunca, no nos tranquiliza de ninguna manera. Naturalmente desde vuestro matrimonio, se ha estado preparando para la satisfacción de este capricho, al cual nunca renunciará.

Realmente creo que hará todo lo posible por vengarse si no consigue lo que quiere.

- Ese es mi miedo.

- Quizás una forma sea contarle a la hija, a su manera y en su propia versión, de esta aventura pasada. También creo que ella irá más lejos y tratará de mantener a su hija de vuestro convivio.

Gustavo se levantó y, incapaz de contenerse, levantó su puño enojado: ¡Si hace eso la mataré! ¡La mato como se mata una serpiente venenosa!

- Calmaos, señor Barón. Esa sería la peor solución. La Sra. Baronesa es una mujer comprensiva y avanzada.

Debéis tratar de contarle todo. Juntos buscareis una solución para el caso, estoy seguro que ella la encontrará.

- Pedís lo imposible. ¿Cómo aparecer ante sus ojos como un conquistador vulgar y frívolo de su propia madre?

El médico suspiró con preocupación: - El tributo por sus errores pasados; tarde o temprano tendremos que soportar las consecuencias de nuestras acciones. La verdad la hará sufrir menos que las trampas e intrigas de su madre.

Gustavo, inquieto, se paseaba de arriba abajo.

- ¿Ese es vuestro consejo?

- Sí, no tenéis otra salida. O cantáis toda la verdad previniendo a vuestra esposa, ganándole su confianza y ayuda, o tendréis que estar a merced de la Condesa y de sus amenazas. ¿Sabéis hasta dónde os podrán llevar?

- Ciertamente a la locura y al crimen. Mi amor por mi esposa es tan grande que nunca permitiré que nadie nos separe. ¡Ay del que se interponga entre nosotros!

El médico puso su mano sobre el hombro del Barón con amistad: - Debéis luchar contra esos pensamientos violentos. La violencia solo crea violencia y no nos ayuda de ninguna manera. Sois un hombre valiente. Haced de la Sra. Baronesa en una aliada.

- ¡Imposible!

- Meditad en lo que hablamos.

- Haré lo posible, pero no tendré ese coraje -. El médico sacudió la cabeza con pesar.

Gustavo se fue media hora después, todavía abatido y preocupado. No podía aceptar la solución que su amigo le había aconsejado. Su corazón ensombrecido por la tristeza sintió la sombra del odio que envolvía sus cansados pensamientos.

En su vida, su esposa representaba la máxima realización del ideal. Para ella se sentía inclinado a un concepto más ennoblecido de la vida. A su lado había podido olvidar un poco el remordimiento y la sensación de culpa del pasado.

Con el pecho oprimido por angustiado temor, regresó a casa. Al entrar, viendo a la familia reunida en el salón, se conmovió. Besándolos con infinito afecto y pasando su brazo sobre los hombros de su amada esposa, la condujo a un sofá con enorme ternura.

Prestando atención a su rostro, Geneviéve preguntó: - ¿Qué está pasando? Me doy cuenta que estás diferente -. Gustavo la miró a los ojos y le preguntó: - No me dejes. Realmente te necesito. ¡No podría vivir sin tu amor!

Geneviéve sonrió: - ¡Sabes que te amo! ¿Por qué me hablas así?

- Quiero pedirte que te quedes más a mi lado. Me siento muy infeliz cuando no estás en casa. Te lo ruego. ¡Quédate conmigo! ¡Te necesito mucho!

El acento profundo y sincero del Barón impresionó a Geneviéve, quien respondió: - Ciertamente. Si crees que he estado fuera muchas veces, intentaré restringir mi ausencia. Sabes que salgo enojada, solo para no ofender a mi madre, a quien tanto debemos.

Viendo mencionar a la Condesa, el Barón se estremeció. Su recuerdo le provocaba una sensación desagradable de repulsión.

- Lo sé querida. Sin embargo, eres mi esposa, mi compañera. Me siento muy solo. ¡Te pido que te quedes más conmigo!

- Por supuesto, Gustavo. Te digo que no quiero nada más que eso.

Él le besa su rostro suave y sonrojado. La simple idea de perderla lo desesperaba. Por el momento podía descansar tranquilo, pero ¿hasta cuándo?

CAPÍTULO XIII
UNA VICTORIA DEL MAL

La tarde estaba al medio y el sol estaba alto, penetrando alegremente a través de las cortinas del gabinete, llenándolo de luz y sombras, haciendo brillar los metales de los candelabros que se desvanezca el color de las pinturas de las paredes.

Indiferente a la belleza de la tarde, Gustavo entró y salió en una caminata inquieta con el ceño fruncido, una cara preocupada, donde se reflejaba cierto temor.

Tenía una nota perfumada entre los dedos que releía de vez en cuando, tratando de penetrar entre las líneas, algo con algo.

"Necesito verte urgentemente en la cabaña de costumbre. Te espero aun hoy. ¿Vamos a resolver nuestros problemas lo antes posible?"

No estaba firmado, pero el Barón sabía de quién se trataba. ¿Qué quería esa mujer malvada?

Decidió no ir. Ignorar la nota, ¿qué podría hacer ella? Quizás si temor fuera infundado. Si le contaba la verdad a su hija, ella sería la primera en estar en dificultades, porque además de ser adúltera, él podría acusarla de querer destruir su hogar.

Al mismo tiempo, se sorprendió al pensar: ¿Geneviéve comprendería? ¿No la defendería acusándolo? Conocía su profundo amor por su madre y temía que la defendiese. ¿Debo ir? ¿Para qué? ¿Para soportar nuevas escenas desagradables?

No, no lo haría. Arrugó la nota y la quemó y tiró fuera las cenizas. Durante el resto del día trató de olvidar el hecho, pero no estaba tranquilo.

Fue con horror que vio llegar a la Condesa, ya en los últimos rayos del sol cuando el crepúsculo comenzó a descender, llenando de sombras los árboles del parque. Geneviéve la recibió con la habitual amabilidad y alegría, y Margueritte parecía alegre e indiferente.

Pero justo cuando el Barón la estaba ayudando a subir al carruaje, susurró enérgicamente: - Necesito verte. Urgente Ve a la cabaña mañana a las 4 de la tarde -. Tratando de ocultarlo, manteniendo su sonrisa, Gustavo respondió: No iré. Nunca más -. La Condesa no dudó: - Te espero. Si no lo haces, le diré a Geneviéve toda la verdad. Elige.

- ¡No harás eso! - exclaman o él aterrorizado.

- Sabes que lo haré. Nada más me importa ahora.

Al verla partir sonriendo, dando a su hija el último adiós, Gustavo se sintió enfurecido y triste.

- ¿Qué le estaba preparando esa mujer? ¿Cómo hacerla cambiar de opinión? Al darse cuenta de su mirada triste, Geneviéve dijo: - Gustavo, ¿qué tienes? Te veo raro, te ves triste. ¿Qué te preocupa? - El Barón sonrió: - Nada. Una ligera indisposición pasará pronto, estoy seguro -. Y mientras la abrazaba con ternura y la conducía al interior del castillo, sintió una inmensa tristeza, un vago presentimiento desagradable envolviéndole el corazón.

Por un momento pensó en seguir el consejo del Dr. Villefort, pero al mirar la cara ingenua y tranquila de su esposa le faltaba coraje.

A pesar del recelo que sentía de la Condesa, muy en el fondo, no creía que fuera capaz de cumplir la amenaza.

Sin embargo, si pudiese ver lo que estaba sucediendo dentro de esa mujer, habría dudado. La Condesa planeara su venganza esperando ansiosamente el placer de ver al hombre que la despreciara llorar y ser despreciado por la mujer que amaba. Todo estaba bien delineado. No podía fallar.

Al día siguiente, esperaba con impaciencia la visita de su hija, que había solicitado de manera irrecusable.

Geneviéve llegó sonriendo, alegre y bien dispuesta. Hablaron mucho y la Condesa le pidió que prestara algunos servicios delicados que la niña intentó realizar con placer.

Fingiendo recordar un compromiso urgente y tener que ausentarse, la Condesa le pidió que terminara la tarea antes de irse.

Con pasos rápidos, se dirigió al pabellón de caza, con una pérfida sonrisa en sus labios.

Tan pronto como la madre se fue, la Baronesa trató de finalizar los documentos que su madre había pedido y las cartas.

Tenía una urgente necesidad de regresar a casa, de la cual ahora estaba tratando de ausentarse lo menos posible.

Estaba en la habitación privada de la Condesa y la criada se encargó de algunos arreglos.

- Ana, ¿sabes dónde está el sello?

Con los ojos brillantes, el criado abrió el elegante cajón del escritorio. Luego, mostrando nerviosismo, lo cerró rápidamente.

- Lo siento señora. No ese cajón. Nadie puede abrirlo.

- ¿Por qué?

- No sé... Pero, os pido por todo, no debéis abrirlo.

Geneviéve hizo una mueca. Cuando Ana abrió el cajón, no había sido lo suficientemente rápida como para cerrarlo sin que Geneviéve viera un pedazo de papel con la letra conocidísima de Gustavo. Superada por un sentimiento indomable, la joven empujó a la criada que se interpuso entre ella y el cajón y rápidamente lo abrió.

Tomó la nota que decía: "Mi amada. Te extraño. Necesito verte en el lugar de costumbre. No puedo soportar más esta ausencia. Te besa con ardor, tu mayor admirador."

- Os acompaño, señora.

Geneviéve, palideció mortalmente. No estaba firmado, pero no era necesario. Conocía muy bien la letra. Aterrorizada, miró a la criada que, en un rincón, sollozaba de miedo. Con la mano fría, su corazón latía con fuerza, la Baronesa buscó en el cajón y encontró varias notas que hablaban de una pasión abrumadora, la necesidad de mantener a una esposa sin amor.

Llevado al paroxismo de la angustia, Geneviéve sostuvo a la sirvienta por los hombros, sacudiéndola violentamente: - Ana. ¿Lo sabías? ¡Lo sabías! ¡Dime todo! ¡Quiero saber toda la infamia!

- No puedo - exclamó - la señora Condesa me mata.

- ¡Si no hablas, yo te mataré! Vamos, dímelo o llamo al Conde y le contarás lo que sabes.

La criada limpió una lágrima inexistente y dijo: - ¡Pobre señora Condesa! ¡Ha sido víctima de este hombre a lo largo de su vida! La ha estado persiguiendo; antes cuando vivía la primera esposa. Nunca le dio tranquilidad, amenazando con obligarla a aceptar su amor. Ya sabéis cómo la Baronesa Lívia la hizo sufrir, cuando atentó contra la vida de la señora Condesa cuando descubrió la verdad. Ellos han sido amantes por muchos años. Él nunca dejó de perseguirla. Contra su voluntad, la Sra. Condesa aceptó su matrimonio, amenazada por él que quería ser parte de la familia para poder estar con ella, sin darle oportunidad de escapar.

Cada palabra de Ana llegaba al corazón angustiado de Geneviéve que se sentía morir. El brutal golpe que había derribado sus sueños e ilusiones lo hizo sentir terrible en el pecho, como si el dolor lo aplastara.

- Todavía hoy - dijo la sirvienta con voz penetrante - la obligó a ir al pabellón de caza. Él la amenazó con contarte todo, en caso que ella se negara.

Con las manos en el pecho, Geneviéve, pálida como la cera, murmuró: - No puede ser. No lo creo. No lo creo.

- Id, confirmadlo...

- Sí – añadió la joven señora un poco aturdida - sí, tenemos que comprobarlo. Lo haré.

Sin entender realmente lo que estaba haciendo, Geneviéve fue al pabellón de caza. Cautelosa, se acercó a una ventana tratando de oír lo que estaban diciendo, se escuchó la voz suplicante de Gustavo, pero no entendió las palabras.

Fue en ese momento cuando vio la figura del Conde salir de una mata y dirigirse a la puerta de la cabaña. Aterrorizada, quiso impedirlo. Era tarde. Su padre, de un solo golpe, abrió violentamente la puerta. Geneviéve, corrió hacia él. La escena que presenciaran los dejó inmóviles: Arrodillada a los pies del Barón, Margueritte sollozó convulsivamente.

Al ver que la puerta se abría y su marido parecía enojado, Margueritte se levantó, corrió hacia él e imploró: - Sálvame. ¡Sálvame de este monstruo!

El Conde, cuya cara estaba inflamada por el odio, sacó un revólver y fue insensible al grito de Geneviéve, apuntó y disparó.

El cuerpo del Barón rodó hacia el suelo mientras su pecho estaba teñido de sangre.

¡Dios mío, Dios mío! - Nina sollozó conmovida. ¡Qué tragedia!

Las imágenes en la pantalla desaparecieran mientras se encendían las luces de la sala. Cora acarició tiernamente la delicada cabeza de Nina e intentó sostenerla.

Sintiendo las lágrimas bajando por sus mejillas, volviéndose hacia el instructor, preguntó: - Ten piedad de mí. He sufrido mucho Ahora quiero saber la verdad. Estoy empezando a darme cuenta que he sido engañada. ¡Que estaba equivocado! ¡Oh! ¡Dios mío, muéstrame la verdad! ¡Quiero saber!

- Cálmate, Nina. Su solicitud es justa. Tendrás la verdad. Pero ahora intenta calmarte un poco para que podamos continuar.

Envuelta por las suaves vibraciones de los presentes, Nina sintió que una dulce serenidad envolvía su espíritu afligido y poco a poco logró calmarse. Las luces se apagaran, la rememoración continuaría.

CAPÍTULO XIV
GUSTAVO PIERDE LA VIDA EN UNA CELADA

El Barón estaba visiblemente preocupado. Caminaba de lado a lado de su oficina inmerso en pensamientos profundos. Finalmente, volvió a sacar la nota de Margueritte de su bolsillo, la leyó y la arrugó con enojo. Si tuviera el valor, le diría todo a Geneviéve. Pero no fue así. Sabía que Margueritte ya lo estaba esperando en la cabaña. No quería ir, pero al final, se decidió. Habría de enfrentarla. Convencerla de dejarlo en paz.

Cogió su abrigo y se fue. A caballo, se dirigió al lugar del encuentro. La puerta de la cabaña estaba cerrada, pero Gustavo la abrió con facilidad. Él entró. La Condesa ya lo estaba esperando, sentada en una silla. Estaba sola. Gustavo ni siquiera se dio cuenta que la ama no la acompañaba como de costumbre para vigilar la puerta afuera.

La saludó fríamente, diciendo después: - No deseaba este encuentro. Sin embargo, vine para que nuestros problemas puedan resolverse de inmediato.

Un destello de odio atravesó los ojos pintados de la Condesa.

- Tampoco quiero nada más - agregó con ironía. Parece que tu frivolidad no deja lugar a dudas. Después del amor que me jurasteis, de todo lo que pasó entre nosotros, supiste cómo herir mis sentimientos de mujer -. Creyéndola más comprensiva el Barón argumentó con sinceridad: Lo que sucedió entre nosotros fue un error. Muchos males nos ha causado a ambos. Comprenda Condesa. Yo era joven y el amor de mi primera esposa no me conmovía profundamente. Me gustaba, pero hoy y sé que nunca la amé por completo. Vuestra belleza me fascinó y las costumbres libertinas de la corte nos empujaran al adulterio. Sin embargo, la pasión es una adicción y nunca puede hacernos felices, especialmente cuando traicionamos nuestros deberes. Casi convertimos a Lívia en una asesina y por poco pierdes la vida. Destruimos a Livia, que sufrió mucho por nuestro crimen. El Conde siempre fue un hombre de bien y no merece ser deshonrado.

La Condesa sintió recrudecer el odio dentro de ella. Sonrió perversamente cuando dijo: - Dices eso ahora. Cuando ya no tienes más amor por mí.

La Condesa, en un arrebato de emociones, se levantó y se acercó al Barón que la miraba con serenidad.

- Mientras tanto, Gustavo, ¡yo todavía te amo! ¡Yo te amo! ¿No sientes que pueda soportar tu desprecio? - Gustavo la miró fijamente: - Por favor, Condesa, se lo pido. Deseo que pueda entender que no la desprecio. Me gustaría que me perdonases si te hice algún daño.

Sin embargo, solo ahora soy feliz. Solo ahora he encontrado la paz, la ternura del amor verdadero. La plenitud que siempre he buscado en el amor de Geneviéve y soy sincero. ¡Solo quiero hacerla feliz!

La Condesa no contuvo la avalancha de revuelta.

- No puedo creer que ella sea mejor que yo. ¡Una niña! ¡Es ridículo!

Gustavo trató de calmarla.

- Vuelve a la realidad, Condesa. Ella es vuestra única hija. ¿Pretendes destruirla?

- Por supuesto que no, pero eres mi mío antes que de ella. Y entonces, ella no tendrá que saberlo.

Lanzando miradas misteriosas a su alrededor, dijo: - Si quieres, todavía puedo salvarte. Di que serás mío como antes y que todo estará resuelto. De lo contrario, destruiré tu felicidad. Si no me quieres, tampoco la tendrás.

Gustavo perdió los estribos, comprendió que ella había tramado algo terrible. Una sensación de peligro inminente lo invadió.

- ¿Qué hiciste, Condesa? ¿Qué planeaste para destruirme?

Ella, pareciendo dominada por una violenta emoción, lo abrazó con fuerza: - Gustavo, sé mío. ¡Di que me amas!

Disgustado, él la apartó, tratando de alejarse de ella, tratando de salir de allí lo más rápido posible, pero ella lo sostenía febrilmente. Entre sollozos, suplicó acaloradamente, arrodillándose a sus pies: - De acuerdo, Gustavo. Te amo, concuerda y puedo salvarte.

En ese mismo momento, la puerta se abrió de golpe y la figura agresiva del Conde apareció en el umbral. El Barón vio con horror que la Condesa se arrojó a los brazos de su marido, pidiendo ayuda.

Dolorosamente sorprendido, puede ver la figura de Geneviéve, su cara transmutada por el dolor, pidiendo que la salven, luego, sin poder decir nada ni tratar de explicarse, sintió que la sangre le corría por el cuerpo con la ropa. Tenía los ojos borrosos y las piernas dobladas de manera inaplicable. Quería gritarle a la inocente esposa, pero ella no podía.

Cayó al suelo y por mucho que luchó por levantarse, sus pensamientos se perdieron en la bruma de la inconsciencia.

Geneviéve se lanzó sobre Gustavo, llorando copiosamente mientras el Conde, todavía pálido y enfurecido, abrazó a la Condesa que, llorando, asustada, demostraba sus emociones.

No planeara la presencia del Conde. ¿Cómo había descubierto el encuentro? Ella solo quería que Geneviéve supiera la verdad para separarse del Barón, pero no quería que su esposo se involucrara. Era más perceptivo que su hija y sería más difícil engañarlo. En cualquier caso, lo había hecho bien. Él la consideró la víctima y no culpable. Al ver a su hija llorar, la levantó y le dijo con cariño: - No llores por él. Fue un sinvergüenza. No hay lugar para ellos en este mundo.

La joven Baronesa, adolorida, parecía morir. La Condesa la abrazó mientras decía con fingida ternura: - Hija. No quería causarte este disgusto, pero la persecución del Barón no me dio tranquilidad. Le supliqué que me dejase en paz. Ya en el tiempo de la primera mujer, él me perseguía tanto que ella casi me mata por eso. Quise impedir tu matrimonio, ¡pero parecías tan feliz! Pensé que él hubiese cambiado. Sin embargo, eso no sucedió. Continuó persiguiéndome sin descansar. Hoy y vine a rogarle que me olvidase. Sin embargo, no sabía que nos encontrarían.

- Afortunadamente - agregó el Conde -, escuché la conversación de Ana con Geneviéve y logré llegar primero. El sinvergüenza está muerto. Ambas son libres -. Geneviéve no pudo soportarlo más.

Sintió un dolor profundo en el pecho y lanzó una mirada furtiva al cuerpo de Gustavo que yacía en el suelo, cayó y perdió el sentido.

En el silencio de la sala de rememoración, la voz entrecortada de Nina se escuchó en un estallido incontrolable: - Dios mío. Ten piedad de mí. ¡Él era inocente! ¡Era inocente! - Se abrazó a Cora sollozante mientras las luces se encendían nuevamente.

- Cálmate, cariño, ahora sabes la verdad. ¡Ahora ya lo sabes!

- ¡Pobre Gustavo! ¡Cuánta injusticia hicimos con él! - Suspiró enternecida - Dios mío, ¿cómo puedo repararlo? - Cora acarició con cariño la cabeza de su amiga y acurrucada en su hombro.

- La verdad, sea lo que sea, siempre nos beneficia si sabemos aprovechar los errores del pasado como preciosas lecciones de mejora espiritual. Dios permitió que hoy que la amargura secreta de tu corazón se desvaneciera, aunque la revelación hubiese reservado una dolorosa sorpresa.

- Tienes razón. Gustavo siempre ha sido el mayor amor de mi vida. Recuerdo con desoladora tristeza los días posteriores a su muerte. A pesar de la inmensa decepción que me corroía el alma, yo era una mujer fuerte moralmente. Durante esos días, a menudo pensaba que me volvería loca. Nadie sabía la causa de la tragedia. Un accidente con el arma mientras se preparaba para una cacería fue la justificación de mis padres para la trágica muerte del Barón. Confieso que estaba sorprendida y que no participé en las explicaciones del accidente, donde nadie se atrevería a dudar de la palabra del Conde de Ancour. Mi esposo no tenía parientes cercanos que pudieran investigar el asunto y, por lo tanto, el crimen quedó impune por las leyes humanas, tan deficiente en ese momento.

Nina hizo una pausa, mientras el consejero preguntaba serenamente:

- ¿Recuerdas todo claramente?

- Sí - respondió Nina -. Parece que un velo ha sido arrancado de mi mente y todos los eventos de ese tiempo vienen a mi memoria.

- ¿Puedes describirlos?

- Perfectamente. Como dije, a pesar del golpe fatal que recibí, reaccioné. Tenía tres hijos que me necesitaban de mí y mi cariño. Gus estaba inconsolable, no estaba satisfecho con perder a su padre, poco después de haber encontrado la alegría de un nuevo hogar y acusado a Dios de injusticia y maldad. Me costó mucho coraje superar mi propio dolor y poder ayudarlos.

A pesar de todo lo que Gustavo había hecho, el hijo era inocente y nunca debería haber sabido la verdad. No tenía derecho a destruir en su corazón los nobles sentimientos que su padre le inspiró.

Regresamos a Varenne y nuestro dolor continuó sin cesar.

Allí, todo nos recordaba la fuerte personalidad de Gustavo, su figura, sus palabras, sus gestos, su risa franca y sonora.

Durante el día, hice todo lo posible para entretener a los niños, usando toda mi fuerza de voluntad para esto, más que nunca dispuesta a educarlos para que fueran hombres útiles y de bien, para que nunca se dejaran arrastrar por las pasiones y por los errores humanos, como Gustavo.

Pero por la noche, cuando me retiraba a la triste soledad de mis aposentos donde el eco alegre de su voz no sonaría más, cuando me estiraba en la cama enorme y vacía, donde sus manos fuertes y gentiles nunca me abrazarían, todo el dolor y toda la profunda amargura se derramaban en la avalancha de lágrimas y angustia. Jamás dudé de su amor por mí. Nunca pensé que podría haber estado mintiendo. Sin embargo, era por mi madre que él vibraba de amor, mientras que yo solo había sido una excusa, sirviéndole como un medio para que él llegara a su fin. A veces pensaba que mi amor por Gus, tan correspondido, también lo había influenciado en nuestro matrimonio. Me daba vueltas en la cama afligida y angustiada y muchas veces incluso pregunté en voz alta, como si él pudiera oírme: - ¿Por qué me hiciste esto, Gustavo? ¿Por qué? Lloraba abundantemente mientras dormía.

Visiblemente estaba perdiendo peso y con esfuerzo mantenía la calma frente a los niños.

Al principio evité la presencia de mis padres. Pero siempre tuve horror a las injusticias. Creí que mi madre era inocente. ¡Ella era mi madre! Nunca pensé que podría ocultarme la verdad.

Pero en medio de la prueba más dura, Dios siempre pone una mano de ayuda y apoyo. Para mí, el amparo en ese momento fue el Dr. Villefort. Dedicado y querido amigo, sabía cómo multiplicarse en el cuidado, como lo haría el padre más extremo. Su presencia tenía el poder de darme nuevas fuerzas.

Fue gracias a él que pude perdonar. Ahora sé que él sabía la verdad y que habló con conocimiento de causa. Nunca acepté la culpa de Gustavo Le conté todo en un estallido y para mi sorpresa, él dijo: - La tragedia se consumó. Pobre Barón. ¡Debe estar sufriendo!

- Si, como pensamos, el alma sobrevive después de la muerte del cuerpo, ciertamente el remordimiento no le dará tregua.

Me miró fijamente y declaró: - Las cosas todavía no me quedan claras. Gustavo os amaba sinceramente y arrebatamiento. No creo en esta historia -. Me sorprendió y... ¿Creéis que mi madre haya mentido? ¡Nosotros lo vimos con nuestros propios ojos!

- No quiero juzgar. Sin embargo, las apariencias engañan. Confío en el carácter y el amor del Barón. Era un hombre de bien. Algo debe haber sucedido, algo que no podemos entender por ahora, que determinó la tragedia.

- Decís esto para consolarme.

Todo está muy claro. Preferiría haber muerto antes que descubrir la verdad.

- El tiempo demostrará quién tiene razón. Ya veréis, señora Baronesa.

Hoy, y después de tanto tiempo, entiendo que tenía razón. Pero, en ese momento, el dolor era muy profundo y la confianza en mi madre, ciega.

No escondo que a veces, en lo más profundo de mi corazón, sentí una revuelta, pero hacía todo lo posible para dominarlo.

Creía firmemente en la sobrevivencia del espíritu después de la muerte y había aprendido a aceptar la reencarnación, así como la perfecta habilidad de Dios que le da a cada uno según sus obras.

- El Dr. Villefort, mi dilecto amigo, fue mi orientador. Él me leía el Nuevo Testamento y me explicaba las parábolas de Jesús con sencillez y firmeza. Fue lo que me dio la fuerza para no sucumbir y seguir luchando. Fue también lo que me valió durante las pruebas que en mi atribulada encarnación aun me quedaba soportar.

- Hija mía - dijo el orientador - si quieres poder detenernos aquí en lo que respecta a la rememoración. No hay más necesidad.

Nina puso su mano tímidamente en el brazo del dedicado asistente: - Es verdad. Sin embargo, todavía hay algunas cosas que me gustaría saber. ¿Dónde está Gustavo? ¿Por qué no lo encontré cuando regresé de la Tierra?

- Está bien. Puedes continuarlos entonces. Es necesario que sepas toda la verdad. Entonces acomodémonos.

Se sentaron en silencio. Nina mantuvo la mano de Cora entre las suyas. Se hizo la penumbra y la pantalla se iluminó nuevamente. La rememoración continuaría.

En la sala del pabellón de caza del Castillo de Ancour sigue la escena fatal. El Barón aterrorizado, queriendo liberarse y la Condesa arrodillada a sus pies suplicante.

La puerta se abrió y Gustavo, en el apogeo de su angustia, vio al Conde y detrás el rostro preocupado de Geneviéve. Entendió la trampa en la que había caído, pero ya era tarde En un segundo, la tragedia se consume sola.

En la rememoración, todos los personajes hablaran muy suavemente y ahora ella se centró más en la figura del Barón, registrando sus pensamientos de tal manera que los presentes lo escucharan perfecta y claramente.

Sintiendo que la sangre goteaba de su pecho herido y que sus ojos estaban borrosos, intentó inútilmente gritar: - Geneviéve, soy inocente. Yo te amo. Yo te amo. No me dejes, nunca. ¡No me dejes!

Tirado en el suelo, Gustavo luchó con todas sus fuerzas para evitar que la muerte lo arrebatase. Era inútil, su cuerpo ya no obedecía al esfuerzo desesperado y al darse cuenta que ya no podía resistir, en un segundo rápido vio desfilar en su memoria todos los eventos de su vida. Sus errores y debilidades, sus luchas, su amor por Geneviéve. Su último pensamiento fue entonces por Dios. Luego se sumergió en la bruma de la inconsciencia.

CAPÍTULO XV
LA PERTURBACIÓN DE GUSTAVO

Se despertó unos días después en un lugar extraño y desierto.

Aturdido, sintió enorme debilidad y un poco falto de memoria, miró a su alrededor con ganas de comprender lo que estaba sucediendo.

Poco a poco, el paisaje se hizo más claro y descubrió que estaba absolutamente solo. Un lugar desagradable y oscuro. Intentó levantarse, lo que hizo con un poco la dificultad. ¿Dónde estaría? Intentó calmarse, pero sintió una enorme tristeza invadiendo su corazón. Puso su mano sobre su pecho dolorido y en un instante sintió que la sangre volvía a brotar y la desesperación por no poder detenerla.

Se acordaba todo. Un pensamiento de terror y revuelta lo golpeó. ¡No deseaba morir! Separarse de Geneviéve, de su querida familia, de su hogar feliz.

Sintiendo nuevamente que iba a perder su fuerza, se acordó de Dios e imploró: - Padre de la Misericordia, ten piedad de mí, pobre pecador ¡Ayúdame!

Se arrodilló en el auge del dolor y entre lágrimas suplicó ayuda. No podía ver, pero dos entidades iluminadas lo envolvieran con efluvios de amor. La sangre se detuvo y su estado general mejoró significativamente.

Consolado, se levantó y palpándose aliviado, balbuceó exultante: ¡Estoy vivo! ¡Estoy vivo! Margueritte no pudo destruirme.

Buscaré a Geneviéve, explicarle todo. Ha de entenderme y perdonarme.

Un pensamiento de rencor lo envolvió por un momento.

- ¡Asesina! ¡Falsa! ¡Malvada! ¡Todavía pagarás por tus crímenes! No levantaré mi brazo contra ti, porque eres la madre de mi querida esposa. No quiero que ella me odie y me desprecia por tu culpa. Mi Dios te castigará con rigor. ¡Mentirosa, asesina!

El recuerdo del crimen y de Margueritte lo perturbaran nuevamente y súbito malestar lo acometió. Asustado, se puso la mano en el pecho, que le dolía de nuevo y la sangre comenzó a gotear. Sorprendido, amedrentado, cayó de rodillas y, en un arranque de llanto pidió en tono suplicante: - ¡Oh! Dios ten piedad de mí ¡No sé lo que pasa, de rato en rato me siento morir! Ten piedad de mí, ¡ayúdame! Al ver que no mejoró, angustiado, murmuró sentida oración pidiendo esclarecimiento.

Fue entonces cuando una tenue luz se encendió frente a su mirada nebulosa y apareció la delicada figura de una mujer. Creyéndose frente a una manifestación sobrenatural, Gustavo fue respetuoso en una actitud humilde. La entidad que se acercaba, extendiéndole las manos, dijo suavemente: - Vine a buscarte. Tu existencia terrenal ha terminado. Ten valor y ven conmigo.

Gustavo, mirando a la mensajera divina, preguntó entre sollozos: - ¡Señora! Os lo ruego, ¡dejadme seguir viviendo! Geneviéve me necesita. Gus también. Además ¿cómo sucumbir la infamia y la mentira? ¿Permitirá Dios tal injusticia? ¡Soy inocente!

Con una voz tranquila pero enérgica, la mensajera respondió: - No podemos hacer nada. Tu cuerpo ha estado muerto por varios días. Necesitas ayuda y asistencia. ¡Ven conmigo!

Al ver que Gustavo lastimado y triste mentalizaba a la Condesa con resentimiento, continuó: - No guardes odio ni resentimiento en tu corazón. La justicia de Dios es perfecta. Confía en ella y perdona. Ninguno de nosotros somos inocentes o perjudicado. Tarde o temprano cosechamos, siempre, lo que sembramos. Cualquiera que se equivoque y dañe a su prójimo es un candidato seguro para el sufrimiento purificador. Nadie abandonará la Tierra sin pagar hasta el último ceitil del mal que haya cometido. Confinemos en la sabiduría divina y esperemos días mejores. Acepta la ruda prueba como la medicina saludable y ven conmigo.

Las palabras de la bondadosa entidad envolvieran el espíritu sufriente de Gustavo con efluvios suaves y amorosos. Sin embargo, la perturbación de los recién desencarnados era evidente.

-No - dijo, claramente angustiado -. Nadie podrá alejarme de ella. Necesito a Geneviéve como el aire que respiro. No puedo dejarla. Dejadme... No iré. ¡No iré!

Sintiendo que la interlocutora lo atraía con efluvios de comprensión y paz, se arrojó a la distancia con el deseo de escapar de su influencia y entre el terror y la tristeza repetía como para sí mismo: - No es verdad. Estoy vivo, me siento vivo. Herido, cierto, ¡pero vivo! Quiero ir a casa. Nadie podrá impedírmelo.

La forma luminosa desapareció de su mirada y nuevamente se encontró solo en la oscuridad.

- ¿Dónde estoy? - pensó tratando de identificar el triste paisaje que entre vagamente vislumbraba a su alrededor.

No recordaba ese lugar. Pero tendría que irse a casa. Durante algún tiempo deambuló sin encontrar lo que buscaba. Por más que tratase de salir de ese lugar oscuro, no podía. Estaba angustiado y triste. Ya había pasado por varias crisis de humor, que iban desde la revuelta hasta la exasperación, de la desesperación a la súplica. Le parecía que estaba viviendo una pesadilla.

En una de estas crisis, después de llorar copiosamente, finalmente logró dormir. Cuando se despertó, le pareció que la oscuridad era menos densa y estaba sentado en una esquina del camino solitario con poca vegetación, y comenzó a analizar su situación con más calma. ¿Realmente había muerto? ¿Sería cierto que el espíritu era eterno?

Las palabras del Dr. Villefort le vinieron a la mente cuando pensó en su dolor: Se palpó con cuidado. ¿Cómo era posible? Se sentía respirar, vivir, sufrir, amar, existir. Aun le dolía el pecho. ¿Cómo podría ser? Si estuviera muerto, ¿se quedaría para siempre en ese lugar triste y solitario?

- Necesito salir de aquí - pensó -. ¡Quiero ir a casa! Necesito saber la verdad.

Su pensamiento fue tan positivo que de repente le pareció descubrir un camino familiar que ciertamente lo llevaría a casa. Decidido, creó nuevas fuerzas y comenzó a caminar. A medida que avanzaba emocionado, la oscuridad se iba aclarando, ya que era el amanecer y cuando llegó frente a las enormes puertas del Castillo de Varenne, no pudo evitar que profunda emoción lo acometiese. Dos lágrimas cayeran de sus ojos cansados.

Necesitaba entrar. Las puertas estaban cerradas. Angustiado, colgó de la campanilla para llamar al portero, pero no oyó ningún ruido. Preocupado, se acercó a la barandilla de la ventana y vio que, en su pequeña habitación, el portero sentado intercambiando ideas descuidadamente con el conductor.

Gustavo los llamó varias veces sin que ninguno de los dos lo atendiese. Al ver sus esfuerzos inútiles, abatido, se sentó en la pared, tratando de concatenar sus ideas.

La extraña actitud de los sirvientes, siempre fieles y atentos, le dio algo en qué pensar. No lo habían visto ni escuchado. ¿Era verdad entonces? ¿Habría muerto?

Ahora, más que nunca, necesitaba ver a Geneviéve, Gus, saber cómo estaban, buscar cualquier forma de hablar con ellos, demostrar su inocencia, pero las puertas estaban cerradas y tenía que esperar a que alguien entrara o saliera para pasar.

En su angustia, Gustavo no se dio cuenta de cuánto tiempo había estado esperando. Ya estaba anocheciendo cuando se acercó un carruaje y, al reconocer al Dr. Villefort, Gustavo tuvo una exclamación de alegría. El carruaje se detuvo frente a las puertas y el Barón saltó dentro. Intentó hablar con el viejo amigo, pero al ver que no era visto ni escuchado; se acurrucó en un rincón, entre desilusionado y triste. El rostro del médico demostraba preocupación y desánimo. Le era doloroso regresar a esa casa, una vez tan feliz ahora enlutado por la tragedia. Al reconocer su hogar, sus queridos objetos Gustavo no pudo dominar la emoción. Las lágrimas corrían por sus pálidas mejillas. Al lado del médico, entró en la pequeña habitación, tan conocida por él, y cuando vio la figura pálida y demacrada de Geneviéve, vestida de negro, fue como si un golpe violento le había caído en el pecho adolorido y casi pierde las fuerzas.

- La enfermedad de Lívia lo transformó, al despertarlo a la responsabilidad, se convirtió en un hombre de bien. Cuando os conoció, se volvió aun mejor. No debéis creer esa infamia.

Gustavo, entre lágrimas y ansiedad, estudiaba las reacciones de Geneviéve. Las palabras del viejo amigo balsamizaran su adolorido corazón.

Los ojos de Geneviéve brillaran con intensidad por unos momentos y luego sacudió la cabeza desalentada: - Sois un viejo y bondadoso amigo incapaz de ver los defectos ajenos. Decís todo esto para consolarme.

Afligido, Gustavo abrazó al viejo doctor y le dijo apasionadamente: - Cuéntale todo. ¡Dile la verdad! ¡Desenmascara a esa mujer!

El médico pasó la mano por los pelos blancos para descartar una idea insensata. Por momentos se sintió obligado a revelarle la verdad. Reprimió vigorosamente el pulso. ¿De qué serviría? El Barón ya estaba muerto. ¿Por qué molestar a la pobre viuda haciendo que se rebele contra su propia madre? ¿Qué beneficio tendría? Solo destilar odios y discordias, si la verdad fuera revelada a Geneviéve algún día, Dios se encargaría de eso.

Viendo que el médico no cumplía con sus deseos, Gustavo, sin querer perder la oportunidad, comenzó a hablar en los oídos de su viejo amigo sobre su amor por su esposa, sobre sus tiempos de compromiso, sobre la plenitud de sus sentimientos.

Más emocionado, Villefort dijo: - Lamento que lo penséis así. Soy honesto, pero no ingenuo. Conozco las debilidades humanas y no me dejo enganchar tan fácilmente. Cuando os conoció, el Barón comenzó a amaros y me buscaba para intercambiar confidencias. Su rostro se iluminaba cuando mencionaba sus visitas que nadie podía dudar de su sinceridad. Me buscó antes de pediros en matrimonio y luego para contarme que había sido aceptado. ¡Nunca olvidaré su felicidad, su alegría esa noche! Nunca podría ser falsa. No creo.

Por momentos el rostro abatido de la Baronesa reflejaba nostalgia y alegría.

- Sí - respondió ella después de unos segundos -, ¡sentí que me amaba! ¡Había tanta luz en sus ojos cuando me miraba! ¡Cuánta alegría cuando me abrazaba, tanto éxtasis! - Su voz murió en un sollozo -, ¡pero no! Todo fue una ilusión. Un terrible error, que en mi condición de mujer apasionada no me di cuenta. ¿Cómo pudo ser tan cruel?

La lágrima rodó por sus mejillas delgadas mientras su dolor reaparecía contundente.

La desesperación de Gustavo tocó el borde de lo insostenible. Dio rienda suelta a las lágrimas, la revuelta, la violencia, la súplica, hizo todo lo que pudo para convencer a su esposa de su inocencia, pero no logró nada más que gastar sus energías.

Cayó en postración y profunda tristeza. Todo había terminado, pensaba abatido. Sería mejor para él si la vida terminara en la tumba, ¿de qué le servía mantenerse con vida en el más allá, si no podía probar su inocencia o ayudar a los seres queridos? ¿De qué le valía saber que era despreciado por la persona que más amaba en el mundo? ¿Cómo sería su vida de ahora en adelante? ¿Estaría para siempre en ese castigo?

Pensaba furiosamente en la Condesa de Ancour. Era la culpable de todo. Mujer malvada y traicionera. Se sentía mal cuando pensaba en ella. Se odiaba en las profundidades de su revuelta, pero al mismo tiempo tenía una pizca de remordimiento lo acometía al recordarle que fuera él quien había tratado de conquistarla, dando rienda suelta a la vanidad cortesana. Él era un hombre casado con una buena mujer, que ciertamente no merecía su traición.

En el fondo, la figura del Conde no apareció en su mente como un asesino odioso. Sabía que le corrompiera el hogar, pisoteándole el honor de una amistad tradicional de familia. El Conde nunca lo había ofendido y siempre tuviera con él estos afables y afectuosos. No le guardaba rencor. Sentía pena por él y pensaba que le debía una satisfacción.

Sin embargo, le dolió habérsela dado justo cuando se había regenerado. Cuando, tocado por el amor, se convirtiera en un hombre correcto y responsable, y que justamente acabara pagando con su vida su regeneración.

La constatación de ese hecho le causó un dolor severo. Si hubiese cedido a las pretensiones de la Condesa, incluso sin amarla, seguramente todo habría continuado como en los viejos tiempos. ¿Ser honesto habría sido un mal?

Al mismo tiempo, comprendía que su conciencia no podría soportar tal situación e, incluso en el apogeo de la desesperación, se sintió de alguna manera consolado por no haber cedido. Pero ¿de qué le servía ahora?

Incapaz de hacerse oír o entender, Gustavo comenzó a vivir en el castillo, con una sombra triste e infeliz. Vigilando de cerca el sentimiento de la amada esposa, observando su lucha interna para soportar los problemas cotidianos con resignación y coraje.

Observándola, revelándose a sí misma en el cuidado y afecto de sus hijos sin preferencias ni prejuicios, dándole a Gus el mismo afecto que a sus dos hijos, Gustavo reconoció que su amor por ella creció al mismo tiempo que su angustia.

Muchas noches, cuando en la soledad de la cama vacía Geneviéve dio rienda suelta a las lágrimas, llamándolo con un acento doloroso, la abrazó con afecto y mezcló sus lágrimas y desesperación con ella. A veces trató de aparecérsele mientras dormía. Había aprendido que cuando el cuerpo duerme, el espíritu se libera parcialmente, recorriendo el mundo espiritual, su lugar de origen, su patria real.

Mirándola irse en espíritu, Gustavo trató de hablar con ella y abrazarla, intentar decirte la verdad. Sin embargo, cuando Geneviéve lo vio, en la penumbra de la habitación, lo repelió vigorosamente, horrorizada, recordando la conmoción sufrida en el pabellón de caza. Huía con tal pavor que Gustavo, triste, se abstuvo de acercarse a ella, siguiéndola de lejos, como una sombra desorientada e infeliz.

El temor de Geneviéve a menudo era tal que se refugiaba en su cuerpo dormido y lo despertaba de inmediato. Le faltaba aire, sentía un dolor profundo en el pecho. Tenía miedo de dormir, tratando de vencer al sueño para no volver a encontrarlo.

Este estado de agitación constante estaba medrando la salud de la joven señora que perdía peso visiblemente, preocupando a su familia y al médico amigo.

La Condesa consideraba que su hija era fea en ese estado delgado y quería obligarla a alimentarse mejor, sugiriendo que debería viajar un poco.

Gustavo, volviendo a ver a la Condesa, sintió renacer la indignación que luchaba por sofocar. Al verla satisfecha, con salud, disfrutando de una impunidad que le parecía sombría, no pudo superar la avalancha de odio que lo atacó. Se consideraba perjudicado. Si él hubiera sido culpable, ella lo habría sido aun más. ¿Por qué solo él soportaría las consecuencias de los errores? ¿Por qué ella, dos veces criminal, disfrutaba de una vida respetada y feliz? Se sintió ímpetus de atacarla, de arrojarse sobre ella, dando rienda suelta a lo que había en su alma. Sin embargo, no tuvo el coraje.

Geneviéve estaba enferma y debilitada, y le imponía un inconmensurable respeto.

Aunque no era visto por ella, no quería lastimarla. Se dio cuenta que todas sus manifestaciones de revuelta e inconformidad, de desesperación y angustia contribuyeran de alguna manera a agravar su estado de salud. En varias ocasiones callara sus arrebatos de desesperación cuando se dio cuenta que los transmitía involuntariamente a su angustiada esposa cuyo estado estaba empeorando.

Cuando esto sucedía, él se encogía tímidamente en un rincón y con lágrimas en los ojos le pedía perdón a Dios por su incomprensión. Se contuvo frente a la Condesa, luchando con todas sus fuerzas, viéndola aparentar ante su hija una ingenuidad y afecto que no poseía. Pero, para Gustavo, la prueba sería aun más difícil.

Margueritte, mirando a su hija descansando en un sofá, dijo: - No sé por qué te dejas llevar por la desesperación. Cuando Gerard murió, no te quedaste en esta depresión. Lo soportaste con más coraje. ¡Después de todo, él era un buen hombre que merecía tu amor! En cuanto al Barón, lamento que no me hayas escuchado, eres una ingenua siempre encerrada en casa. ¡No conoces a los hombres, no vas a los salones!

Geneviéve hizo un movimiento nervioso.

- Por favor, mamá. No hablen de aquellos en este asunto que me disgusta mucho.

La Condesa no se rindió.

- ¿Cómo no hablar? ¿Permitir que te marchites por un miserable traidor? ¿Cómo permitir que permanezcas encerrada en este castillo, llevando la carga de un niño que no es tuyo y que te hace recordarlo en todo momento?

Geneviéve se levantó como movida por un resorte. Sus ojos emitieron chispas. Parecía una gata asustado: - Te pido lo que por lo que más quieras no te refieras así a mi hijo. Él es mi hijo. Lo amo y no me separaré de él. Es un inocente que ha sufrido tanto como nosotros.

La Condesa cambió su tono en un intento de ocultar sus sentimientos: - Cálmate. No me gusta verte encerrada aquí. Eres joven.

Aléjate de esta casa, de estos recuerdos y ciertamente la vida te volverá a sonreír. Déjame elegir un esposo conveniente y bueno para ti.

¡Confía en tu madre que tiene experiencia y que solo te desea lo mejor! - Gustavo no pudo evitarlo. En el clímax de la indignación, se acercó a la Condesa empujándola con fuerza.

- Asesina, infeliz - gritó exasperado -, ¿cómo puedes ser tan mala? Déjanos en paz ¿No ves el mal que has causado? ¿No estás lo suficientemente vengada? ¿No has calmado el odio que me dedicas y quieres perjudicarnos aun más? ¡Asesina! Sal de aquí. ¡Asesina! - Margueritte, que parecía de buen humor, sufriendo el impacto de la furia de Gustavo, sintió un repentino malestar. Un violento mareo y un escalofrío de temor recorrieron su cuerpo bien cuidado.

En un gesto angustiado, se pasó la mano por la frente, queriendo evitar esa ola destructiva. Fue entonces cuando abrió los ojos desesperadamente y vio la figura del Barón, frente a ella, amenazadora y vengativa.

Fue un segundo, pero fue suficiente. Margueritte aterrorizada gritó: - ¡Ayúdenme! ¡Es él! ¡Él vino para vengarse! ¡Socorro! ¡Sáquenlo de aquí, llévenselo!

Geneviéve, aterrorizada, se acercó a su madre el tiempo suficiente para sustentarla, ya que la Condesa perdió el conocimiento.

Asustada, Geneviéve llamó a las siervas e intentó ayudarla frotando sus muñecas y aflojando su ropa. Las sales llegaran a su nariz y gradualmente Margueritte volvió en sí. Ella abrió los ojos, aun aturdida, y luego se puso nerviosa: - Lo vi. El Barón. Él estaba aquí. Me miró con odio, parecía que quería atacarme.

En breve, Geneviéve respondió: - Aquí no hay nadie más que nosotros. Fue una alucinación, cálmate, mamá. – Acercando a sus labios una copa de vino, sugiriendo: - Bebe y te sentirás mejor.

- Era él, hija mía. Él quiere vengarse; yo lo vi. ¡Tenía el pecho herido, cubierto de sangre!

Ten calma, mamá. Todos aun nos mantienen impactados por la tragedia. Es natural que hayas perdido la calma. Entonces, ¿porque querría Gustavo vengarse? ¿Acaso no era culpable? No, prefiero creer que donde quiera que esté, lamente el daño que nos hizo.

La Condesa se calló. Estaba aterrorizada, pero hizo un esfuerzo visible para recuperar la compostura. Casi se había traicionado delante de su hija.

Queriendo deshacer la impresión de momentos antes, se limpió dos lágrimas inexistentes con su pañuelo de encaje. Mientras su pecho se agitaba en sollozos astutos.

- Fue por esto – añadió con voz débil y lamentándose -, que te pedí que abandonaras esta casa. Está embrujado, por eso estás enferma. Por eso estás nerviosa, quiero irme de aquí. Si quieres verme ya sabes dónde estoy. No pondré más pie aquí. El infeliz quiere perseguirme incluso después de muerto. Fue con esfuerzo que Margueritte acordó esperar un poco más hasta que estuviera mejor, pero nada la detuvo tan pronto como pudo mantener el equilibrio sobre sus piernas. Ella fue, pálida, abatida, aterrorizada. Geneviéve se dejó caer en el sofá desanimada. La actitud materna era extraña. Siempre la conociera escéptica e incrédula. ¿Cómo podría haber admitido la presencia de Gustavo?

Sin embargo, el espíritu infeliz y angustiado del Barón, encogido en un rincón, parecía la imagen de la desesperación. Se culpó a sí mismo por la escena anterior, y no le preocupaba que Margueritte hubiera podido verlo.

Estaba allí para demostrarle a su amada esposa su inocencia y amor. Pero ¿qué había logrado? Solo apareciendo como el espectro de la venganza y el odio En ese momento, más que nunca lamentaba profundamente su ligereza en el pasado.

La sociedad otorga a los hombres, en el campo de los sentimientos y las pasiones, todas las prerrogativas y libertades. E, impulsados por la tentación y la impunidad, la mayoría se entrega a ligaciones ilícitas, resultado de pasiones momentáneas, que buscan disfrutar al máximo. Por eso es alabado por otros hombres, por su posición de virilidad y exuberancia. Ningún hombre que comete adulterio en la Tierra tiene una noción de culpabilidad en su conciencia. Lo hacen engañados e ignorantes de que, si la sociedad humana los deja impunes y los impulsa, las Leyes de Dios son las mismas para todos, independientemente de su sexo o posición social a la que pertenezca.

Gustavo estaba comenzando a aprender que cualquier desviación, cualquier ofensa moral que venga a perjudicar a terceros o que los incite a la adicción y la lujuria, será castigada con consecuencias terribles e inalienables.

También comenzaba a comprender que el castigo siempre llegaba y solo le irritaba la impunidad de la Condesa. Sabía vagamente que algún día la llamarían a rendir cuentas, pero ¿cuándo? ¿Cuánto tiempo permanecería en la impunidad? ¿Cuánto tiempo podría vivir disfrutando del calor de un hogar, disfrutando de la vida social interviniendo a voluntad en la vida de los demás, traicionando y engañando?

Desafortunadamente él pagaba el precio por un error del cual ya se encontraba bastante arrepentido, ¿y ella? ¿Qué la estaba preservando? Sin embargo, más experimentado y más lúcido que al principio, Gustavo trató de controlar las emociones, temeroso de perjudicar a Geneviéve.

La pobre dama estaba nerviosa y preocupada. Su pensamiento no se desvió de la escena antes, solo había alguien capaz de ayudarla. Fue Villefort.

Tocó el timbre y ordenó al criado que fuera a buscarlo de inmediato, necesitaba verlo con urgencia.

Cuando llegó el médico, reflejando cierta preocupación en su rostro, Geneviéve se puso de pie angustiada: - Doctor, necesito mucha ayuda.

- Ciertamente, hija mía, haré lo que pueda, pero me doy cuenta que estáis perturbada. Dejadme examinaros primero.

Tomó su pulso, quedándose en silencio por unos minutos. Gustavo, pálido, abatido, miraba ansioso.

Sin esperar a que termine Geneviéve comentó: - Os mandé llamar por un incidente que tuvo lugar hoy por la noche. Me dejó preocupada y nerviosa. Siempre ha hablado de la vida más allá de la muerte y tiene fuertes razones para creer que el espíritu sobrevive a la muerte del cuerpo de carne.

- Es verdad En cuanto a mí, no hay dudas sobre la sobrevivencia del espíritu.

- Pues bien. Hoy, hace poco, mi madre tuvo una crisis, alegando haber visto el espíritu de Gustavo, y lo más extraño es que quería atacarla. Mi madre habló de venganza y lo describió con el pecho cubierto de sangre. ¿Fue una alucinación?

La fisionomía siempre serena del médico se volvió muy seria.

Después de unos segundos de meditación, fijándola firmemente, respondió:

- No creo. Gustavo tuvo una muerte inesperada y violenta. Quizás esté cerca de su hogar deseoso de explicar lo que no tuvo tiempo de hacer, o de buscar el calor que tanto le gustaba.

- ¿Entonces era él? ¿Estaba en tan lamentable estado? - Dos lágrimas conmovidas rodaran de los ojos de Geneviéve. El médico estaba preocupado. A menudo había pensado en Gustavo, temeroso que la traición de la Condesa lo llevara al odio y la venganza.

Era indudable que estaba allí y le pidiera cuentas a Margueritte.

- Hija mía. Debéis contener las emociones. Tenéis tres hijos que necesitan de vuestro cuidado y no debéis descuidar su salud. Es natural que Gustavo haya estado aquí, es posible que la Condesa haya podido verlo; sin embargo, esta circunstancia sirve para recordarnos que necesitamos ayudarlo con nuestras oraciones. Es necesario que sienta vuestra comprensión, vuestro perdón. Puedo afirmaros que él, ciertamente, sufre más de vuestro dolor y vuestra censura más que con la propia muerte.

Reconfortado por los pensamientos de simpatía que, en forma de suaves emanaciones, bañaban su aturdido espíritu.

Gustavo, a su lado, sintió un rayo de esperanza. ¿El viejo amigo diría la verdad?

- Doctor, nunca dejé de amarlo. No guardo rencor. Pero, doctor, ¿cómo librarme de la amargura, del dolor?

- Debéis pensar, hija, que todo fue un error lamentable. Que Gustavo siempre os amó con ternura y sinceridad. Quien nunca os traicionó.

Por momentos, la fisonomía de Geneviéve se distendía en extasiante felicidad después, sacudió la cabeza y añadió con voz apagada: - Pero no puedo. Mi mamá me afirmó que era verdad. Yo misma sospeché, antes de llegar a conocerlo mejor, de la relación entre ambos.

- Siempre he afirmado su inocencia y la sigo afirmando. Algún día aun estaréis de acuerdo conmigo. Sin embargo, creo que ha llegado el momento de intentar ayudarlo. No lo juzgues a él ni a nadie más, debe estar desesperado y abatido. La muerte del cuerpo representa, para la mayoría, una dolorosa sorpresa y la constatación que la vida continúa, que somos los mismos, que sentimos las necesidades, los dolores y las alegrías, establece un cerco emotivo que los enreda constantemente sobre los problemas que a regañadientes dejaran en el mundo. Mayormente, en el caso del Barón, su figura me es muy querida. Para mí, es un alma noble y dedicada que, rodeada de la felicidad y las tentaciones del mundo, ha sufrido mucho.

Alimentada por las serenas palabras de Villefort, Geneviéve recordó la hermosa figura de su esposo, con cariñosa emoción.

En ese momento, dos espíritus entraran al salón, invisibles para los demás.

Emocionada, Nina reconoció a Lívia, quien amparada por una simpática dama vestida de blanco y aureolada por brillantes efluvios, se acercó al grupo.

154

Con un gesto amoroso, se separó de Lívia y acercándose al médico, colocó su mano sobre su frente mientras su pensamiento, luego en vigorosas ondas de luz, envolvía su pecho. Con lo que de repente tocó su pulso, Villefort agregó una voz persuasiva: - Sé que Gustavo está aquí, a nuestro lado. Sé que no encontrar una manera de hablar con nosotros -. Y, dirigiéndose a él, continuó: - Mi querido amigo, tus sufrimientos son severos, lo sé, ¡pero ya hay en tu corazón la semilla de la misericordia y el amor! Confía en Jesús, quien sufrió todas las infames e injusticias de los hombres sin merecerlo, y piensa que las Leyes de Dios son justas y sabias y que no nos castiga, excepto cuando lo merecemos. Somos los que cometemos errores, somos los que tenemos que luchar y sufrir para lograr nuestra redención. Te ruego, en este instante, eleves tus pensamientos a Jesús y pídele que te ayude. No sirve de nada que permanezcas aquí, en el lamentable estado de desequilibrio en el que te encuentras, porque tu presencia angustiada hace más daño a quienes te estiman. Ten el coraje de renunciar por ahora a la presencia de aquellos que amas, pero confía en que el amor es la mayor fuerza que existe. Un día él os reunirá nuevamente en mejores condiciones; entonces podréis ser feliz. Perdona y olvida. Dios es un juez imparcial y justo. Confía en él. Puedes creer que te dedicamos sentimientos de amor y nostalgia. Vete en paz.

Con una voz conmovida, Villefort inició un Padre Nuestro, apoyado por Geneviéve que, entre lágrimas, no podía apartar su mente de la memoria de su esposo.

Gustavo, lívido y consolado, sintió que cada palabra del médico bañaba su espíritu con efluvios de paz y suavidad. A pesar del dolor que aun mantenía en su corazón, pensó abatido: ¿De qué servía permanecer allí perturbando la paz de su familia, después de haberlos dejado en la orfandad? ¿No fuera su culpa lo que pasara? ¿No fuera frívolo, faltando el respeto a la casa de un amigo y causando la muerte de su primera esposa?

Frente a sus pensamientos, surgió la imagen de Lívia. Vivo sentimiento de remordimiento lo acometió. ¿Dónde estaría? Había herido sus sentimientos más queridos de mujer, le había causado dolor y muerte.

Qué cruel destino, pensara. Abusara de la ingenua confianza de la esposa amorosa y sincera y cuando había sido leal y dedicado la vida había engendrado farsa y era visto como canalla y traidor. Las dos mujeres que amara no habían sido felices, era su culpa. Por primera vez, razonó con lucidez.

Villefort tenía razón. Dios da a cada uno según sus obras. Su justicia no es imperfecta y es tan perfecta que sabe cómo enseñar a cada uno según el error correcto.

Las lágrimas emotivas descendían por sus mejillas. Necesitaba hacer algo. No podía seguir perturbando su hogar tan querido, con sus pensamientos de angustia y dolor. Era necesario rezar. En silencio, se arrodilló recordando un viejo hábito de la infancia, y murmuró sentida oración.

- ¡Dios mío! Ten piedad de mí. Ayúdame Señor Jesús, ya no puedo soportar el peso de mis errores pasados. Ven en mi ayuda, llévame de aquí. donde no puedo molestar a los que aman. Perdóname, te lo ruego, por las exigencias irrazonables; estoy débil y solo. Si quieres aceptarme, señor, en algún lugar, trataré de redimirme, siendo obediente a tus mensajeros, y haré todo lo que pueda para que algún día pueda reunirme con mis seres queridos nuevamente. Señor, en este momento pienso en Livia, y si tu amabilidad me permite verla algún día, me gustaría pedirle perdón. Estoy aquí, Señor, no lo merezco, pero espero tu misericordia.

Mientras hablaba, Gustavo vibraba intensamente, derramando sinceridad y emoción. Estuvo en silencio porque en ese instante se dio cuenta que a poca distancia se establecía una leve claridad en un evento extraordinario: Livia sonriente, con los ojos llorosos, rostro sereno, estaba frente él.

Al verla aparecer en ese momento de oración y meditación, Gustavo se puso de rodillas y suplicó con voz temblorosa: - ¡Lívia, has venido! Dios me escuchó, quiero pedirte perdón. Reconozco mis errores. ¡Perdóname! ¡Perdóname!

En ese momento sublime de reencuentro, Lívia amorosamente trató de levantarlo mientras decía: - Gustavo, hace mucho que te perdoné. También fui muy culpable por lo que nos pasó. Era mi deber como esposa establecer lazos de alegría y amor en nuestros hogares. Sin embargo, orgullosa e inútil, no sabía cómo ser la compañera, la amiga, la amante, la madre. En mi inexperiencia y orgullo cultivé los celos y en lugar del afecto y comprensión que necesitabas para salir de la aventura. No supe cómo comprender las tentaciones y los engaños a los que nos pueden llevar las facilidades de la Corte. Vi que estabas siendo atrapado por la seducción de otra mujer y no supe cómo salvarte con mi amor y mi cariño. Por el contrario, recurrí al odio, al crimen y la venganza. Con eso, me alejé de ti y me volví indigna de la tarea que la vida me había asignado como esposa y madre. En todo lo que te sucedió, una parte de la culpa también recae sobre mí.

Gustavo no sabía qué decir. Su víctima, se decía que era verdugo. Tal nobleza del alma lo tocó en las fibras más profundas del corazón. Al observar la tenue luz que la envolvía, añadió conmovido: ¡Eres una santa!

- No. De ninguna manera. Cuando conociste a Geneviéve y comenzaste a amarla, estaba triste y los celos volvieran a dilacerar mi corazón, principalmente porque me di cuenta que nunca me amaste como a ella. Vi y penetré tus pensamientos y pude saber que había una gran amistad entre nosotros, pero que nunca sentiste la misma emoción por mí, la misma exaltación, la misma emoción, la misma profundidad que sentiste por ella. Sin embargo, una amiga y consejera también me hizo sentir sus sentimientos y pude ver que era una mujer buena y sincera. Quien te amaba con la misma sinceridad que tú la amabas y lo que era muy importante para mí, amaba a nuestro querido Gus con el sentimiento revelado de una madre. ¿Cómo sentir celos si besa a mi hijo con amor y ternura? ¿Cómo no quererla si necesitaba que ella le diera todo lo que yo no podía? ¿Cómo podría yo, que había acelerado mi muerte con actos criminales e irreflexivos, dejándolo huérfano por el afecto de su madre, ahora privarlo también del calor sincero de ese corazón noble y dedicado? ¿No sería volver a caer en los celos crueles y destructivos? Peleé. Luché, Gustavo, para vencerme a mí misma. Una vez los celos me destruyeran, no quería que se volviera a repetir.

Poco a poco fui calmando mi corazón y me di cuenta que la quería con gratitud y amistad. Ella era la encargada de mi hogar, de mis seres queridos siempre tendría mi agradecimiento y mi gratitud. Sinceramente lo aprecio. A pesar de la calumnia y la infamia que lastimaran su corazón sincero y amoroso, ella, en su nobleza de alma, supo cómo entender y separar las cosas, y continúa dando amor y afecto a nuestro hijo, ocultando su dolor interior, no destruyendo en Gus el amor y respeto que merece la memoria de su padre.

Con un acento adolorido, Gustavo estuvo de acuerdo: - Tienes razón. También he observado todo esto. Ella es una mujer excepcional. Mientras tanto, me duele la calumnia y la humillación. ¡Debes saber que soy inocente! ¡Debes saber que me arrepentí de todo cuando te enfermaste y, desde entonces, he sido fiel y leal a los compromisos promesas del hogar!

Lívia sonrió animada: - Ten paciencia. Dios siempre determina los eventos de la vida con miras a nuestra elevación moral y espiritual.

- Me gustaría por lo menos que Geneviéve supiera la verdad.

- No te lamentes. Acepta las consecuencias de tus faltas con humildad y resignación. Dios es un padre amoroso y justo. Un día, cuando sea apropiado, se resolverán todos los malentendidos. Vine a recogerte. No como la esposa de otros tiempos, sino como la amiga sincera que quiere ser. Ambos tenemos comunes en la Tierra. Nuestros seres queridos necesitan nuestra ayuda y apoyo en la prueba de la carne. Sin embargo, son espíritus débiles y endeudados ante las Leyes Sagradas del Padre. Si quieres hacer algo por ellos, debemos prepararnos adecuadamente, aprendiendo y sirviendo, buscando convertirnos en discípulos de Jesucristo. Todavía hay muchas cosas que no sabes sobre nuestra vida real, pero a medida que te desconectes gradualmente de la Tierra, tu memoria volverá.

Gustavo lanzó una mirada dolorosa a Geneviéve, abatida y rezando fervientemente, luego se detuvo en los objetos familiares y queridos de su hogar terrenal.

- Quiero ir, ¡pero es doloroso tener que hacerlo!

- Tienes razón. Parece que nuestros corazones están destrozados en esa última mirada y nuestros pies de repente se vuelven como de plomo que nos impide que nos vayamos. Pero es importante por tu bien y por el de los que te aman que te vayas por ahora. Sabes que tu presencia aquí ha causado angustia y depresión. Ven, prepárate, levántate en el bien, en la obra de la redención y pronto podrás volver con tu luz, tu alegría, tu fuerza, para asistirlos y ayudarlos. Vamos.

Gustavo se acercara a Geneviéve con infinito afecto, besándole el rostro abatido, abrazó a Villefort. Lágrimas dolidas caían incontrolables. Fue allí donde vislumbró el espíritu iluminado de la benefactora que los asistía con bondad.

- Nuestra hermana me ha ayudado, Gustavo. A ella le debemos toda la ayuda que hemos recibido.

Gustavo, perturbado, quería arrodillarse frente a ella, impresionado por la luminosidad de su mirada. Sin embargo, en un gesto firme y simple, esa hermosa figura de mujer lo rodeó con el brazo y le dijo con voz un tanto enérgica: - Vamos, hijos míos. Necesitamos partir ahora. Conversaremos en el camino.

Livia lo enlazó por el otro lado y las tres, como impulsadas por nuevas energías, abandonaran el castillo y sus figuras se perdieron en la distancia.

Un profundo suspiro escapó del pecho de Villefort.

- Gracias a Dios. Parece que ahora todo está en paz -. Y realmente estaba. Geneviéve se sentía más serena y el aire parecía soplar nuevas energías a su alrededor.

- Sí, doctor. En cualquier caso, estas oraciones me han hecho un gran bien, me siento mucho mejor.

- Siempre que sea posible, debes orar por él, pero nunca llamarlo.

- Confieso, doctor, que a veces la soledad es tan grande que la nostalgia nos pone en una situación dolorosa. Si ahora es un espíritu libre y puede escucharme, ¿por qué no puedo evocarlo en tiempos difíciles?

- En realidad, nuestros seres queridos que parten de la carne, son espíritus liberados, pero llevan consigo todos los problemas que tuvieron en la Tierra, todas las imperfecciones. Inmediatamente después de la muerte, no pueden escapar de la perturbación resultante de su condición emocional y luchar para adaptarse a la nueva situación. Están entre dos mundos, experimentando un delicado proceso de transformación. Por un lado, la Tierra que aman a pesar de todo el sufrimiento y las luchas, sus seres queridos, los hábitos que desean y a los que no pueden regresar; vida que les queda y de la que no pueden deshacerse. Por otro lado, la paz, el esfuerzo por una vida mejor que los atrae y de donde vinieron y necesitan regresar. Solo existe una lucha y en la que muchos han sufrido largos años de fracasos y angustia. Los lazos de amor y familia hacen que sea difícil desconectarse del espíritu. Debe pensar que una evocación prematura puede llevarlo a perturbaciones y problemas en el terreno de los que necesita liberarse. Es cierto que los espíritus más evolucionados pueden ayudarnos, pero no sabemos si quienes los aman se encuentran en estas condiciones.

Geneviéve permaneció meditando por unos segundos, luego dijo: - Tenéis razón, os agradezco y no quiero molestaros. Me siento mejor. Dios me dará la fuerza para llevar a cabo mi misión hasta el final.

Un profundo suspiro salió del corazón de Nina. Era muy conmovedor revivir estos eventos y conocerlos a profundidad.

CAPÍTULO XVI
EL ORIGEN DE LOS PROBLEMAS

La pantalla se apagó y Nina permaneció: obnubilada, pensamiento perdido en las lejanas reminiscencias. Luego, como obedeciendo a una idea largamente meditada, levantó los ojos hacia el orientador y quedó algo embelesada:

- ¿Puedo hacer una pregunta?

- Ciertamente.

- Sabes que mi vida en la Tierra no fue un lecho de rosas. Me acuerdo bien de todo lo que sucedió después de ese día.

Traté de ser una buena madre para los tres hijos que Dios me había confiado. Sorbí el cáliz de la amargura sin quejarme hasta el final. Mi mayor esperanza era encontrarme con Gustavo nuevamente después de la muerte. Sin embargo, nunca más nos vimos. ¿Por qué?

Una ola de simpatía pasó por la cara tranquila del supervisor. Con voz firme dijo: - Estaba esperando esta pregunta. Sabía que la harías. Sabes que Dios es justo y bueno. Todos sus designios son sabios. Para encontrar la fuente de nuestros problemas, necesitamos retroceder un poco en el tiempo. En una encarnación anterior, tú y Gustavo se amaban; sin embargo, él, frívolo y fútil, cedió a la tentación de una gitana que lo despojó de todas sus posesiones y con quien te fue infiel. Casado contigo, ocupando una alta posición en la nobleza romana, no valoró el hogar que fue premiado con cuatro hijos. Embelesado por la peligrosa gitana, que luego renació como la Condesa de Ancour, abandonó el hogar y bajó los escalones de la miseria moral y material. Al verse abandonado por la gitana, arrepentido, cayendo en la realidad, impulsado por la desesperación, se suicidó. Tus sufrimientos fueron grandes. En la lucha por mantener el hogar y los hijos, dos niños y dos niñas, empeñaste todas tus posesiones, pero no pudiste evitar que tu hija mayor, seducida por la posición y la fortuna que ya no le podías dar se había perdido en el torbellino de las facilidades sociales. Cedió a los ímpetus de un hombre de la nobleza que le pudo dar una situación de riqueza. Lamentablemente, estaba casado y su esposa, en el apogeo de la desesperación, languidecía hasta que murió.

En ese instante, Nina abrió el ajo desesperadamente y de repente agregó: - Sí. ¡Ahora me acuerdo! ¡Mi amada hija que me hizo sufrir tanto es Lívia, de quien nunca me sentí celosa y a pesar de haber sido la esposa de Gustavo!

- Sí - dijo alegremente el instructor -, es cierto. Livia es una hija muy querida. ¡Meditemos en la bondad del Señor, permitiéndonos a todos, a pesar de nuestros errores, recomenzar y rehacer nuestros caminos! Pues bien – continuó - Gustavo, un suicida, pasó muchos años en el valle de los sufrimientos para recuperar un poco de equilibrio en su periespíritu herido. Sufrió mucho, hasta que pudo recuperar algo de paz. Se interesó por la suerte de la familia que abandonara en un momento de desesperación. Lloró mucho la suerte de la hija que su abandono relegara a la caída moral y que todavía no tenía la fuerza suficiente para enfrentar la pobreza con dignidad. Por largos años te preparaste en estudios y en tareas de sacrificio para el beneficio del próximo, para reencarnarte nuevamente en la Tierra. Vencedora en la lucha, estabas en buenas condiciones espirituales y, por encima de todo, lo amabas. Con tu consentimiento, fueran programadas las realizaciones necesarias para el reajuste de Gustavo, Lívia y la gitana, que en la bondad de tu corazón dedicado al bien, querías ayudar. Ella renacería primero y tú serías su hija y compañera. Por lo tanto, estarías cerca de ella para amarla, darle cariño y, quién sabe, ayudarla. Su muerte ocurriera en condiciones muy dolorosas. El espíritu de Gustavo, enfurecido y salvaje, la había perseguido por todas partes hasta que, enloquecida y miseria, tuvo una muerte horrible. Durante algún tiempo los dos espíritus se enfrentaran. La gitana y el suicida. Asistidos por amigos dedicados, cuando fue posible, cada uno siguió un nuevo camino. Sin embargo, unidos por errores pasados, debían reencarnar para compensarlos.

Entonces, para ayudar a tu esposo, acordaste reencarnar como la hija de la gitana. Se estableció que él se casaría con Lívia para devolverla al equilibrio que, por su culpa, había agravado. También estaba previsto que Lívia moriría joven, pagando así su deuda ante la Ley. Luego, se casaría contigo y, juntos nuevamente, también tendrían los tres hijos, Gerard, Caroline y Gus que fueron sus hijos en la encarnación anterior. Livia pronto debería reencarnar brevemente en tu hogar y, junto con la Condesa. todo caminaría hacia el reajuste.

Se sabía que Gustavo no viviría mucho tiempo. Su condición de ex suicida no le permitía una larga vida; sin embargo, era necesario que se quedara unos años más para terminar la tarea.

El consejero guardó silencio y vio la brillante mirada de Nina., fijándolo con interés, continuó: - Mientras tanto, sometido a la difícil prueba en el reencuentro con el espíritu de la gitana, que era la Condesa de Ancour, nuevamente se dejó seducir por su avasalladora personalidad. Él cedió a la pasión y con eso provocó la revuelta de Lívia que inconscientemente, ella recordaba la pérdida del padre y la oportunidad de progreso que se le ofrecía. Se dejó llevar por los celos y apresuró su muerte, desmantelando las fuerzas del bien que la sostenían.

Gustavo, sorprendido, trató de reaccionar, trató de hacer la parte que le competía. Arrepentido, rompió definitivamente con la Condesa. Sin embargo, ella no hizo lo mismo. Se dejó arrastrar por las emociones del pasado, tuvo una vida fútil y nuevamente destruyó hogares con su ligereza contumaz. Cuando Gustavo, tomado por un amor sincero, se casó contigo, tuvo la oportunidad de retomar el programa de recuperación delineado antes de la reencarnación, pero en la lucha entre el amor de la madre y el amor de Gustavo, Margueritte no sabía cómo ver la realidad. Prefirió permanecer en el error.

Aunque Gustavo estuviese arrepentido, era un ex suicida y se flaqueara nuevamente, reavivando y alimentando los sentimientos de la antigua gitana. Por esta razón, los eventos se desencadenaran y nadie, ni siquiera su deseo por el bien, su renovación mental, pudo impedirlo. Como sabes, Margueritte sufrió trastornos mentales en los últimos años de su vida. Tuvo una muerte terrible y su espíritu sufrió durante mucho tiempo en las áreas purificadoras del umbral. Solo tú conseguiste vencer. Criaste a tus hijos con coraje y amor. Sufriste las injurias de tu madre, enferma, que en su ignorancia veía en Gus y en su parecido con su padre, razón para odiarlo. Sus palabras veladas y reticentes, llenas de implicaciones, despertaran la desconfianza del joven hacia la muerte de su padre. Aunque siempre te buscara para saber la verdad, nunca quisiste revelarla, temiendo destruir el respeto y el amor, el ejemplo de virtud que Gus siempre vio en su padre. Por el contrario, todos los días lo elogiabas, dándole a Gustavo todas las grandes virtudes. Gus sintió que había algo, algún secreto y Margueritte queriendo que él se fuese para siempre, queriendo olvidar la tragedia que ya la incomodaba, sugirió la sospecha que la infidelidad era la causa de la muerte de su padre. Al no poder creer que el padre fuese infiel principalmente porque lo defendiste con fervor, sospechó de tu dignidad.

Sé que tu sufrimiento fue indescriptible; lo amabas como a un hijo muy querido. Soportar sus sospechas y su alejamiento fue una prueba dolorosa; sin embargo, soportaste todo hasta el final, sin revelar nada. Reconociendo tu bondad, Gus te pidió perdón *in extremis* y pudiste regresar a la Patria Mayor como la vencedora, aureolada de luz, pudiendo disfrutar de un largo período de paz y felicidad.

Pero el recuerdo de tus seres queridos no te permitía disfrutar de la felicidad tan duramente alcanzada. Quisiste ver a tu madre, y su estado deplorable y embarazoso tocó tu corazón amoroso. La ex Condesa, como recordarás ahora, se había convertido en una figura demente, cubierta de harapos, en la inevitable cosecha de su siembra.

- Sí - dijo Nina en un suspiro -. Me acuerdo bien.

Durante muchos años me dediqué a las tareas de ayuda en favor de los desafortunados con la esperanza que algún día pudiera ayudarla.

- Cierto. Y trabajaste tan duro que hiciste tanto que lograste acercarte a ella, hacerte reconocer y ayudarla. La desafortunada mujer se aferró a ti, rogándote que la saques del infierno donde se consideraba arrojada. Poco a poco, con perseverancia y afecto, la ayudaste a recuperar el equilibrio. Fuiste más allá: una vez que se obtuvo la oportunidad de una encarnación redentora, querías ayudarla de cerca y pediste renacer a su lado, como su hija.

- Sí. Me acuerdo que con mucho esfuerzo conseguí ese beneficio. En el programa preparado por nuestros mayores, después de largos y detallados estudios que llevaron a cabo del caso, se estableció que mi padre, unido a ella por el crimen cometido, renacería antes y ella poco después. Se eligió una hacienda en el interior de Minas Gerais. Serían agricultores, aprendiendo la lección del trabajo vivirían en la pobreza, porque la riqueza fuera el motivo del fracaso de ambos. Me recibieran con su hija.

El orientado sonrió y aclaró: - Sí, pero lo que no sabías era que Gustavo renacería a tu lado, como tu hermano en la figura de Roque. Nina, movida de profunda emoción, levantó la cabeza vivamente considerando: - Roque, ¿era Gustavo? ¡Por eso nos queríamos tanto! Él siempre me rodeó con cuidado y atención. ¡Dios mío! ¡Lo encontré y no lo sabía!

- Era necesario. Si hubieras sabido la verdad, hubiera sido más difícil para ti el desligamiento en el momento adecuado, cuando expiró el tiempo que se te otorgó.

- ¡Entiendo! - ella respondió humilde.

- Tu hermanita Lívia, ¡era Lívia reencarnada! Verifica bien, hija como Dios es justo y bueno. Te permitió renacer junto a tus seres queridos y recuperarlos para el bien. ¡Le permitió a Margueritte y al Conde darle a Gustavo la vida que le habían tomado y a Lívia, a quien desviaran de la oportunidad redentora!

- ¡Dios mío! - Nina balbuceó conmovida -. ¿Cuánta bondad? ¿Cómo pagarle?

En un arrojo de sentimiento intraducible, Nina se arrodilló y con la voz quebrada volvió: - ¡Señor! Bendito seas por tu bondad y justicia. En tu infinita misericordia reconduces a los que se han extraviado por el camino de la redención y permite nuevamente el recomienzo y la rectificación. ¡Señor! Amado Maestro, que nos ha apoyado y ayudado en tiempos difíciles con desinterés y afecto, deje que la gratitud de esta sierva inútil y ciego llegue a los pies del Padre que, que después de haber recibido tanta felicidad, desea dirigir los eventos a los que ama, con el riesgo de no saber conducirlos. Señor Jesús, Maestro de Maestros, enséñame la resignación sin reservas, hacia los designios del Padre, porque solo Él tiene la sabiduría para conducirnos, solo Él puede transformar el caos y el sufrimiento en redención y experiencia. ¡Ayúdame y aun Señor, para que de hoy en adelante pueda ser obediente y sumisa a tus santas Leyes! ¡Ayúdame Señor!

A medida que Nina pronunciaba su oración, su espíritu se fue iluminando. De su pecho, partían rayos de luz que alcanzaban el infinito, mientras que sus vibraciones como copos de nieve minúsculos y perfumados descendieran sobre todos los que, en una actitud de respeto y emoción se entregaban al instante sublime.

Cuando Nina se calló, el orientador la levantó, diciéndole con bondad: Hoy, hija mía, has recuperado tu personalidad. De hecho, la débil figura de Nina había desaparecido. Se transformó en Geneviéve, pero en una Geneviéve, que, aunque joven, irradiaba en la luminosidad toda la hermosura de su espíritu sublime.

Cora la abrazó con entusiasmo: - ¡Cómo me siento feliz!

- Sí - dijo Geneviéve dulcemente -. Me siento feliz, pero necesito volver a la acción. Hay mucho sufrimiento a nuestro alrededor. Entonces - continuó, sonriendo -, ¡aun está la redención de los que amo! ¿Qué haré para ayudarlos?

El orientador sonrió con cierta malicia: - Sabía que eso continuaría. Que Dios te ayude y te bendiga.

Y, las dos mujeres se abrazaran y casi a una sola voz susurraron: - ¡Que así sea!

CAPÍTULO XVII
ROQUE HUYE A LA CIUDAD

La tarde estaba en el medio de la hacienda y en la humilde casa de María, solo se escuchaba el sonido de la leña crujiendo en la estufa y el líquido burbujeando en la lata derramándose sobre las crepitantes llamas. Lídia, distraída, estaba jugando con una muñeca de trapo gastada y algo sucia. La embalaba con amor, como si fuese la cosa más preciosa del mundo. Estaba tan entretenida que ni notó el ruido de la puerta. Apenas se sorprendió al escuchar la voz de su madre que decía enojada: ¡Lídia! ¡El café! No lo has colado. Maldita niña. Vives en el mundo de la luna. Uno de estos días tiro esa maldita bruja en el pozo.

- Lídia, en un gesto rápido, escondió la muñeca debajo de la cama.

Estaba a punto de hacerlo, mamá.

María miró a su hija. Delgadita y delicado: - Ni siquiera parece que tienes 13 años. Todavía juegas con muñecas. ¿Cuándo tendré a alguien que me ayude?

Y en un gesto de desprecio, volvió al tema habitual: - Si Nina estuviese viva, no estaría tan abandonada. Ella hacía todo el trabajo de la casa desde que tenía cinco años, pero tú no sirves para nada.

Lídia disimuló una mueca de odio: ¡Nina, siempre Nina! Su madre solo hablaba de la hija mayor que había muerto. Solo ella era buena, solo ella sabía hacer todo. Se acordaba vagamente de ella, pero su madre parecía incapaz de ajustarse a la elección de Dios, sacándola del mundo en lugar de ella, Lídia. No es que no le gustara Nina, pero la actitud de su madre tenía el poder de irritarla. Había momentos en que incluso llegara a odiarla.

Siempre que podía, María la criticaba buscando justificaciones para castigarla. Nunca la acariciaba ni tenía gestos amistosos para ella. En contraste, se aferró a su hermano mayor con afecto y dedicación. Roque la trató con delicadeza y ternura. La protegía de los castigos de su madre y siempre que ganaba algo de dinero, le compraba dulces o incluso algún vestido.

María, gruñendo una vez más, arrojó el fardo de leña que había traído en la esquina y comenzó a preparar café. Pronto los hombres vendrían a comer.

Abrió el armario viejo y un tanto sucio, buscando qué hacer para cenar.

- Infeliz vida. Lo que tenemos con las justas alcanza para matar el hambre de tu padre. Lídia, ve a la canasta y mira si tienes yuca para cocinar.

Lídia se apresuró al cobertizo de al lado, que servía de granero y que estaba desalojado.

- No, no, mamá. Pero traje más camote. Es todo lo que hay.

- De nuevo camote. Un día largo todo esto y me voy con el primero que aparezca.

Lídia se encogió de hombros. Estaba acostumbrada a las quejas de su madre. Se estaba yendo cuando la escuchó llamar.

- Lídia Tu hermano se despertó. Ve a bañarlo.

Lídia obedeció con disgusto. Esa vida dura y difícil la rebelaba, soñaba con la riqueza, el lujo. ¡Un día, iría a la ciudad y encontraría un joven rico con el que se casaría! Dejaría a la madre con alegría y sin extrañarla. El padre, siempre ocupado, trabajando, disgustado con su jefe, no le prestaba mucha atención. No tenía quejas. Sus propios problemas fueran suficientes para que se importase con su hija.

Llegó para la cena de malhumor y se sentó: - ¡Frijoles con camote! ¿Otra vez?

- ¡Ah! - Se burló María -. ¡Quieres pavo o quizás un ternero gordo!

- Quiero la carne que estaba en la manteca.

- Se acabó - gritó María irritada -. Tú mismo te la comiste -. José gruñó entredientes, pero comenzó a comer en silencio.

- El pan es pura harina de maíz - dijo al fin -. Menos mal que lo reconoces, es todo lo que pude conseguir. Si fueras otro hombre, tuvieras más cabeza, ¡ya hubiéramos salido de esta miseria! Podríamos ir a la ciudad...

José se pasó la gruesa mano por el cabello castaño: - No es fácil. No tenemos dinero para mantenernos los primeros tiempos. No puedes quedarte en la calle. Después, la vida allá es difícil. No sé qué podría hacer. Solo sé cómo arar la tierra.

- Y, debido a tu estupidez, los mantenemos aquí, muriendo de hambre.

- Cállate, mujer. Estoy cansado de tus quejas.

- Y, debería haberme ido de todos modos... Mientras solo estaba Nina... Tal vez si ella no hubiese muerto. En la ciudad la vida es mejor. Me fui quedando y ahora, cada vez se pone peor.

Llena de hijos. A veces me dan ganas de desaparecer... -. José se levantó enojado: - Bueno, desaparece, mujer del infierno. Ni siquiera sirves para ayudarme, solo sabes quejarte. Si abres más la boca, te asiento el brazo. ¿Crees que no lo sé? Lo que quieres es ir detrás los hombres.

Los cuatro niños asustados observaban la cara congestionada de su padre. La escena se repetía con frecuencia y casi siempre terminaba en intercambio de golpes.

Roque se sentía mal cada vez que esto sucedía. Respetaba a su padre, le temía por su severidad, pero no gustaba de su madre. La evitaba tanto como podía. Ella; sin embargo, siempre lo quería cerca. Lo trataba a veces con excesos de afecto, a veces con irritación, Roque no entendía lo que estaba pasando en su corazón. Había ciertas expresiones de la madre, que le causaban profunda repulsión. Sintiéndose equivocado, trataba de vencer ese estado del alma y se sentía culpable por nutrir ese sentimiento. Tenía ahora 15 años de edad. Quería irse, probar la vida fuera de casa. Pero Lídia se sentía profundamente abrumada por la desesperación cuando expresaba este deseo, aferrándose a él y haciéndolo prometer que no se iría.

La madre, a pesar de querer mudarse, también le impedía irse.

Roque, niño obediente y educado, se granjeara las simpatías de dona Emerenciana. Fuera compañero de juegos de Fábio, de quien había aprendido las primeras letras con entusiasmo. Sin embargo, cuando se fue al internado, Roque se sintiera más solo. Y cada año, más educado, Fábio regresaba diferente, sin encontrar más placer en la compañía de Roque.

Afortunadamente, María guardó silencio - lo que rara vez sucedía - y poco a poco José se fue calmando.

Roque apenas tocó la comida. Salió a caminar, absorto en sus pensamientos internos, sin prestar atención a la belleza de la tarde que moría con el sol abrasador, que se fue ocultando gradualmente en el horizonte.

Dirigiéndose a un lugar tranquilo, debajo de un árbol, se sentó en la hierba y su corazón se hundió en una vaga melancolía. Sentía tristeza y nostalgia, sin poder explicar de qué y de quién. De repente, la figura de Nina apareció en su mente y las lágrimas aparecieron en su carita delgada y morena. La extrañaba, extrañaba su presencia feliz y graciosa. Pobre hermana. Sucumbiera ante la miseria y el sufrimiento, pensó entristecido.

Las cosas en casa iban de mal en peor. No deseaba acabar con su padre, lidiando con las quejas de su madre y las exigencias del patrón. Aspiraba a ser útil, a estudiar, aprender a leer correctamente, como Fábio; ciertamente no lo envidiaba, pero en su corazón estaba el deseo de ser como él. Tener la misma seguridad que él tenía.

Fábio le había contado muchas cosas sobre la ciudad y ardía de deseos de conocerla. Muchos de sus amigos habían dejado la hacienda para ir a la ciudad. ¿Por qué no podía hacer lo mismo?

Nervioso, arrancó un puñado de hierba y lo tiró lejos.

- Me voy de todos modos - decidió - Si no me dejan, huiré.

Hablaría con su padre esa misma noche si tuviera la ocasión.

Su actitud dependería de esa conversación. Muchos planes hervían en su joven cabecita cuando una hora más tarde regresó a casa.

La noche había llegado hasta el final y encontró a su padre fumando su cigarrillo de paja sentado en una caja en la puerta principal. Su rostro áspero y maltratado reflejaba amargura y tristeza. Quizás no era el momento adecuado, pero Roque no pudo superar su impaciencia.

José levantó la vista con indiferencia.

- ¡Habla! ¿Qué pasa?

- Tengo ganas de irme.

- Tú también - respondió enojado.

- Y padre. Quiero probar la vida en la ciudad. Cuando consiga un trabajo y casa, vengo a buscarlo a usted.

José soltó una risa irónica.

- ¡¿Tú?! ¿Quieres ir a la ciudad? No sabes lo que quieres. ¿Qué crees que puedes hacer en la ciudad?

- Trabajo, papá. Quiero estudiar y trabajar

- ¡¿Tú?! ¿Quién te puso estas ideas en la cabeza? Tu madre con seguridad Tu madre que no piensa en nada más que ir allí. No sabes lo que hay allí. Piensas que es fácil.

- No tengo miedo de trabajar, papá.

- ¡Es una locura! Necesitas ayudarme en el campo. Estoy viejo, te mantuve trabajando duro durante 15 años para luego ser abandonado en la vejez.

- ¡Pero volveré a recogerlos!

- No quiero saber nada más sobre esto. Ya basta con tu madre. Si vuelves a hablar de esto, te castigaré. ¿Dónde ya se ha visto?

José estaba amenazador. Ante esto, decepcionado, Roque se calló.

- Me quedo callado porque no quiero que me peguen, pero lo pensaré. Uno de estos días me escapo de esta casa -. Enojado, se fue detrás de la casa y su pensamiento, mirando a las estrellas que brillaban en el cielo, volvió a sentir la vaga melancolía, la nostalgia indefinida, el anhelo de algo que no sabía explicar.

Solo muy tarde y, a pedido de la madre, entró para dormir. A partir de ese día, la idea de escapar se apoderó de Roque. No había dinero, mucho menos ropa. Pero miró sus brazos morenos, pensando que habría de trabajar. Pensó, pensó y decidió que de nada le servía esperar. ¿Para qué? No se podía ganar dinero, la ropa era difícil.

Ese mismo día habló con dona Emerenciana, si le pudiese conseguir unos pantalones y una camisa vieja porque andaba muy necesitado. Obtuvo más de lo que pidió. Dos camisas y un pantalón de Fábio. Estaban descosidas, pero no rasgadas. Le quedaban un poco grandes, pero esto no tenía importancia. Las envolvió cuidadosamente y las escondió bajo un arbusto.

El día siguiente fue domingo. Día de ir a la capilla y por la tarde podía salir un rato a jugar con amigos. Planeó todo.

Sería el domingo.

Sin mostrar lo que guardaba en el alma, hizo todas las tareas habituales y, por la tarde, se preparó para escapar.

Tomó Lídia de la mano y la condujo lejos de todos: - Lídia, ¿jura que no le contarás a nadie lo que le voy a decir?

- Roque, ¿qué pasa? Te ves raro.

- ¡Júralo, de lo contrario no hablaré! - Lídia parecía sorprendida: - ¡Lo juro!

- ¿Lo juras por Dios?

- Juro por Dios.

- Está bien. Me voy a la ciudad -. Lídia se aferró a él llorosa.

- No, no lo harás. ¡Yo no quiero!

- Tonta. ¡Iré, encontraré empleo, ganaré dinero y vendré a buscarte!

- ¡Yo no quiero!

- No seas tonta. Allá en la ciudad, la gente gana mucho dinero, así que cuando pueda vengo a recoger a mamá, a ti y a todos.

Llorando, Lídia instó: - ¿Vas a demorar?

- No lo sé, pero solo digo que iré y un día volveré. Luego te llevaré a la ciudad, con un hermoso vestido, agua perfumada, todo lo que quieras, ¡incluso zapatos! - Lídia abrió los ojos con admiración: - ¿Todo eso?

- Sí. Todo eso. Espera y verás. Ahora me voy -. En un gesto amoroso, abrazó y besó a su hermana.

- Adiós, Lídia. Tan pronto como pueda enviaré noticias.

- Adiós, Roque - respondió la niña llorosa, en un salto, sin mirar atrás, alcanzó el bosque, tomó el bulto de ropa y las magras provisiones que llevaba, y, en unos minutos, su pequeña figura desapareció hacia la carretera.

CAPÍTULO XVIII
ROQUE BUSCA A SU FAMILIA

Roque contempló con alegría la pequeña casa que había alquilado, dando los últimos toques a los arreglos que había preparado con orgullo. Era una casa modesta, con cuatro habitaciones en un barrio periférico de São Paulo, pero representaba para él la realización de un viejo sueño y el cumplimiento de una vieja promesa.

Habían pasado diez años desde el día en que, con un corazón inquieto y lleno de esperanza, había abandonado el techo de su padre, vistiendo ropa prestadas. Consiguiera llegar a São Paulo, pidiendo un aventón a un camión de transporte. Sufriera hambre y frío, había trabajado duro, pero perseveró en su esfuerzo y trabajo, estudiando por la noche, había logrado alfabetizarse y aprender el oficio de la carpintería.

Sin embargo, ganaba poco, pero acomodado y simple, trató de juntar sus escasos recursos para realizar su sueño de buscar a su familia. Reconocía que era una empresa difícil. No ganaba lo suficiente para todos, pero sus hermanos podían trabajar y, por lo tanto, incluso si el padre no encontraba trabajo rápidamente, no pasarían necesidades. Cuando logró ahorrar lo suficiente para amueblar una casa y tener lo suficiente para la mudanza, le escribió a su padre, enviándole una carta a dona Emerenciana diciendo que todo estaba listo y que los recogería a fin de mes.

Arregló la casa con alegría, anticipando el placer de la madre teniendo agua corriente, luz eléctrica, estufa, ollas, comodidad que nunca antes había disfrutado. Comprara para cada uno un regalo.

Nunca volviera a ver a la familia. Lídia ya era una jovencita. Juan, Antonio necesitaban estudiar y trabajar.

Empacara el pequeño equipaje y se pusiera su mejor ropa. Quería impresionar mucho a sus viejos amigos. Fue con el vencedor, como joven experimentado, que regresaba a la casa. Varias veces había tenido noticias de los suyos, obtenidas a través de amigos quienes viajaran en esas partes.

Sabía que su padre había estado furioso por su fuga, pero estaba seguro que el tiempo había desvanecido su revuelta.

Durante el viaje sintió que su impaciencia crecía, su deseo de llegar. Fue con emoción que revisó los caminos de su infancia. Anochecía cuando cansado llegó a su antiguo hogar.

Sintió una opresión en su corazón. La casa parecía más fea y más vieja. El padre, como de costumbre, se sentaba en el cajón en la puerta y, al verlo, se levantó y lo miró fijamente.

- ¿Quién es usted, señor? Preguntó, curioso.

- Soy yo, papá. Roque. Llegué a casa

José trató de fijarlo, como juzgando su apariencia. Su cara arrugada y envejecida parecía contraerse en un rictus de amargura. ¡Viniste! Te fuiste, abandonaste nuestra casa. Hijo ingrato.

- Si padre. Yo me fui, pero estoy de vuelta. Quiero llevarte a la ciudad. Dije que iba a volver a recogerte. ¡Ha llegado el día!

Emocionado, abrazó a su padre.

En ese momento, atraídos por su llegada, su madre y Lídia salieran y viéndolo corrieran hacia él con efusiones de alegría.

- ¡Hijo mío! ¡Regresaste! ¡Cómo estás hermoso! ¡Cómo estás joven!

- Roque, estaba esperando, ¡te estaba esperando! ¡Viniste!

Las dos corrieran hacia él, abrazándolo y hablando al mismo tiempo. Los dos hermanos menores que estaban detrás de la casa se acercaron y lo abrazaron efusivamente.

Con la excepción de José, que estaba en silencio, todo era entusiasta y alegre. Roque abrió la maleta que llevaba y distribuyó con orgullo los regalos que había traído.

Le sirvieron té con pan, luego se sentaron para escucharlo contar cosas sobre la ciudad, lo que había hecho y aprendido durante todo ese tiempo.

Él, embalado por el entusiasmo, contaba sus sufrimientos, sus victorias, sus logros.

- Ahora vine a llevarlos conmigo. Tengo todo listo. Casa amueblada, todo. Cuando lleguen allí, Lídia, Antonio y Juan trabajarán durante el día, pero irán a la escuela por la noche. ¡Estudiarán, serán personas!

Escucharan estáticos, como si estuviese frente a la descripción del paraíso mismo.

- Tonterías. No me voy de aquí y nadie se va, trabajo perdido Roque.

Las palabras del viejo José causaron verdadero asombro. María estaba indignada: - ¿Por qué no quieres ir a la ciudad? ¿No dijiste que solo irías cuando tuvieras una forma de vida y dinero para los primeros tiempos? ¿Ahora Roque se sacrificó para buscarnos y no quieres ir?

- Se sacrificó porque quiso hacerlo. No se lo pedí.

- Padre, vamos con é – pidió Lídia, entre lágrimas.

- Bueno, quien quiera irse, puede hacerlo. No retengo a nadie. ¡Yo no voy! - María respondió con dureza y Roque revivió las escenas habituales de su infancia. Intentó intervenir y reconciliar las cosas. Y habló tanto, apoyado por sus hermanos, que poco a poco fue superando la resistencia de José.

¿Qué voy a hacer en la ciudad? ¿Un viejo como yo que solo sabe trabajar en el campo?

- Te conseguiré un empleo, papá. Si no lo consigues pronto, no importa. Trabajaste mucho para nosotros y es hora que trabajemos para ti.

Este argumento pareció satisfacerlo. Se tranquilizó y gradualmente terminó concordando. Irían a São Paulo y, si no se acostumbraban, siempre podían volver a la hacienda.

Al día siguiente, Roque iría a la casa grande para hablar con dona Emerenciana. Sabía que ella pondría algunos obstáculos, pero ya tenía algunos argumentos que consideraba suficientes para romper la barrera, sin deshacer la amistad y los favores que la gratitud recomendaba para todos aquellos años de convivencia.

Una vez resuelto este detalle, esa noche nadie sintió sueño. Emocionados por lo inesperado, elaboraron planes, algunos fantasiosos, pero naturales en criaturas inexpertas que se preparaban para realizar un sueño de tantos años.

Roque sonreía ante la infantilidad de Lídia, las preguntas ingenuas de su madre y la comprensión y la mirada superior con que su padre lo escuchaba contar cosas y hábitos en la ciudad.

Poco a poco se adaptarían a la nueva vida. Roque había sufrido mucho al comienzo de su vida citadina, pero había logrado vencer, alcanzando una meta ardientemente deseada; había madurado a pesar de ser joven. Él estaba feliz. Solo muy tarde se retiraran esa noche y solo Roque, cansado del viaje, consiguiera dormir.

Al día siguiente, se levantaron temprano y comenzaron a prepararse para el viaje. Nadie fue al campo excepto José, que no quiso dar motivos de queja a su patrón.

A las nueve en punto, Roque, en compañía de Lídia, fue a hablar con dona Emerenciana. Recibido con amabilidad y alegría, vio la preocupación estampada en la cara redonda de dona Emerenciana.

- ¿Crees que funcionará? ¿Qué puede brindarle a su familia comodidad y tranquilidad?

Roque la miró muy en serio.

- Creo que gano lo suficiente. Nunca fuimos ricos. Aquí, a pesar de la amabilidad de los patrones, nuestra familia vive una vida dura y miserable. Desearía que pudieran disfrutar de más comodidad que solo la vida en la ciudad puede proporcionar. Entonces me gustaría que mis hermanos aprendieran a leer, a conocer la vida, a poder vivir.

Dona Emerenciana sacudió la cabeza.

- Gran ilusión tuya. Aquí la vida es dura pero simple. Hay tranquilidad y paz. La lectura no resuelve los problemas del corazón. ¿Leer para qué? ¿Qué falta les hace a tu padre y a tu madre saber leer?

Roque la miró con admiración.

- Espero que usted nos crea que estamos muy agradecido por todo lo que nos has hecho. Pero el progreso es un derecho que todos tienen. Mi madre está cansada de esta vida difícil. Mi padre ya siente el peso de los años al final de la azada.

Mis hermanos y yo trabajaremos para ellos. Tendrán una vida más tranquila y cómoda.

- Fue tu madre quien puso esta idea en tu cabeza. María siempre tuvo ilusiones sobre la ciudad. ¡Nunca se conformó con haber nacido en la pobreza!

- También deseaba una vida mejor.

- ¿Cuándo pretenden partir?

- Lo antes posible.

- Tu padre nos debe. Solo puede irse después de la cosecha, para pagar. Si no retira el dinero de la manutención, es posible que alcance para pagar.

Los ojos de Roque brillaron emotivamente.

- ¿Cuánto es la deuda?

Con aire triunfante, dona Emerenciana fue a una vieja secretaria en un rincón de la habitación y, abriendo un cajón, sacó un libro medio empapado. Era el cuaderno de los colonos. Nunca pudieron quedarse sin deudas con él. Roque sabía que ese era el argumento más fuerte. A menudo había detenido a las familias en desbandada. Otros, como él, huyeron sin pagar nada, nunca regresaran.

Dona Emerenciana lo hojeó cuidadosamente.

- Aquí está. José debe dos contos de réis.

Roque sacó su billetera del bolsillo y depositó cuatro billetes en la mesa.

- Aquí están Dona Emerenciana. Tenga la bondad de contar.

Visiblemente molesta, la hacendada tomó el dinero y, contándolo incómodamente, lo puso dentro del cuaderno. No esperaba que el chico tuviera el dinero. Para los campesinos era difícil reunir esa suma. Un poco seca, ella respondió: - Está bien, puedes irte, pero recuerda que te lo advertí. Conozco la ciudad. Sé que la vida allí es mucho peor. En cualquier caso, no pienses que somos malos patrones. A pesar de la ingratitud de ustedes que nos abandonan tan fácilmente, si alguna vez necesita regresar, encontraremos trabajo para ustedes. Son hijos de la casa.

Roque le tendió la mano y dijo: - Estoy agradecido por su amabilidad. Que Dios bendiga a la hacienda y a toda su gente. Le ruego nos perdone por cualquier cosa. Esté segura que nunca olvidaremos lo bueno que usted fue con nosotros.

La fisonomía de dona Emerenciana se distendió. Roque la había tocado en su punto débil. Le gustaba ser elogiada por su amabilidad y fue con alegría que dijo que en su granja los peones eran como sus hijos. Lástima que todo estaba en apariencia y deseo, porque si fuera cierto, la miseria sería menos grosera con aquellas familias. Ignorancia y miseria. La vida simple del campo es una bendición cuando se entiende y se vive al máximo. Para esto, es necesario proporcionar cultura e instrucción para que la especialización y el cultivo de hábitos saludables de higiene y respeto mutuo puedan establecer un nivel de vida diferente.

Mantener a los hombres en la ignorancia sin los beneficios que la civilización ya puede ofrecer es rebajarlos al nivel de primitivismo y de animalidad.

Fue con alivio que Roque salió de la casa grande, después de haber resuelto ese problema.

Entonces, todo estaba preparado, llevando ropa y algunas pertenencias de uso personal, la familia embarcó rumbo a São Paulo. Iba a comenzar para ellos una nueva vida. Se fueron sin pena ni nostalgia, con el corazón vibrando de entusiasmo y el alma llena de esperanzas.

CAPÍTULO XIX
EL CONDE DE ANCOUR
EXPIANDO HOMICIDIO

El sol se despediría, incendiando el horizonte, y María, atareada, recogería la ropa seca del tendedero. Estaban en la ciudad hace dos años y su apariencia había cambiado mucho. Estaba cuidadosamente peinada y su ropa, aunque de tela barata, estaba bien hecha. Su porte se había vuelto altivo y tenía la cara empolvada y, a veces, una mirada de arrogancia la colocaba un poco distante de los demás.

Aunque no hubo fricciones con los vecinos, las mujeres no la consideraban bien.

- ¡Antipática! – decían al verla pasar orgullosa y erguida, siempre bien posicionada -. ¿Quién se cree que es?

Y otra argumentaba: - Viste a María. Nos mira como fuese una princesa. Sus hijos son operarios como nosotros. ¡Dicen que no come para comprar ropa y zapatos! Su marido que abra los ojos. ¡Lo que ella quiere es quitarle el marido a las demás!

- Que no se meta con el mío. ¡La hago pedazos! ¡Termino con tu pose!

De hecho, a pesar de sus cincuenta años, María seguía siendo muy bonita, y su elegancia, su perfume, siempre atraían los ojos masculinos por donde pasase. No es que ella los animara. De hecho, ni siquiera los miraba, muy a menudo ni siquiera se envanecía de esas atenciones. Los consideraba ignorantes y sucios.

Lídia, trabajó en una tienda como vendedora y se convirtió en una joven encantadora. Sus dos hermanos estudiaran y trabajaban como muchachos de recados.

Como vivían en Penha, salían muy temprano, llevando refrigerio para el almuerzo y solo regresaban por la noche. En cuanto a José, después de algunos meses sin trabajar, había encontrado un lugar de guardia en una fábrica, no lejos de su residencia. Trabajaba toda la noche y regresaba por la mañana.

Raramente veía a sus hijos y, a diferencia de otros miembros de la familia, extrañaba la hacienda, podría reunirse con los suyos para contemplar la naturaleza, tenía tiempo para todo.

Se sintió triste. El ruido de los tranvías y el bullicio de la ciudad lo aturdieron. A veces hablaba de volver a Minas Gerais, pero fue tan mal recibido que fue incapaz de lograr su objetivo. Lo que más lo entristecía era ver a sus hijos trabajando fuera de casa y ayudando a mantener a la familia, ya que él no podía hacerlo, su autoridad como padre había disminuido.

Fuera de casa por la noche, ni siquiera sabía a qué hora sus hijos se recogían.

Incluso Lídia, una jovencita, iba a la escuela nocturna volviendo muy tarde.

Su esposa no lo escuchaba cuando intentaba imponer su autoridad. Luchaba con él, obligándolo a modificar sus hábitos, usar ropa diferente, zapatos, los calcetines, lo hicieron sentir ridículo e incómodo. Llamado ignorante, campesino, olvidada que ambos tenían el mismo origen. Su salario era pequeño. pero a menudo superaba lo que ganaba en la hacienda. Los gastos eran más altos y él le entregaba todo a María para que manejara la casa.

Sujetando la ropa seca, María la colocó sobre la mesa de la cocina y comenzó a doblarla.

Ya había anochecido y José ya había ido a la fábrica. Sus hijos llegarían pronto a cenar, lo que hacían apresuradamente para luego ir a la escuela.

Roque, para alentar a sus hermanos, también asistió a una escuela de radio electrónica, queriendo mejorar sus condiciones y algún día poder, tal vez trabajar para su cuenta propia.

Después de la cena, luego que los hijos se fueron, María se sentó en los escalones de las escaleras del patio trasero. Extraña melancolía se apoderó de su corazón. Una sensación de miedo la invadió mientras que un sentimiento de angustia abrumaba su pecho.

- Tonterías - pensó - ¡todo va muy bien! Sacudió los hombros y se encargó de encender la radio. Estaba cerca del carnaval y ella disfrutaba con entusiasmo de las felices *marchiñas*. Esa noche; sin embargo, no les prestó más atención. Le faltaba aire y tenía la impresión que el ambiente estaba ofuscado y sombrío.

Preparó té de bálsamo de limón y decidió acostarse. No esperó a sus hijos. Le costó irse a dormir y cuando durmió estaba llena de pesadillas.

Se veía en una cabaña de madera y sus paredes oscuras le infundían un temor incontrolable. Quería impedir que alguien entrara allí, pero por más que intentase cerrar la puerta, siempre se abría.

Se despertó asustada y abrumada. Él se levantó. Fue a la habitación de los hijos que ya estaban durmiendo. Era de madrugada. Se tumbó de nuevo, pero fue difícil dormir. Finalmente, ya eran las cinco, decidió levantarse. Su esposo luego regresaría y era hora de llamar a los muchachos.

Fue a la cocina, encendió el fuego y puso agua en la tetera a hervir. El timbre sonó con fuerza. María se estremeció. Con el corazón oprimido fue a abrir. Se encontró con una guardia civil.

- ¿Es usted la esposa de José de Souza?

- Lo soy - respondió ella, aterrorizada.

- Venga conmigo. Su esposo sufrió un ataque y está en muy mal estado.

María no pudo hablar. Fue a la habitación de los muchachos y sacudió a Roque con fuerza. Se despertó y vio a su madre preocupada: - ¿Qué pasó, madre? ¡Es temprano!

María con voz débil dijo: - Tu padre. ¡Está mal!

- ¿Qué?

De un salto, Roque se levantó, se vistió y vio que su madre estaba aturdida y la acompañó. Se dirigió al guardia: - ¿Qué pasó?

- La fábrica fue robada. El señor José fue atacado.

- ¿Es grave? - Preguntó Roque, sobresaltado.

- Sí. ¡Él está muy mal! Es bueno que venga pronto. No sé si salga de esta.

Mirando consternado a su madre asustada, Roque decidió: - Quédate madre. Voy con él. Llama a Lídia. Hoy ella no va a trabajar. Quédate con ella. Estoy listo, señor guardia. Vamos -. Cogió su chaqueta rápidamente y se fue.

En la patrulla, el guardia, mirándolo con alivio, dijo: - Fue bueno que vinieras. Tu anciana madre me parece muy nerviosa e iba a dar mucho trabajo.

Roque lo miró fijamente: - ¿Está muerto?

- Sí. Ni siquiera tuvo tiempo de ser rescatado.

Roque inclinó la cabeza con tristeza. Se sintió arrepentido.

Su padre nunca se había adaptado a la ciudad. ¿Por qué no lo había dejado en la hacienda? Su corazón se hundió.

Cuando llegaran, la policía aun rodeaba el lugar. Entraran Al ver el cuerpo tirado en un charco de sangre, sus piernas se debilitaran.

- Es el hijo - dijo el guardia al policía que examinaba el lugar.

- Denle una silla al joven, de lo contrario se cae.

Roque estaba pálido. Lo llevaron a otra sala y alguien le dio un vaso de agua. Avergonzado, Roque intentó reaccionar. Después de todo, él era un hombre.

Pero cada vez que veía sangre se perturbaba. Principalmente los crímenes de muerte lo afectaban. Cuando sus colegas recibían las noticias de las revistas sensacionalistas, que relatan la violencia, Roque siempre se sentía mal. Estaba avergonzado de esta debilidad, pero no podía evitarla.

Bajó la cabeza tanto como pudo y gradualmente mejoró. Cuando se sintió más dispuesto, le preguntó a un policía lo que había pasado.

- Al parecer. Los ladrones sorprendidos por el guardia dispararan y huyeran. Creemos que había dos, porque rompieron la puerta de la oficina.

Roque estaba devastado. Se sintió culpable. Nunca se lo perdonaría a sí mismo.

Los días que siguieran fueron tristes para la familia. La autopsia, los funerales y las formalidades legales les causaron aborrecimiento y preocupaciones; sin embargo, poco a poco todos se fueran recuperando de las emociones.

Después de todo, la rutina de la casa no cambiara porque la presencia del padre había desaparecido desde que comenzara a trabajar.

María fue la primera en recuperarse. Roque; sin embargo, fue el único que no olvidó a su padre por un instante. Fue tu culpa. Si lo hubiese dejado en la hacienda, esto no habría sucedido. Tal pensamiento alimentado por él comenzó a tomar fuerza de tal manera que pasó a sentirse nervioso y asustado.

Tenía la impresión de ver a su padre en el charco de sangre. Le parecía ver su pálido rostro acusándolo, acusándolo.

Poco a poco fue perdiendo el equilibrio y dio rienda suelta a las crisis nerviosas. Un día en que tuvo una seria alteración en la fábrica, lo enviaron a un examen médico.

El diagnóstico fue acompañado por muchos tranquilizantes. Distonía neurovegetativa.

Roque comenzó el tratamiento; sin embargo, sin resultados. Los tranquilizantes lo aturdieran, pero la angustia, el temor, la sensación de culpa, el miedo lo invadían cada vez más. Lejos del trabajo durante unos días, recibió la visita de un compañero trabajador. Sus relaciones siempre habían sido discretas, por lo que su presencia fue una sorpresa. Oswaldo traía una fisonomía feliz y agradable.

- Vine a tomar un café contigo, Roque. ¡Es domingo!

- Entra, Oswaldo. La casa es tuya. Lídia, prepara un café para nosotros.

La presencia del compañero sensibilizó a Roque, estaba muy deprimido y emotivo. Cualquier demostración de amistad o negligencia lo conmovía profundamente.

- Es la primera vez que vienes a mi casa y eres el único que se acordó de venir aquí. Gracias por eso -. El otro sonrió.

- ¿Qué pasa, Roque! Yo soy su amigo. No suelo hablar mucho, pero soy sincero. Quería hablar contigo; desde que murió tu padre, he querido venir aquí.

La conversación siguió gratamente. Los hermanos de Roque salieran, mientras María en la cocina escuchaba su programa de radio. Lídia fue a la casa del vecino y los dos estaban solos.

- Y tu salud, ¿cómo está? Roque sacudió la cabeza con tristeza: - Estoy enfermo. No sé qué me pasa. No duermo, no como bien. Me duele el cuerpo, el estómago y la vida me parecen muy dolorosa.

Oswaldo lo fijó con una mirada firme: - Eres joven, tienes salud, familia, ¿por qué esa tristeza? ¿No crees en Dios?

Roque miró admirado a su amigo.

- Ciertamente, pero fue después de la muerte de mi padre. Soy culpable. Yo lo maté

- ¿Por qué piensas eso?

Roque estaba pálido y sus manos temblaban, revelando su estado mental.

- Él no quería venir a la ciudad. Yo fui quien insistió. Si estuviera en la hacienda aun estaría VIVO.

- ¿Cómo puedes saberlo? La muerte es una determinación de Dios. Si tu padre tuviera que morir de esa manera, sucedería donde sea que estuviera.

Roque miró a su amigo con admiración.

- No había pensado en eso.

El otro continuó: - ¿Crees que Dios no tiene los recursos para hacer cumplir su ley, donde sea que la gente nos encontremos? ¡No seas ingenuo, Roque! La muerte violenta siempre representa una prueba no solo para la víctima sino también por los miembros de la familia. La culpa de cada uno de nosotros, en los dolorosos eventos de hoy, se encuentra en nuestras vidas pasadas. ¿Crees en la reencarnación?

Roque pensó por un momento y respondió seriamente.

- Yo creo que sí.

- ¿Alguna vez has estado en un Centro espírita?

- Dos o tres veces, sabes que no tengo tiempo. Pero a veces siento que he vivido otras vidas. En sueños a veces me veo como alguien más.

- Sé a dónde vas en sueños. En un castillo en Francia, en la antigüedad.

El otro se preguntó: - ¿Cómo lo sabes?

- Yo sé. También sé que tu enfermedad no es causada por la muerte de tu padre. Él rescató una deuda, pero tienes una tarea que hacer en la Tierra en esta encarnación. Necesitas tener mucha paciencia con tu madre.

- ¿Cómo sabes todo esto?

- Hay una chica a tu lado que me dice -. Interesado, Roque preguntó: - ¿Cómo es ella?

- Es un espíritu muy hermoso. Una mujer joven y hermosa, con ropa antigua, cabello largo y rizado.

Roque se sintió violenta emoción que no podía explicar. Era como si la persona que buscara encontrar, o si, lo que siempre había buscado inconscientemente, estaba allí, a su lado, al alcance de la mano.

Nervioso, agarró con fuerza el brazo de Oswaldo y le preguntó: - Necesito verla, necesito hablarle. ¡No me dejes, por favor!

- Cálmate, Roque. Ella dice que se llama Geneviéve. Ella te quiere mucho y está a tu lado. Ayudará Pero que necesitas leer el Evangelio. Frecuentar un Centro, trabajar mucho en el auxilio al prójimo. Recomienda que nunca dejes a tu madre, pase lo que pase.

Violenta emoción se apoderó de Roque. Las lágrimas se deslizaran por su rostro, sin que él pudiera saber lo que le estaba sucediendo. Esas palabras, aquel nombre, despertaran emociones inusitadas que nunca antes había sentido.

- Dice que estará contigo hasta el final. Que necesitas luchar para poder alcanzar tu liberación espiritual.

Oswaldo se puso de pie, extendió su mano sobre la cabeza de su amigo y dijo fervorosa oración: - ¡Señor Jesús! ¡Te rogamos que nos ayudes a esta casa! Este hermano nuestro, Maestro, que ha sufrido mucho, pero que espera Señor, poder rescatar sus errores.

Dale, Señor, oportunidad de reajuste. Que él pueda, Señor, ir al encuentro de vuestra luz, conquistando con coraje, paso a paso, su propia redención. Ayúdanos, Señor, y permítenos servirte en todo momento.

Oswaldo se calló conmovido y renovado. Roque estaba tranquilo.

Su pálido rostro pálido tenía rastros de lágrimas; en su mirada se estampaba paz y cierta tranquilidad.

Estuvieran en silencio, cada uno guardando dentro de sí los beneficios balsámicos de la oración. Finalmente, Roque dijo: - Tu presencia me hizo mucho bien. Me siento aliviado como hace mucho tiempo no me sentía. Quiero aprender a ser un espírita contigo.

El otro puso su mano sobre su hombro dándole una palmadita al amigo: - Ciertamente. Es una alegría poder contar con un amigo como tú. Mañana irás conmigo al Centro. Pero necesitas prepararte bien. Estudia el Evangelio de Jesús para ayudar a aquellos que, como tú, ahora, necesitan una palabra consoladora.

- Yo iré. Haré lo que pueda. Me siento mucho mejor

- Vas a dormir bien esta noche, pero recuerda que es al dando que recibimos. Debes olvidar tus heridas, confiar en la bondad de Dios y trabajar duro para todos, especialmente para tu madre.

Roque sintió que era verdad. Entre su madre y él siempre había habido algo diferente que él no podía explicar. Ella lo quería con éxtasis excesivos; a veces le resultaba difícil aceptar sus cariños y caricias.

¿Qué habría detrás de todo eso?

Cuando el amigo se fue, estaba más animado. Había adquirido nuevas fuerzas y coraje, había más esperanza en su corazón.

Los acontecimientos de esa tarde encontraron resonancia en las profundidades de su ser. La presencia de ese espíritu, esa mujer que lo ayudaba, le causó íntima sensación de felicidad. La identificó en la figura que a veces había esbozado en sueños, y estaba seguro que ella había jugado un papel importante en su vida pasada.

Pensó en Dios y, agradecido, sintiéndose amparado, formuló íntimamente su deseo de luchar, de conquistar con valentía su evolución espiritual.

CAPÍTULO XX
EL APOSTOLADO DE ROQUE

Han pasado dos años. Roque había entrado en cuerpo y alma en la nueva doctrina que en tan buen momento su compañero había traído a su atribulado corazón. Llevado al grupo espírita, al principio se sintiera aliviado y sereno.

Ya en sus primeros contactos, sintiera que su angustia, sus problemas con la muerte de su padre, desaparecieran. Ansioso por el conocimiento, trató de leer para comprender mejor la naturaleza de esos eventos que cambiaran por completo sus conceptos sobre la vida y el destino de la humanidad.

Siempre había respetado la religión católica, a la que tradicionalmente se había unido su familia, pero las supersticiones y creencias de sus padres nunca lo atrajeron.

Ahora, tocado en el ser interior, por la dulce figura de Jesús, quien, en su bondad, había colocado a ese ángel a su lado en la figura de una mujer, que lo conmovía y que le despertara en su corazón un dulce sentimiento de felicidad y esperanza, decidiera luchar. Sentía que había llegado el momento de lograr algo que siempre había deseado, pero que aun no había logrado definir.

Se lanzó el estudio de *El Libro de los Espíritus* de Allan Kardec, y a pesar de su poca escolaridad, logró penetrar profundamente en su enseñanza. Se deslumbró. Le parecía que le habían arrancado un velo de los ojos, y entendía perfectamente el origen de la vida en la Tierra, las Leyes de Dios que disciplinaban a los hombres.

La reencarnación que encarna la justicia perfecta de Dios. La bondad del Padre permitiéndonos, después del arrepentimiento de los errores cometidos, la reparación.

Entendió que la familia representa una institución sagrada en la reconstrucción del bien, uniendo espíritus en tareas redentoras, en la compensación de fallas recíprocas. Comprendió y deseo más. Leyó todas las obras de Kardec, Léon Denis, Delane, Bozzano, que le fueron prestadas por el director del Centro, con mucho gusto.

Se hicieron grandes amigos. Roque, renovado, feliz, deseaba o ayuda al prójimo y siempre que podía participaba en las actividades de asistencia en beneficio de los necesitados. Se sentía útil y feliz.

Sus facultades psíquicas iban floreciendo. Recibía hermosos mensajes del espíritu de Geneviéve, hablando de las virtudes espirituales. Escribía recetas firmadas por el espíritu del Dr. Villefort. Cuando hablaba sobre el Evangelio, sorprendió a aquellos compañeros por la belleza de sus palabras, en lenguaje correcto y elegante. Nadie, al verlo hablar, podía suponer que había asistido solo la enseñanza primaria. Luego, su delicadeza en su trato, su delicadeza de sentimientos y su simplicidad, pronto ganaron la simpatía de los frecuentadores habituales que intentaron acercarse a él, tal vez entendiendo su potencial mediúmnico.

Sin embargo, aunque Roque en tan poco tiempo se modificase tanto, su familia no lo seguían. Con celoso afecto, Roque había tratado de transmitirles aquellos conocimientos que tantas alegrías lo llevaran al espíritu. Solo Lídia, siempre muy apegada a él, se interesara. A veces lo acompañaba y leía algunos libros, aunque no los entendiera muy bien. Sin embargo, se esforzaba por complacer a quien adoraba. Su mayor placer era estar con él, escucharlo, trabajar para él, salir con él.

Aunque de quererla mucho, este apego excesivo le preocupaba. A pesar de su edad, Lídia nunca estuvo interesada en ningún muchacho. Roque, especialmente después de la muerte de su padre, pensaba en su futuro.

Sin embargo, un día Lídia llegó a casa más feliz de lo habitual y con ella siempre buscando a su hermano para contarle la noticia. Había sido promovida en el empleo. Había pasado de ser vendedora a empleada de oficina.

Roque exultó. Su hermana había logrado estudiar y mejorar sus condiciones económicas. En realidad, el cambio fue bueno para Lídia, que se fue desembarazando cada vez más, mejorando su vocabulario y, a diferencia de sus dos hermanos, ya no parecía haber sido criada en la hacienda. Se vestía mejor, con gusto refinado y discreción. Al verla, Roque estaba feliz. Parecía haber contribuido a su ilustración y eso le dio paz y consuelo.

Un día, Lídia se le acercó para decirle que había conocido a un joven, con el que simpatizara mucho. Por eso, le gustaría enamorar con él. Preocupado, Roque quería conocerlo. Lídia le pidió que esperara un poco más. Después de todo, solo se conocían hacía solo algunas unas semanas y ella no quería invitarlo a su casa.

- ¿Cómo lo conociste? - preguntó con curiosidad.

- En la oficina. Es amigo del jefe.

- ¿Él trabaja?

- No. Solo estudia.

Roque frunció el ceño preocupado.

- Lídia. Cuidado. Somos pobres. Joven rico no se casa con una niña pobre. No deseo verte sufrir.

- Lo sé, Roque. Yo no quería. Hace algún tiempo me ha estado buscando. Pero no sé, ¡parece tan sincero, tan bueno!

Roque sonrió amablemente.

- Confío en ti, Lídia. No entregues tu corazón así, sin estar segura.

- Hoy y él me esperó en la salida y vinimos juntos. Le conté todo. Le conté sobre nuestra vida sin olvidar nada. ¡Roque, me daba vergüenza!

Roque la abrazó con cariño, pero su voz era demasiado fuerte cuando dijo: - ¿De qué Lídia? - Ella parecía enredada.

- Habla - preguntó.

- Me daba vergüenza que viniera a ver nuestra casa. Él es tan distinto, tan fino.

- No puedes olvidar, querida, que venimos de condiciones humildes, pero eso ha mantenido en nuestros hábitos la honestidad y el trabajo que nos preserva de la ambición y el orgullo.

Lídia inclinó la cabeza confundida.

- Ya lo sé. Aprecio nuestra vida de trabajo y honestidad. Pero me gustaría que nuestros hermanos sean como tú. Sin embargo, sus modales, algo groseros, dejan mucho que desear. Nuestra casa es un muy modesta.

Roque miró a su hermana con seriedad: - ¡Lídia! No te dejes atrapar por las ambiciones humanas.

¡Despierta! Si ese joven es bueno, buscará solo las cualidades del corazón. De lo contrario, es mejor seguir un rumbo diferente, al encuentro de una chica que pertenezca a la misma clase social.

Lídia no pudo contener las lágrimas.

- Pero me gusta. Siento que con él puedo ser feliz -. Roque acarició suavemente la cabeza de su hermana.

- No llores. Recuerde que, en este mundo, necesitamos de mucho coraje para enfrentar nuestras luchas. No te desanimes ahora, cuando tu vida apenas acaba de aflorar.

Lídia miró a su hermano como buscando apoyo.

- Lo sé, por eso tengo miedo. Miedo a mi misma. Después temo a su familia.

Roque suspiró: - Y me temo que te engañan las apariencias. Con el esplendor de una vida de la cual nunca hicimos parte. Sería mejor si pudieras alejarte de él. Lo ideal sería que tu futuro esposo perteneciera a nuestro entorno, temo por tu felicidad.

Lídia bajó la cabeza pensando. Tomó una decisión: - Creo que tienes razón. No funcionaria. Sé que la familia de Geraldo frecuenta la alta sociedad. No nos verían con buenos ojos. Hoy mismo terminaré todo. Creo que todos deberían conocer su lugar. También tengo mi orgullo. No soportaría ninguna humillación.

Roque sonrió aliviado. Besó la frente de la hermana con cariño: - Dios te bendiga por ser tan sensata. Ciertamente serás muy feliz. Tú te lo mereces.

Lídia sonrió. El apoyo de su hermano le dio una inmensa satisfacción. Lo amaba profundamente. Lo admiraba. Aparentando despreocupación, Lídia respondió sonriendo: - Después de todo, él nunca me propuso matrimonio. Ni siquiera lo mencionó. Creo que nos precipitamos.

- Mejor así, Lídia.

En los días siguientes no volvieron al tema. Hasta que Roque, observando el aire despreocupado de la hermana, preguntó: - ¿Todo en paz en tu corazón?

- Creo que sí. Tuve una larga conversación con él. Le hablé francamente y traté de cortar todos los lazos amorosos entre nosotros. Al principio, Geraldo no aceptó mi explicación, pero luego, poco a poco, se calmó. Me dijo que se siente muy solo. Me lo pidió y lo acepté como amigo. ¡No podría negarme que es tan delicado! ¡Me gustaría que lo conocieras! Creo que serían buenos amigos.

- Ciertamente, cariño - dijo Roque pensativo.

- Me habló con sinceridad y francamente, sentí pena por él. ¡El dinero no lo es todo en este mundo! Sus padres están prácticamente separados, solo guardan apariencias. Su única hermana camina en mal estado con la compañía por las noches y bebe constantemente. Tienes trastornos nerviosos. Incluso ya ha sido admitida en un centro de salud. ¡Solo tiene 25 años!

- ¿Y su madre?

- Pasa sus noches en una mesa de juego. En cuanto a su padre, él sustenta a un artista de teatro y pasa la mayor parte de su tiempo con ella.

Roque se preocupó: - Lídia, ¡cuidado! ¿Estás segura que este muchacho tiene buenas intenciones?

- Es sincero, lo sé. Dijo que se siente bien a mi lado. No hay necesidad de disimular o mantener las apariencias. Ya no se arrepiente de sus padres, pero sufre mucho por su hermana a quien quiere mucho. Me gustaría ayudarte, Roque. Quién sabe, en el Centro, ¿podrías pedir a favor de ella?

- Ciertamente, Lídia. Pueden orar por ellos, pero recuerda: para que una persona pueda levantarse en la bondad, vencer las tentaciones, al menos debe desear luchar. En cualquier caso, Dios es bueno y vamos a pedir por ellos.

Lídia besó la cara del hermano: - ¡Lo sabía! Eres tan bueno que seguramente Dios te escuchará.

Roque sonrió.

- Piensas eso, porque me amas -. Roque estaba preocupado por el problema de su hermana. Temía por su felicidad. Conocía el mal y el lado triste de la vida. Sabía que el prejuicio y la posición social aun dominan los corazones de los hombres.

En los días que siguieran, trató de no demostrar su temor. Todas las noches le pedía a Jesús en sus oraciones por la felicidad de su hermana y, también, por la familia del muchacho.

Una tarde, el joven acompañó a Lídia a su casa y le presentaron a Roque. Su rostro claro y su simple sonrisa se presionaron favorablemente. Se dieron la mano calurosamente y Roque lo invitó a entrar. María lo recibió con simpatía: el ambiente era simple, pero agradable. Invitado a cenar, Geraldo aceptó con alegría y la comida sencilla y bien preparado lo complació mucho.

El muchacho estaba muy cómodo, hablaba con naturalidad y, cuando dejó de estrechar la mano de Roque, dijo con voz suplicante: - Realmente disfruté conocerlos. Quería que me permitieras venir más a menudo.

- Ciertamente La casa es tuya. Te acompaño. Quiero caminar un poco y disfrutar de la fresca brisa nocturna.

Salieran. Roque quería conocerlo mejor. Hablaron sobre varios temas y pudieron ver que tenían muchos puntos de afinidad.

El muchacho al percibir el interés fraternal de Roque, invariablemente tomó el camino de las confidencias. Traía profundo dolor en su corazón. Se sentía solo en medio de su familia. No le gustaba la vida social, la que culpaba por los fracasos de sus padres y los problemas de su hermana.

- Odio la falsa apariencia de la sociedad. Me gustó Lídia porque ella está fuera de ese entorno. Si alguna vez me caso, quiero tener una familia real donde haya amor, con comprensión, armonía y entendimiento.

Roque permaneció pensativo. Luego dijo: - Culpar a la sociedad y escapar de tu contacto no mejorará el problema tuyo. Nadie puede prescindir de vivir con los demás, independientemente del nivel social en el que vivan. Esta convivencia es una condición para el logro de nuestro progreso moral. Debemos tener en cuenta que solo nuestras debilidades y nuestras imperfecciones nos perjudican.

- ¿Como así?

- Vives en el mismo entorno que lo tuyos; sin embargo, no te dejaste arrastrar al desequilibrio. ¿Por qué?

- Porque no me gusta.

- Sí. Has estado inmune a las tentaciones de vanidad, orgullo, pasiones, porque tu espíritu es más fuerte. Naturalmente, ya venciste en vidas pasadas tus batallas morales.

- ¿Realmente crees eso?

- Sí. ¿Tendrías una mejor explicación?

Geraldo callado, se quedó pensativo. Nunca había visto el tema de esa manera. Su profunda desilusión con la familia lo había sacudido profundamente. Para poder soportar el dolor, había tratado de mostrarse indiferente, no creía que fuera posible una modificación en el entorno doméstico. evitó participar en cualquier problema.

Roque continuó: - Ciertamente, un día ellos conseguirán ser fuertes como tú. Nos compete ayudarlos a encontrar el camino de la redención.

- ¿Qué puedo hacer? Al principio intenté aconsejar, armonizar. Hablé con mi padre tratando de despertarlo con las responsabilidades del hogar. Yo hablé con mi madre muchas veces, intenté mantenerla en casa, establecer un ambiente agradable y amparar a Helena, que siempre vivía sola, en manos de empleadas y profesores. Todo inútil. Mi padre alegaba que mi madre era indiferente y fútil. Nunca le ofreció el afecto deseado. Ella, a su vez, decía que fue abandonada y traicionada, necesitando refugiarse en sus amistades y en el juego para poder soportar la vida. En cuanto a Helena, siempre se sintió infeliz y sola. Se lanza a las emociones para escapar del análisis de la tristeza.

- En cuanto a ti, te desanimaste y trataste de aislarte para no sufrir más e involucrarte en la angustia y el dolor.

- Es cierto - estuvo de acuerdo pensativo - Pero ¿qué más podría hacer?

- Escape no nos inmuniza. Solo pospone la solución de problemas.

- ¡Siento que me entiendes! Analizas mi estado mental mejor que yo. ¿Qué crees que podría haber hecho?

- ¡Lo que podrías haber hecho ahora no importas, sino lo que puedes hacer!

- ¿Crees que hay esperanza para alguien?

- Creo en Dios y tengo fe.

- Yo también creo... -. instó Geraldo, sorprendido.

- Cuando creen en Dios, nosotros hacemos nuestra parte y Dios, cuando sea el momento adecuado, hará el resto.

- Me gustaría ser como tú. Tu seguridad me hace mucho bien.

- Tú puedes. Lo importante es conocer su programa en la tierra, lo cual no es difícil.

- ¿Cómo así?

- Cuando renacen, les traen un programa completo de logros que deberíamos concretar en nuestro paso terrenal.

Este programa apunta a nuestro equilibrio espiritual a través de la conquista de las virtudes morales, en el rescate de nuestros errores pasados cometidos en experiencias anteriores. Es innegable que fuiste colocado entre los miembros de tu familia con el deber de ayudarlos y guiarlos en el camino del bien.

Geraldo miró a Roque con admiración.

- ¿De qué forma? Todo lo que pude hacer ya está hecho.

- No mi amigo. La vida todavía los mantiene unidos en el mismo techo, una señal que la oportunidad permanece.

Geraldo sacudió la cabeza consternado.

- No lo sé. No tengo esperanzas que las cosas mejoren.

- ¡Tienes una gran fuerza que aun no has usado! Tu amor por ellos. Pensar es energía viva y activa que, usada sabia y conscientemente, puede cambiar el rumbo de las cosas. Su desánimo, su adaptación a la situación que él considera inevitable, contribuye al hecho que el mal empeora cada día. Es cierto que no puedes obligarlos a comprender la realidad que aun no perciben, pero puedes contrarrestar su fuerza mental, su optimismo, su disposición a conducirlos hacia el bien y la felicidad. Las fortalezas de aquellos que se entregan a la oscuridad usan sus debilidades para satisfacer sus apetitos materiales y egoístas.

- ¿Cómo así?

- ¿No sabes que, según nuestros deseos, nuestras ambiciones, nuestros pensamientos íntimos, estamos asediados por espíritus desencarnados que pueden arrojarnos aun más y más rápido al error y al sufrimiento?

El muchacho se sorprendió: - ¿Crees que es posible que estén siendo subyugados por espíritus del mal?

- Creo que sí. Sin embargo, es necesario entender que esto es común en nuestro mundo. Cuando morimos, nuestros espíritus, de acuerdo con su elevación moral y espiritual, sus actos en la Tierra, serán conducidos a un lugar, al otro lado de la vida, de sufrimiento o felicidad. Jesús ya nos había dicho en el Evangelio que hay muchas moradas en la casa del Padre, que desean especificar las diversas colonias espirituales que existen en la otra vida y que él dará a cada uno según sus obras.

Observamos que en la Tierra hay personas buenas y malas, inteligentes y malvadas, nobles y dedicadas. Al morir, los buenos llegan a moradas felices, los malvados y los criminales se sienten atraídos por el abismo, los oscuros, por el Umbral y los espíritus aun apegados a bienes materiales, vicios, ambiciones y orgullo, impregnan la corteza terrestre, deambulan, sienten dentro de sí mismos la manifestación de los mismos vicios, los mismos deseos que cuando estaban encarnados.

Al no poder satisfacerlos, ya que ya no tienen un vehículo de manifestación que era el cuerpo carnal, inmediatamente buscan a alguien despreocupado, que tiene los mismos gustos, y comienzan a acosarlo al colocarse en su sistema nervioso en tal simbiosis que pueden sentir las sensaciones que siente el encarnado.

Por lo tanto, tenemos un cuerpo de carne, siendo utilizado por dos espíritus. Por lo tanto, es comprensible que sus apetitos y pasiones aumenten y se vuelvan irresistibles. Si tomaba un trago rodeado de un espíritu alcohólico, ahora comienza a beber con frecuencia. Si pecaba por su glotonería, ahora comienza a comer en todo momento sin poder controlarse. Si se dejaba involucrar por los excesos del sexo y la lujuria, ahora comienza a entregarse de manera exagerada al desorden de las pasiones.

Geraldo estaba asombrado. Por primera vez, analizó la situación a este respecto y sintió una inmensa pena por los suyos.

- ¡Dios mío! - tartamudeó -. ¿Qué podemos hacer para liberarlos?

- Todavía existe, además de estos, el hostigamiento de espíritus que en existencias pasadas ofendimos y herimos, y que transformados en nuestros enemigos planean nuestra pérdida y nos envuelven, ¡tratando de hacernos caer en la confusión y el crimen!

- ¡Quieres asustarme! ¿Cómo podremos luchar contra ellos? ¿Cómo?

- No - dijo Roque con calma - no quiero asustarte. Quiero que entiendas que, al cruzar los blancos con indiferencia, los dejas a merced de esos peligros, sin siquiera intentar una defensa.

- Quiero ayudarlos - dijo con ansiedad -. ¿Qué debo hacer?

- Necesitas saber la extensión del mal, instruirte en las cosas espirituales, en el Evangelio de Jesús. Orar por ellos, para conectarse con los buenos espíritus. Ser paciente, sereno, para no ser envuelto por estos espíritus del mal. Conducirlos a un tratamiento en un Centro Espírita. Esclarecerlos sobre los riesgos a los que están expuestos.

- Son materialistas. No lo creerían - dijo preocupado.

- No importa. Puedes ir por ellos. Ven a nuestras reuniones y juntos vamos a rezar por ellos. Sé que vendrán.

El muchacho sacudió la cabeza consternado.

- Será difícil - Roque lo miró a los ojos.

- Pues ellos vendrán, estoy seguro. Sin embargo, quiero aclarar desde ahora que necesitarán tiempo para deshacerse del problema. Recuerda que estos espíritus solo explotan los defectos que ellos tienen. Para una recuperación total, es necesario que comprendan y acepten la necesidad de mejorar íntimamente, superando sus debilidades. Este es el trabajo que te compete. Necesitas prepararte, fortalecerte para eso.

- ¿Crees que puedo hacerlo?

- Yo lo creo. Dios es justo y bueno. Cuando nos esforzamos por hacer el bien, nos ayuda y nos sostiene.

- Me siento mejor ahora. Parece que una gran esperanza comienza a nacer en mi corazón. ¡Ellos se modificarán!

- Esperemos en Dios. Recuerda que es una lucha. ¡No sabemos cuánto tiempo puede durar! ¡Solo Dios lo sabe! A veces continúa después de la muerte del cuerpo y en otras encarnaciones, pero al final el bien seguramente vencerá y la felicidad no felicitará la vida y la de aquellos a quienes amamos.

Geraldo pareció meditar por unos momentos, luego añadió con seriedad: - No es importante. Ahora que lo sé, estoy dispuesto a luchar. Estudiaré, aprenderé los secretos de la vida espiritual para sacarlos de los errores y sufrimientos.

- Que Dios bendiga tus buenos propósitos, pero es importante no olvidar que solo reformar el alma, en la restauración de nuestro espíritu, buscando liberarnos de nuestras propias faltas, nos hará resistentes al hostigamiento de los espíritus infelices que todavía están complacidos con la oscuridad. Solo nuestro propio equilibrio, evitando que nos hagamos instrumentos de sus perturbaciones y adicciones, podrá defendernos con precisión. Quien esté dispuesto a combatir el mal necesita, primero, observar y tomar precauciones para evitar afinidades que, en lugar de hacernos eficientes en el amparo y en la defensa de los que amamos, puede transformarnos en espíritus fracasados, iguales a ellos. Por eso, pensando en los peligros que nos rodean y en nuestras debilidades contumaces, fue que Jesús nos aconsejó orar y vigilar.

Geraldo dijo: - ¡Ayúdame! Estoy dispuesto a aprender

Roque puso su mano sobre sus hombros a manera de consuelo.

- Ciertamente. Juntos podremos encontrar la mejor solución. Ahora debo volver. Mañana temprano trabajo.

El otro sonrió agradecido.

- Me gustaría que me aceptaras como tu amigo. Sería un privilegio para mí.

La cara de Roque se distendió: - Es con alegría que siempre serás bienvenido a nuestra casa. Ven cuando quieras. Mañana iremos al Centro Espírita.

Hay una reunión de estudios doctrinarios, que sin duda será de gran beneficio para nosotros.

Los ojos de Geraldo brillaron.

- ¡Estoy ansioso! Hasta mañana, Roque. Dios te pague por todo - El otro respondió con sencillez: - Hasta mañana.

Se separaron y Roque, mirando al muchacho alejarse, sintió una ola de paz invadir su corazón. ¡Había ganado un amigo! Lídia podría ser feliz si, como pensaba, se uniera a Geraldo. Era un hombre noble y de buen sentimiento.

Cuando regresó a casa, miró el cielo cubierto de estrellas y sintiendo los astros que brillaban en la inmensidad, una nostalgia indefinida, una añoranza inmensa e inexplicable que le dominara el corazón. Extrañaba a alguien, algo que no podía definir.

Sentía que alguien lo estaba esperando en el más allá, alguien que representaba alegría y amor, felicidad, pero que, para lograr la felicidad de su vida juntos, todavía necesitaba purificarse en los sufrimientos redentores del mundo. Su espíritu amoroso lanzaba una súplica muda, un apelo, de amor y nostalgia. Roque no vio que una figura amable de mujer se le acercaba con increíble cariño, besó su ennoblecida frente. Pero sintió esa nueva fuerza, un nuevo aliento bañaba su alma.

Ella susurró suavemente en sus oídos: - ¡Gustavo! Ten paciencia Trabaja y sirve para el beneficio de todos. Es muy temprano para venir a mi lado. Hay deberes sagrados que debes cumplir. Espera. Ni siquiera puedo buscarte en sueños, porque al verme más de cerca no tendrías la fuerza para terminar tu tarea en la Tierra. Dios te bendiga. ¡Estaré a tu lado siempre que sea posible!

- Dios es bueno - pensó Roque, sintiendo las suaves vibraciones que alimentaban su espíritu. Satisfecho y sintiendo la ligereza del espíritu y la paz en el corazón, regresó a casa.

CAPÍTULO XXI
MOMENTOS DE ANGUSTIA Y AFLICCIÓN

Los días que siguieran fueran tranquilos para Roque y su familia. Los hermanos trabajaran y estudiaran, progresando lenta pero seguramente.

Juan era controlado y sobrio, pero Antonio, el más joven, estaba distraído e fútil. Con paciencia y amabilidad, sin olvidar su energía, Roque pudo guiarlos orientándolos con amor. Lo respetaban, aunque no siempre estaban de acuerdo con él. La adoración de María por su hijo mayor les causaba celos, y Roque necesitaba actuar con prudencia para que la obvia predilección de su madre no los rebelara.

Era un domingo por la tarde. Roque en la cocina había puesto agua al fuego para pasar un café. La madre se acostara un rato y se durmió. Queriendo ayudar para que descansase, decidió preparar el almuerzo para los hermanos que llegarían pronto, del habitual juego de fútbol.

El agua burbujeaba en la tetera cuando María entró en la cocina.

- Déjame hacerlo, Roque.

María arregló con determinación la tetera y la taza de café. Luego, enseguida tomó la olla humeante y vertiera el agua en el colador. Cuando todavía tenía un poco de sueño, sus movimientos no eran muy seguros y se derramó un chorro de agua hirviendo en la mano que sostenía la tetera.

Asustado, Roque trató de ayudarla, pero para su sorpresa, María agitó su mano con indiferencia mientras continuaba su trabajo. Admirado, Roque miró la mano de su madre, donde un verdugón rojo delataba la formación de una burbuja. La tomó preocupado mientras decía: - Vamos a ponerle remedio, mamá. Bien que yo quería hacer este café... Vamos, el dolor pasará.

María sonrió alegremente: - No tienes que hacerlo. No duele. Mi mano está endurecida en trabajos pesados. El agua no quema.

- Pero tiene una burbuja, debe estar doliendo, ¿verdad? - María sacudió los hombros con indiferencia.

- No, no está.

Roque miró a su madre con aprensión. La ausencia de dolor no era normal. Asustado, trató de examinar a la madre con los ojos para comprobar su apariencia general. Pero María se veía muy bien. De pie, fuerte, bien dispuesta.

A pesar de esto, no estaba satisfecho. Necesitaba descubrir por qué ella no registrara dolor. Una opresión agonizante envolvió su corazón y decidió que la haría ver un médico al día siguiente. No tocó más en el asunto en aquel día, pero por la noche no pudo escapar de la preocupación.

Por eso, a la mañana siguiente la llevó al médico. Ella no quería ir, riéndose de la preocupación de su hijo, por una simple quemadura. Pero llegando a la oficina del médico fue sometida a un examen riguroso. María no solo tenía manos insensibles sino también sus pies.

El doctor fue claro. Llamó a Roque y dijo sin rodeos le dijo lo que pensaba: los síntomas son claros; sin embargo, para confirmar la acción que necesita para hacer un examen de sangre. Sin embargo, el examen médico y las manchas púrpuras que ya comenzaran en las partes insensibles, aunque todavía se nota poco, tienden a aumentar.

Al observar la palidez de Roque, dijo con voz tranquila: - En estos casos, la lepra cuanto antes se encuentre, mejor. Se pueden intensificar el tratamiento con buenos resultados. Por el momento, no creo que sea necesaria la hospitalización. Sin embargo, es el examen de sangre que dará la última palabra.

Roque sintió que su voz no salía de su garganta. En un esfuerzo supremo, logró tartamudear: - ¿Doctor no estará equivocado? - El doctor lo miró un poco irritado: - Conozco estos casos. Tomé un curso en Dermatología. No me atrevo a darte esperanzas. Usted constatará lo que afirmo. Lleve esta referencia para el examen. Pase por la sala de análisis que hará una cita para que doña María venga y se le extraiga sangre. Que la pase bien.

Roque no se atrevió a decir nada más. Estaba acostumbrado al trato indiferente y algo duro de los médicos del Instituto. Pero ese día, frente a tan grande choque emocional, anhelaba un poco más de atención y calidez. Le temblaban las piernas y cuando vio a su madre esperándolo en el pasillo, su rostro era alegre y confiado, no dijo nada.

- No voy a hacer ese análisis de sangre - dijo con decisión -, no estoy enferma. No siento nada.

- Mucho mejor, pero el examen se hará de todos modos. Vamos a fijar la hora.

Mirando la cara descompuesta de su hijo, como que un susto le nubló por unos instantes la alegría de su mirada. Luego, encogiéndose de hombros, dijo: - No sé lo pueis eran en tu cabeza. Estos doctores no saben nada. Pero, es cierto, hago el examen y veremos quién tiene la razón -. A partir de ese día, Roque comenzó a experimentar ansiedad y preocupación. El examen es, lamentablemente, confirmado o diagnosticado. María había contraído el bacilo de Hansen.

¿Mirarla tan vanidosa, tan hermosa, tan consciente de su belleza física, cómo decirle la verdad? ¿Cómo contarle que poco a poco su apariencia se iría modificando hasta que todos pudiesen percibir su infelicidad?

Solo con su secreto, Roque se sintió morir. Estaba preparado para enfrentar la muerte si fuera necesario, con calma y comprensión, pero la terrible enfermedad lo asustaba y causándole una profunda depresión.

Fue con un corazón afligido que asistió al Centro Espírita para el trabajo de siempre. Se sentía incapaz de guiar y consolar a nadie, llevando una piedra cortante en su corazón oprimido.

Tan pronto como llegó, encontró a Geraldo, quien por primera aparecía a la reunión en compañía de su hermana. Una mirada de Roque fue suficiente para hacerle notar la evidente obsesión de la joven. Inquieta, con la mirada reflejando dureza y cierta malicia, risas un poco forzadas e irónicas, gestos nerviosos, Roque necesitaba plantar en ese corazón sufriente las semillas del Evangelio cristiano, pero si su corazón pesaba como plomo. ¿Dónde encontrar el optimismo trayendo angustia y dolor dentro del alma?

Trató de contenerse. Envió a los dos hermanos a la sala donde se realizaría la reunión y, con el pretexto de la hora tardía, se sentó a su vez alrededor de la mesa donde se realizaría el trabajo de la noche. Profundamente triste, Roque se entregó a la oración con sincero fervor. Él imploró la fuerza para soportar las luchas que presentía. Las lágrimas rodaron por sus mejillas, surcadas de dolor, en la oscuridad del salón en penumbra mientras el dirigente profería una simple oración.

Roque se sintió rodeado por un letargo, una somnolencia, mientras que una brisa ligera y suave favorecía su angustiado espíritu. Recogido en oración, parcialmente liberado del cuerpo físico, Roque vio que se estaba formando una leve claridad justo delante de él. Interesado, observó que se estaba volviendo más espeso y que justo en el centro, apareció un delicado espíritu de mujer. Llevaba ropa antigua; sin embargo, era joven y de rara belleza.

Su presencia provocó una inmensa emoción en el corazón de Roque.

Le parecía que crecía dentro de su pecho en un júbilo indescriptible, sintió que había esperado siglos por ese instante de felicidad suprema e infinita.

¿Quién era esta mujer que hablaba a las fibras más íntimas de su alma?

Extendió sus brazos hacia ella, queriendo abrazarla. Los hermosos ojos de Geneviéve brillaran emotivos. Extendió las manos hacia la cabeza de Roque mientras decía: - Querido. ¡Ten valor! ¡La lucha continua! Ya te había prevenido que ella sería ardua. Ten cuidado de no fallar. Siempre estaré a tu lado pidiéndole a Jesús que nos fortalezca.

Roque, todavía rodeado de suaves efluvios, se atrevió a preguntar: - Y mi madre, ¿podrá curarse? Geneviéve lo miró amablemente.

- Sí. Un día cuando ella rescate todos sus errores pasados. Es necesario que cada espírita aprenda a respetar el precioso instrumento que Dios le da en la Tierra para su mejora. A veces, cosechando nuestra siembra, nos sumergimos en el océano doloroso de rescates difíciles pero necesarios, lo que nos reconducirán al redil del Padre, de quien nos apartamos por nuestros errores. Ten confianza, te lo pido. No te dejes llevar por el desánimo, justo ahora que todo se está encaminando hacia el bien. Trata de apartar la tristeza y la angustia de tu corazón. Solo recuerda que Dios es un Padre justo y bueno y que todo lo determina a nuestro favor y a favor de nuestra felicidad futura. Ten valor. Cultiva el optimismo a pesar de todo. Algún día sabrás el por qué los dolores y las dificultades de ahora. Recuerda, querido, que siempre estaré a tu lado, incluso cuando no puedas verme o sentirme. Que Jesús nos bendiga.

Roque sintió una dulce emoción bañarle el espíritu afligido. Ondas luminosas partían del corazón de la bella y conmovedora entidad y lo envolvieran ahuyentando como por encanto el peso opresivo que lo angustiaba.

Se sentía ligero y feliz con nunca recordaba haberse sentido. Viendo que ella se despedía, en un esfuerzo supremo, intentó desesperadamente retenerla.

Ella; sin embargo, mientras se alejaba gradualmente, susurró dulcemente: - Aprende a esperar, resignadamente. Obedece la voluntad de Dios, de lo contrario no podrás verme más como hoy, no obstante, yo permanezca contigo.

Roque se esforzó para resignarse a la separación, buscando el equilibrio y la serenidad. Inmediatamente regresó al cuerpo. Sin embargo, una profunda modificación había tenido lugar en su espíritu. Se sintió ligero, feliz. La visión le causara enorme bienestar.

Recordaba a la bella mujer con una emoción indescriptible. ¿Podría haber mayor felicidad? ¿Qué significaría sufrimientos y pruebas terrenales, sin importar cuán dolorosas y difíciles puedan ser, comparados con la belleza y la felicidad que anticipara de la vida espiritual?

Estaba avergonzado de su debilidad al permitir sumergirse en la ola de quejas y pesimismo. Todo estaba bien. Cada dolor, cada lucha, cada sufrimiento tenía su razón para estar en la justicia perfectísima de Dios.

Al final de la reunión, Roque, renovado y sereno, abrazó con afecto fraterno a Geraldo y a su hermana, que lo miraba un poco asustada. El trabajador dedicado, centrado en las actividades del establecimiento cristiano, comenzó con serenidad tranquila a comenzar su trabajo para esas almas.

CAPÍTULO XXII
RESCATE DOLOROSO DE LA CONDESA DE ANCOUR

El sol estaba se escondía en el horizonte y el cielo bellísimo parecía un lienzo pintado por un artista extraordinario. A pesar del bullicio de las aguas, Roque miraba al cielo y se sentía maravillado, reflexionando sobre la perfección de la naturaleza.

Regresaba a casa después de un día de trabajo. Llegó al destino con cierta aprensión. Había pasado casi un año desde que descubriera la enfermedad de su madre y hasta entonces había podido ocultarla de los demás, incluso de sí misma. No había descuidado el tratamiento llevándola al dispensario especializado, administrándole la medicina necesaria. Hasta entonces, el lento progreso de la enfermedad, descubierto casi al principio, le había impedido ser internada en el hospital.

Roque; sin embargo, no tenía esperanzas de cura. Sabía que su caso presentaba una prueba necesaria para purificar su espíritu. Mensajes espontáneos de mensajeros espirituales que aconsejaban paciencia y resignación le hicieran presentir la marcha inexorable de la enfermedad.

Y, de hecho, cada día se confirman sus presentimientos. A pesar de todo el tratamiento, mejora era nula y la enfermedad avanzaba lenta y progresivamente. Ahora la apariencia de su madre había cambiado. Había aumentado de peso, su piel se había vuelto más rojiza y en algunas partes de su cuerpo, especialmente en las manos y la cara, pequeñas erupciones parecían engrosar la dermis.

María, que antes no admitía estar enferma, ahora estaba irritada y preocupada. Estaba sorprendido por la modificación de su apariencia, lo que más le gustaba en el mundo.

Ásperamente, acusó a Roque de envenenarla con remedios inútiles, culpándolo de las modificaciones que se estaban operando en su cuerpo.

Roque, soportó pacientemente sus ofensas y revuelta. Cada día encontraba mayores dificultades para hacerla ingerir el medicamento. El doctor aconsejaba decirle la verdad.

Sin embargo, no encontró valor.

¿Cómo puedo decirle que su enfermedad era lepra? Para ella, ¿quién siempre cultivara su vanidad, su belleza física? ¿Con contarte que todo se transformaría inexorablemente?

Él entendía las necesidades espirituales y se resignaba, ella; sin embargo, no tenía esa comprensión. Temía la violencia de su dolor.

Al mismo tiempo, los hermanos comenzaran a notar la apariencia materna

¿Cómo decirles la verdad? Recordó el temor de la gente de su ciudad por la proximidad de los pacientes con lepra. Huían aterrorizados, temiendo hasta pasar por el lugar por donde habían pasado.

Sabiendo la verdad, ¿podrían soportarlo? Roque, superando a los temerosos, entró en la casa.

El sonido del llanto llamara su atención. Preocupado, entró en la habitación y sorprendió a María sentada en la cama, con la cara entre las manos, en un llanto convulsivo. Penalizado, corrió hacia ella y la abrazó.

- Mamá! ¿Qué sucedió?

Rose llorosa y Roque renovó la pregunta con algo de energía.

- No sé lo que tengo. Mi cuerpo está extraño No puedo sostener nada. Los objetos se me caen de las manos fácilmente. Entonces, mírenme, me estoy poniendo fea, tan fea que hoy y en la panadería, Nena y Leticia no quisieron darme la mano cuando les dije buenos días. ¿Será que ellas creen que tengo la peste?

Roque trató de ayudarla, orando pensativamente, mientras decía: - Cálmate, madre. Verás que estaban distraídos y ni siquiera te vieran.

- Sí, lo hicieran - dijo María con voz rencorosa -. Me hablaron un poco asustadas, ni siquiera darme la mano y casi huyeron de mí. Yo, que siempre fui notada por mi belleza, ¿quiénes se creen que son?

Había tanto resentimiento en su voz que Roque hizo una mueca. Toda la afabilidad de María desapareciera.

- Vamos, mamá, no llores. Dirijamos nuestros pensamientos a Dios que nos ayudará.

- No, no quiero pensar en Dios. No creo que pueda ayudarme.

- No hables así. La enfermedad es una condición que todos enfrentamos algún día... Necesitas confiar en la protección de Dios.

María se arrojó a los brazos de su hijo, llorando convulsivamente.

- ¡Roque, tengo miedo! Mucho miedo. Por la noche tengo pesadillas horribles. Los rostros me acechan, se ríen de mí, se burlan de mi apariencia.

Roque apretó a su madre conmovido. En ese momento, observando su martirio, que apenas comenzaba, por primera vez sintió un fuerte impulso de inmenso amor en su corazón por esa criatura que era su madre, pero que siempre había despertado un sentimiento de aversión instintiva dentro de él, quien se esforzara en combatir en cumplimiento de su deber filial. Pero ahora, el hielo se rompía. Fuese lo que fuese que ocultara el pasado, ahora ya podía pensar en ella con afecto y amor. Lamentaba la terrible experiencia que la esperaba a partir de entonces y le pidió a Dios fuerzas para ayudarla hasta el final.

Las vibraciones amorosas de Roque cayeran con el bálsamo de luz sobre ese corazón dolorido. Poco a poco ella se fue calmando, mientras Roque trató de cambiar su patrón mental, hablando de asuntos alegres y diferentes sobre María.

En un momento, ella estaba en silencio y pensativa. De repente dijo en serio: - Roque, ¿qué es lo que tengo? ¿Es una mala enfermedad?

- No sé - dijo, queriendo evitar mentir -. Ciertas enfermedades, porque no las conocemos bien, nos asustan mucho. Especialmente nosotros del campo que no entendemos nada de esto. Pero en la ciudad, hoy, todo es diferente. Ve mamá, que allá en el campo, la enfermedad pulmonar no tenía cura. Tuberculoso no tenía cura. Y todos huían de él por miedo a contraer la enfermedad. Aquí en la ciudad hay una cura.

Cuando se trata correctamente y tan pronto como comienza. También lo son muchas otras enfermedades que les tenemos miedo. No las estudiamos, mamá. Son los médicos los que saben. María lo miró sorprendida: - No soy tísica. No tengo tos, no estoy flaca. Ni siquiera tengo fiebre. Pero sabes lo que tengo, ¿qué es?

Roque se desanimó. La mirada de la madre vibraba con ansiedad y locura.

- ¿Qué pasa mamá? Tómalo con calma. Sea lo que sea lo vamos a tratar. Los estamos tratando. ¿Por qué temer? ¿No sabes que todos envejecemos, nos enfermamos y morimos? Es parte de la vida, pero lo que muere es el cuerpo de carne. El espíritu es eterno, ya existía antes de nacer y seguirá existiendo cuando muera su cuerpo. No debemos temer a la enfermedad ni a la muerte.

- Estás loco con esas tonterías de Espiritismo. No creo. Murió, se acabó. La vida es una sola.

Roque respondió con calma: - ¡Sería bueno para ti si cambiaras tu forma de pensar! Te ayudaría mucho.

María tuvo una revuelta repentina: - ¡No quiero! Soy joven. ¡Soy mujer! ¡Soy hermosa! No acepto la enfermedad, la vejez, la muerte. ¡No, no yo!

Desesperada, María abrió la puerta del armario, frente al espejo, furiosa repetía: - Esto es algo temporal. Pasará. Creo que algo de lo que me hizo daño. Mañana haré una dieta. No voy a comer. Voy a mejorar. Tampoco voy a tomar más medicamentos. Tú que eres culpable. Con todas estas drogas intoxicándome. Siento dolor en el estómago después de tomar estas pastillas.

Roque puso sus manos firmemente sobre los hombros de su madre, fijándolo bien en los ojos mientras decía: - Madre, estos remedios son necesarios para tu recuperación. Es necesario tomarlos de cualquier manera.

Permaneció pensativa durante unos segundos, luego continuó con voz áspera: - Sabes lo que tengo. ¡Tú lo sabes! No me quieres decir. ¿Por qué? ¿Es realmente una mala enfermedad?

Roque sacudió la cabeza negativamente: - No, madre. Es solo una sospechosa. No puedo decir nada, pero los remedios son necesarios para evitar un mal mayor.

- Dime, ¿qué es?

- Mamá, cálmate. Siéntate aquí a mi lado. Necesitas entender ¿Crees que haría algo que no fuera por tu bien?

María lo miró a los ojos y luego respondió: - Confío, pero creo que necesito saberlo. Tengo ese derecho

Roque puso su brazo sobre sus hombros maternos y dijo con calma y firmeza: - Madre. Tu enfermedad es curable, está al principio, pero es necesario saber si está confirmada. No deberías preocuparte por ahora. Confía en mí. Haré todo lo posible para ayudarte.

María estaba asustada. El tono serio del hijo la asustara, tanto que se detuvo y no preguntó más. Su corazón se hundió en un triste presentimiento. Entonces agarró la mano de Roque con fuerza: - ¡Roque, ayúdame! ¡Por el amor de Dios, no me dejes morir! ¡Estoy muy asustada! No quiero morir.

Roque sintió que su corazón se hundía, pero se controló con energía, tratando de expresar serenidad y confianza: - No tengas miedo, madre. Dios es un Padre justo y bueno. Confía en su bondad.

María se puso furiosa de repente.

- No entiendo tu calma. ¡Hablo de mi dolor, de mi sufrimiento y tú hablas de Dios! ¿De qué sirve?

Dios está ocupado y lejos, si es que existe. Estoy aquí, necesito resolver mi caso. ¿Cómo puedes cruzar los brazos y esperar?

Roque sintió que su pena aumentaba.

- Madre, ¡todos necesitamos de Dios! ¿No ves que él es el Padre que nos dio el camino y todo lo que nos rodea? ¿No ves que todo vino de Dios y que sin él nada somos? - María hizo un gesto de impaciencia.

- Lo que me molesta es que no quiero esperar por una ayuda que nunca vendrá.

Roque guardó silencio. Sabía que su madre nunca había sido devota. En todos los momentos difíciles de su vida, siempre trató de vencer sin recurrir a la Divina Providencia. Acostumbraba decir que debía cuidar el cuerpo, porque era lo único importante.

Cuando ella muriese, todo habría terminado. Nunca le había interesado la religión o las cosas de Dios.

Él sabía que la fe no se puede dar. Es una virtud que cada uno va desarrollando dentro de sí mismo, con las experiencias que va viviendo y sufriendo. Suspiró con tristeza, previendo los inevitables sufrimientos para el futuro.

- ¿Qué quieres que haga, mamá? - Preguntó después de un rato. María se quedó pensativa; luego, en un impulso, dijo nerviosa:

- ¡Los doctores! Quiero ir a otro doctor. No creo que a estos médicos de la Caixa no les importe lo que somos los pobres. Vamos a buscar otro médico. Sí, eso.

Se rio nerviosamente - Eso es todo. ¿Por qué no pensé en eso antes? Vas a ver que están equivocados Verás que es solo una intoxicación.

- Los doctores del Instituto son muy buenos. Pero si quieres, iremos a otro médico. Cálmate. Mañana mismo iremos a una nueva consulta. Pero creo que dirán lo mismo.

- Al menos tendremos más seguridad.

- Está bien. Ahora, deja eso a un lado. Sea lo que sea, estaremos juntos para luchar.

Los ojos de María brillaron con pasión. Abrazó a su hijo y dijo con orgullo y confianza: - Sí, Roque. Todo podré soportar, si estuvieras a mi lado -. Roque, al fijar los brillantes ojos de su madre, sintió una ola de terror. Tuvo ganas de salir, de dejarla para siempre. Inexplicablemente, un sentimiento de repulsión se apoderara de su corazón. Intentó dominarse a sí mismo. ¡Era su madre! Debía amarla. ¿Por qué ese sentimiento justo en el momento en que le decía cuánto lo quería?

Él, quien, al disciplinar sus sentimientos por el Evangelio de Jesús, trataba de amar a sus semejantes, y lo hacía con facilidad y alegría, no entendía por qué justamente hacia ella, a quien debería amar con más intensidad, esto no sucedía.

Con esfuerzo, logró contenerse y soportar su proximidad. El pobre Roque no sabía que dentro de sí las reminiscencias de la encarnación anterior hablaban más fuerte. No era Roque quien sentía el rechazo por su madre, sino Gustavo, quien por un instante había encontrado a la Condesa cuya pasión aun lo perseguía.

Pero Roque no podía saberlo. Luchó por dominarse a sí mismo, y por eso trató de cambiar sus sentimientos hacia ella, como ella también santificaba como madre, su pasión violenta e infeliz.

Unidos de nuevo, frente a frente, la conmoción se había vuelto inevitable, pero la sabiduría Divina disponía todo para el reajuste.

CAPÍTULO XXIII
EL BENEFICIO DE LOS LAZOS FAMILIARES

Caía la tarde y las primeras estrellas ya aparecían en el cielo cuando Geraldo llegó a la casa de Lídia. Iba a ver a Roque. No esperara a la joven, como siempre, al salir de la oficina; sabía que lo encontraría solo.

Tocó el timbre y esperó. Roque vino a abrir en persona y saludó al muchacho con alegría: - ¡Hola! ¿Llegaste más temprano? ¿Y Lídia?

- No fui a buscarla. Necesito hablar contigo en privado -. El otro extendió la mano: - Entra, Geraldo. Estoy tomando café, ¿aceptas una taza?

El otro entró. Después del cafecito, preguntó: - ¿Y doña María?

- Mamá está enferma, ya se ha retirado. Le gusta escuchar la radio en la cama. Tiene más tiempo después que mis hermanos se fueron.

- Es verdad.

- Bueno, pero estoy a tu disposición. ¿Se trata de tu hermana?

- No. Ahora se ha convertido en otra; después de asistir a clases de Evangelio y las sesiones de curación. Dejó las malas amistades, ha estado durmiendo mejor y parece estar más feliz.

Hemos estado más unidos y con una mejor comprensión del problema de nuestros padres.

Geraldo guardó silencio durante unos segundos, luego que se armó de valor, dijo: - Roque, me gusta mucho Lídia, ya sabes. Quiero su consentimiento para casarme con ella.

Roque la miró con cierto bochorno. Apreciaba a Geraldo, sabía que Lídia lo amaba, pero ¿se casaría con ella sabiendo que su madre era leprosa?

El temido momento llegara. Necesitaba decirle la verdad. Y sabía que pocos lo soportarían. Si se negara a casarse después de enterarse, no podría condenarlo. Cuando sus propios hermanos descubrieron la enfermedad de su madre, se largaran aterrorizados, como si todos los demonios los persiguieran. Se mudaran sin siquiera dejar una dirección. Ni siquiera sabía dónde estaban. La madre, desde que sus hijos descubrieron su enfermedad, rara vez salía de la habitación, y Roque fue quien la calmó y la ayudó pacientemente evitando el suicidio y la locura.

Lídia, a pesar de todo, sospechaba, principalmente debido a las medidas preventivas de Roque, evitando el contagio, separando objetos para uso personal. Por esta razón, temerosa de la actitud de Geraldo, Lídia comenzó a evitarla.

El muchacho, profundamente enamorado, se sintiera celoso y preterido y tomó la decisión de casarse lo antes posible. Disponía una sólida situación financiera y estaba a punto de graduarse.

Roque suspiró profundamente.

- ¿Y entonces? - Preguntó Geraldo preocupado: - ¿No apruebas mi pedido?

- Ni se te ocurra, Geraldo. Lídia te ama mucho y todos sabemos que serás un excelente esposo para ella -. Hizo una pausa breve y continuó -. Sin embargo, primero debo decirte algo...

- Estoy escuchando - dijo Geraldo con una voz ligeramente alterada.

- Sí. Creo que es hora que lo sepas. Creo en la sinceridad de tu amor por mi hermana y sé que su felicidad está en tus manos. Pero no quiero que se tome ninguna decisión, sin conocer nuestro drama, nuestra lucha.

Impresionado por el tono serio de Roque, Geraldo con el corazón oprimido dijo: - Sea lo que sea, quiero saber.

- Sí. El problema se refiere a la enfermedad de mi madre. Y una enfermedad contagiosa y terrible. ¡Ella tiene lepra!

A pesar de toda su fibra, Geraldo palideció, haciendo un gesto de horror. Con el corazón oprimido y sufriendo, Roque se volvió sincero: - Ahora ya lo sabes. Puedo decirte que en nuestra familia es el primer caso. Sé que después de eso no renovarás tu propuesta de matrimonio y no te culpo por ello.

La voz de Roque era humilde y tierna. Él continuó: - Mis propios hermanos huyeron aterrorizados. Créeme que nuestra amistad seguirá siendo la misma a pesar de todo. Comprendemos.

Geraldo se puso de pie. Sus ojos estaban llenos de lágrimas.

Siempre había encontrado a doña María extraña, pero nunca había sospechado la verdad; la voz serena del amigo y su tono adolorido y resignado lo conmovieran profundamente. Estaba desconcertado.

- No puedo hablar ahora. Después conversaremos.

Se fue rápidamente. Roque intentó reaccionar disipando la enorme tristeza que se apoderó de su alma. Sabía que sería así, pero la comprensión del hecho en sí mismo lo dejó profundamente desanimado. Pobre Lídia. Su hermana era víctima de inocentes de la enfermedad materna. Ciertamente, Geraldo nunca volvería.

Sintiéndose débil y deprimido, tomó *El Evangelio según el Espiritismo* lo abrió al azar y leyó: "Causas anteriores de las Aflicciones." Lo leyó atentamente y lamentó sus pensamientos anteriores. Si Lídia fue castigada por la vida naturalmente tanto como él mismo, es porque tenía deudas ante la Justicia Divina.

Era mejor orar y pedir fuerzas para llevar la cruz hasta el final.

Cuando Lídia llegó poco después, ni siquiera sospechara lo que había sucedido. Roque estaba sereno y feliz como siempre, pero aun así, no sabía por qué, sentía una tensión en su corazón. Pasaran algunos días y la vida para ellos continuara en la rutina habitual.

Roque aceptara íntimamente la ausencia de Geraldo hasta que un día, también al caer la noche, cuando llegó a casa del trabajo, encontró al joven, adolorido y esperando.

Fue con alegría que volvió a verlo y no pudo evitar notar su rostro, atormentado y abatido.

- Roque, ¿puede prestarme un poco de atención?

- Ciertamente, mi amigo. Vamos a entrar -. Al ver la mirada asustada del muchacho, aclaró: - Naturalmente, mi madre no deja el cuarto. Y sus cosas personales están separadas.

No tengas miedo

Geraldo se sonrojó fuertemente, mostrándose abochornado.

- No tengas vergüenza - dijo Roque – somos amigos.

- Claro - dijo el otro tímidamente.

Roque dejó los paquetes que llevaba sobre la mesa y, sentándose a su lado, dijo con calma: - Estoy a tu disposición.

- Bueno... El otro día, me comporté muy mal contigo. Quiero pedir disculpas. Actué como un adolescente irresponsable. Perdóname.

- No te preocupes. Yo sé cómo entender. Yo mismo a veces tengo ganas de salir corriendo.

Geraldo suspiró un poco más calmado.

- Eres realmente una criatura admirable. Te envidio Me gustaría ser así, tan humano y tan bueno. Pero lo que me trae aquí es otro asunto.

- Puedes hablar – lo animó Roque al ver la indecisión del muchacho.

- Bueno, después que me fui de esa noche, no pude calmarme más. Me fui en estado de shock, pero te aseguro que la enfermedad de tu madre no tuvo ningún efecto en mi amor por Lídia. He sufrido mucho, apenas he podido dormir. Es más fuerte que yo. No puedo vivir sin eso. Quiero casarme con ella igualmente - Roque sintió una ola de calor invadir su pecho. ¿Habría felicidad para Lídia? Geraldo continuó: - Sin embargo, Roque, si acepto la triste enfermedad de doña María con naturalidad, mi familia no la aceptaría en absoluto. No tendrían la necesaria comprensión y ciertamente intervendrían haciendo las cosas difíciles y haciendo sufrir a Lídia.

Roque miró a su amigo con cierta preocupación.

- ¿Qué podremos hacer?

Geraldo, algo avergonzado, se pasó la mano por la frente y respondió: - He estado pensando mucho. Como sabes, mis padres llevan una intensa vida social, pero son extremadamente liberales en lo que respecta al estatus social. Aceptan mis deliberaciones y no interfieren mucho en mi vida, dándome a mí la libertad de acción. Sin embargo, siempre han estado extremadamente preocupados por su salud y por cualquier estornudo están tratando con los consultorios médicos y laboratorios. En este sentido, son intransigentes. Tienen horror a la enfermedad y a contaminarse. Están al tanto de todos los descubrimientos médicos.

Estoy seguro que se opondrían con vehemencia a nuestro matrimonio.

En las circunstancias actuales.

- ¿Qué piensas hacer? - Preguntó Roque con delicadeza

- Bien... Pensé... No sé si puedes entender.

- Habla, amigo mío, no tengas miedo.

El otro parecía estar resuelto y concluyó: - Bueno, pensé que Lídia podría casarse contigo sin decirle la verdad a mi familia.

Roque miró al otro pensativamente y esperó a que continuara: - No necesitarán saber la verdad. ¿Será mejor para nosotros y especialmente para Lídia? ¿Estás de acuerdo?

- Bueno, si crees que es mejor así. . . pero ¿no crees que se darán cuenta?

El otro parecía estar incómodo. Se movió en su silla.

- Lo pensé, pensé mucho. Y estoy dispuesto a pedirte el mayor sacrificio. Mis padres no conocen a tu familia y les diré que resides en otro estado. No es que quiera que sea así. Me conoces bien, sabes cuánto te aprecio, ya que siempre me he sentido feliz en esta casa contigo. Nadie estaba más feliz que yo si siempre pudiera estar aquí con todos, sin que esta desafortunada enfermedad nos traumatizase el corazón. Pero sé que ellos no aceptarán la verdad. Podría abandonarlos, pero justo ahora que mi querida hermana se está embarcando en el camino del bien y que mis esperanzas vuelven a nacer para que también mi madre, como su hija, se modifique, ¿cómo dejarlas y permitir que caigan más y más en el abismo de sombras en el que se deslizaran? Guardo conmigo el deseo ardiente de ayudarlas. ¿Cómo separarme de ellas cuidando solamente de mi felicidad?

Roque, te aprecio como un hermano, dime: - ¿No tiene Lídia también el derecho a la felicidad? Como yo, ella debería, a causa de esta enfermedad materna, ¿sacrificar su amor y sus sueños de mujer?

Roque escuchó pensativo y entendió. Geraldo le pedía que asumiera solo la cruz que compartía con su hermana. Era una buena solución. Lídia amaba al muchacho y merecía ser feliz. Él era bueno y capaz de guiarla. Confiaba en él ¿Por qué impedirle que fuera feliz?

226

Tomando una resolución, se levantó y colocando su mano sobre el brazo del muchacho dijo: - Entiendo. Tienes razón. Puedes contar conmigo. Si la amas, haré todo lo posible para ayudarte. Sé que ella te quiere mucho y los dos estarán muy felices. Déjamelo a mí.

- ¿Qué quieres hacer?

- No te preocupes. Mi madre y yo saldremos de vida de Lídia.

- ¿De qué forma? - Preguntó Geraldo, un poco alarmado.

- De la mejor manera posible. Quizás podamos viajar por algún tiempo. Será bueno para ella.

- ¿Viajando cómo? Sé que tu situación financiera no lo permite. Si no te ofendes me gustaría ofrecerte algunos recursos...

- Roque sacudió la cabeza.

- No te preocupes. Están acostumbrados a vivir modestamente. Lo que tenemos es suficiente. Solo siento pena por no poder darle a Lídia un ajuar a la altura.

- Sabes lo que tengo para nosotros. Lídia tendrá todas las comodidades y será la reina de mi casa. Yo la amo mucho

- Lo sé - Roque estuvo de acuerdo, conmovido -. Lo sé... No te preocupes; he estado pensando durante algún tiempo, llevar a mi madre al campo. Quién sabe allí, ella puede sentirse mejor.

El otro dio un suspiro de alivio. Si se fueran, todo sería más fácil. Sus padres recibirían a Lídia y todos podrían vivir en paz.

- Roque, me gustaría que no le dijeras a Lídia ese detalle. Estoy seguro que no estaría de acuerdo, es una hija amorosa y muy apegada a ti.

Roque estuvo de acuerdo.

- Tienes razón. De hecho, sería mejor para ella ignorar este punto en nuestra conversación. ¿Cuándo piensas casarte?

- Si acepta, dentro de un mes.

Roque sintió un decaimiento emotivo. Su hermana representaba el sol de su vida solitaria. Separarse de ella sería doloroso. Sin embargo, no dejó ver la emoción que le arrancaba el alma y respondió con una sonrisa: - Entonces no tenderemos mucho tiempo. Hagamos lo siguiente: búscala hoy mismo y haz el pedido. Déjame el resto a mí.

- Está bien - dijo Geraldo -. Me voy ahora mismo. Dios te bendiga por todo. Eres realmente admirable. Mi gratitud será eterna.

Se levantó apresuradamente y apretando sus manos efusivamente, casi corrió, fue a encontrarse con Lídia.

Al verlo irse, Roque se desplomó abatido en la silla.

- ¡Dios mío! - Pensó en agonía -. Hágase tu voluntad ¡Ampáranos, y fortalécenos en este momento difícil! - Su corazón adolorido imploró fuerza, ayuda. Rezó unos minutos. y consolado y animado por nuevas energías tomó una decisión.

Se levantó y fue a la habitación de su madre. María, en la penumbra de la habitación, tendida en la cama, parecía dormir. Roque sabía que ella no estaba durmiendo. Durante horas estaba inmersa en una profunda depresión y, a veces, se agitaba en una desesperación salvaje. La había visto en varias crisis y mientras sentía su corazón oprimirse, trataba de darle algo de consuelo.

- ¡Mamá! – Llamó en voz baja.

Un movimiento reveló que María lo escuchó.

- ¡Mamá! - Repitió, caminando y sentándose al lado de la cama.

- ¿Qué quieres? - Preguntó débilmente.

- Necesitamos conversar.

- ¿Tienes alguna novedad? ¿Sobre mi salud?

- No, madre - respondió con calma -. He estado pensando mucho. Vives encerrada en esta habitación, sin un poco de sol o aire.

- ¿Y crees que podría salir para que todos puedan verme? ¿Así cómo estoy? ¿Para mostrarme el asco, el horror que sienten por mí? ¿Te gustaría que la policía me descubriera y me obligara a vivir en el sanatorio, lejos de ti para morir con un perro?

- No mamá. El doctor permitió tu presencia entre nosotros.

Esta etapa de tu enfermedad no es contagiosa. Pero reconoce que esto no es vida. Estabas acostumbrada al sol y a la luz. Es necesario recuperar la alegría -. María suspiró profundamente.

- ¡Sabes que esto es imposible! Sabes que voy a morir aquí, con un perro monstruoso al que los niños tienen miedo. ¡Yo! ¡Tan hermosa y tan admirada! ¿No crees que Dios es injusto y malo?

Al verla tomar el camino de la revuelta y la queja, Roque trató de llevar su razonamiento a otro sector.

- Madre, vamos a viajar. Volveremos a la hacienda de dona Emerenciana. Todavía puedo trabajar y allí, disfrutar del suave aire del campo, recuperarás tu salud.

- Sabes que mi enfermedad está maldita. ¡No hay cura! Maldita como yo. ¿Por qué no le pides al médico un medicamento para sacarme del mundo? ¿De este mundo miserable e ingrato que me quitó todo?

- Madre, la revuelta no te ayudará a recuperar su salud perdida. Dios es justo y bueno. Somos los que cometemos errores en muchas otras vidas y ahora renacemos para expiar.

- No creo. No creo en esas historias de reencarnación -. Roque, tácitamente cambió de tema.

- Si no me dejas hablar, me iré ahora. Hablaremos más tarde cuando estés más tranquila.

María se sentó en la cama. La presencia de su hijo le era una bendición preciosa, enriqueciendo su soledad. Trataba de retenerlo tanto como podía. Así que trató de controlarse diciendo con voz llorosa: - No me dejes, Roque. No puedo soportar más la soledad. ¡Estoy a punto de volverme loca!

- Entonces tratarás de contenerte para que puedas lidiar con un asunto muy serio.

- Mira. Estoy tranquila. Habla.

- Madre, Geraldo le pidió a Lídia que se casara con él.

- ¿Ya? - Lo hizo con cierta indiferencia. La hija no la preocupaba en absoluto.

- ¡Sí! - Dijo firme - Siempre quise ir contigo al campo, porque sin duda te hará mejor. Pero me preocupaba el futuro de Lídia, demasiado joven para quedarse en la hacienda, en esa vida rural. Geraldo planea casarse en un mes y, por lo tanto, podremos irnos.

- Entonces, ¿se va a casar? – Gimió a María con una voz alterada. Meditó durante unos segundos y luego pasó la mano sobre el rosto hinchado, lleno de bultos rojizos -. ¿Y yo? ¿Cómo ir a la boda? ¿Con aparecer ante otros en la sociedad, como un monstruo? Roque, por el amor de Dios, ¿qué voy a hacer?

Lágrimas desesperadas le bajaban por sus mejillas y Roque le acarició la cabeza con cariño. Le tenía mucha pena. Observó que a ella ni siquiera le había preocupado la felicidad de su única hija, sino solo su apariencia y el impacto que podía causar en los demás.

Pobre madre – pensó -, ¡cuánta vanidad hay aun en su corazón!

- Lo pensé, mamá. Encontré la solución. Viajaremos antes de la boda. Mañana mismo si lo quieres, para que nadie necesite verte mientras estás enferma.

- Sí, vámonos. No quiero que me vean así. ¡Por el amor de Dios, ayúdame!

- Ciertamente, madre. Tranquilízate. Todo se hará de la mejor manera. Mañana por la mañana buscaré un lugar para que Lídia se quede hasta la boda. Sé de un internado de monjas donde ella podrá vivir.

Solo unos días. Y, dentro de dos o tres días, juntos regresaremos rumbo a nuestra tierra.

María agarró con fuerza el brazo de su hijo.

- ¡Mi querido hijo! ¡No me abandones! Todos se han ido, pero te lo ruego, ¡no me dejes! Por el amor de Dios. ¡No podría soportar esto sin ti!

Él le dirigió una mirada tan apasionada que Roque sintió instintivamente dentro de él la repulsión que luchaba valientemente para vencer. Pero la figura de María, tan diferente de lo que siempre fuera, lo inspiró con mucha piedad. Eran sentimientos antagónicos que él no sabía justificar.

- ¡Mamá! ¡Nunca te dejaré! ¡Permaneceremos juntos para siempre!

Pero mientras decía eso, sentía dentro de sí un inmenso deseo para escapar. Se contuvo. Le sonrió mientras decía: - Entonces estamos de acuerdo. Me encargaré de todo, si consientes la boda de Lídia.

María sacudió los hombros con indiferencia.

- Lo que resuelvas está bien, siempre y cuando no nos separemos. Todos pueden irse, no me importa. Solo tú eres importante para mí. Lo demás, poco me interesa.

Roque sintió una opresión en su corazón. Tanta vanidad y tanto apego lo asustaban. Por otro lado, estaba la ventaja que ella, con su docilidad, no preguntaba ni interfería en la felicidad de Lídia, que al menos podía encontrar el amor en la construcción del hogar y la familia. Amaba mucho a su hermana. Ella era buena y merecía ser feliz. Salió de la habitación pensativo. En la sala se sentó meditando, tejiendo planes para el futuro, lo que se le exigía era extremadamente difícil, no se sentía inclinado hacia el matrimonio, nunca había podido encontrar a la mujer que pudiera amar con sinceridad y alegría, eso no le preocupaba demasiado, porque sentía que su tarea en la Tierra era otra. Todo el potencial de amor que sentía en mi corazón trataba de desahogarse, dedicándose asiduamente al trabajo de mediumnidad y asistencia en favor de los demás.

Se sentía amparado por la bondad de Dios, ya se había resignado a esperar días más llenos de felicidad, tal vez en una vida mayor, después de la muerte. Pero ahora, tendría que dejarlo todo. Amigos, trabajo, el grupo espírita donde tantas amistades, tanta comodidad había encontrado, para aislarse junto con ella, la mujer que, a pesar de ser su madre, le provocaba cierta aversión. ¿Por qué él? ¿Por qué habían abandonado sus hermanos y solo él tendría que soportar la "prueba difícil"? Su corazón se hundió tristemente. Poco después, dos sombras siniestras penetraran el ambiente, acercándose a Roque, inmerso en un profundo desencanto. Se acercaron a él y lo envolvieron, uno de ellos susurrando en sus oídos con un rito malicioso: - ¿Quién te impide que también te vayas? ¿Quién puede obligarte a soportarla hasta el final?

El otro sonrió perversamente y dijo a su vez: - La vieja musaraña que te destruyó. Fue su culpa que te hayas separado de la mujer amada. Que perdiste la vida, ¿recuerdas?

Aunque no registró sus palabras exactamente, Roque se sintió involucrado en una gran inquietud. Le pareció que de repente su revuelta se había vuelto insoportable. La repulsión por la madre apareció en una forma aguda y terrible: tenía ímpetus para escapar y salir de esa casa para siempre. Las lágrimas rodaron por sus mejillas cansadas y se inclinó aun más ante el peso del sufrimiento y el dolor.

- Sí - continuó la entidad circundante: - Deja todo. Deja a la musaraña en el Leprosario. ¿No es el lugar correcto para que la Condesa pague por todo lo que hizo? Si lo olvidaste, nos no lo olvidamos. Somos justicieros por cuenta propia. No la dejaremos nunca. Vamos a sorber gota a gota la alegría de verla reducida a un montón de carne podrida y deforme. Pero tú nos has causado problemas. ¡Deja todo y ella será nuestra! La llevaremos a la locura y al suicidio, entonces será nuestra, estará en nuestras manos.

Roque se sintió envuelto por sensaciones conflictivas y terribles. Aunque María era difícil y sentía una falta de afinidad por ella, ella era su madre. ¡Tenía el deber de asistirla hasta el final! Él, que tratara de ayudar a todos en la asistencia a los que sufren, ¿cómo podría ser duro con su propia madre? ¿No sería ir en contra de los principios cristianos del Evangelio de Cristo lo que él recomendaba: ¿Honrar al padre y a la madre?

Se pasó una mano por la frente cansada. Necesitaba rezar, pensó vertiginosamente. Necesitaba rezar. Intentó concentrarse en Jesús, pero fracasó. En el apogeo de su angustia, preguntó entre lágrimas: - ¡Ayúdame y, Dios mío! Ayúdame

Rodeado por el magnetismo de las dos entidades de las sombras, Roque se sintió sofocado. Se escuchó su llanto dolorido y angustiado fue oído, porque en el mismo momento una elegante figura de mujer entró en el entorno. Geneviéve tenía un halo de luz alrededor de la cabeza. Su hermoso rostro ennoblecido mostraba cierta preocupación y sus ojos luminosos mostraban emoción y afecto.

Se acercara a Roque y las dos entidades sombrías, aunque no la podían verla, de repente se sintieron un poco incómodos. Geneviéve puso su mano sobre la cabeza de Roque con extremo afecto: - Gustavo - dijo con voz tierna – ten valor. No desperdicies la preciosa oportunidad que Dios te ha dado para progresar y ser feliz. El sufrimiento en la Tierra es una palanca bendecida que conduce al reajuste. Ama a tu madre tanto como puedas. Ella te necesita ¡Ayúdala para que el amor egoísta y terrible del pasado que tantas lágrimas nos causaron se transforme y al influjo de la maternidad y la dedicación en un sentimiento subliminal y que más tarde será la luz para guiarnos en los caminos de la redención!

Roque se sintió aliviado, aunque no podía escuchar sus palabras. Un calor agradable inundó su pecho y gradualmente se sintió más tranquilo.

El espíritu de Geneviéve, acariciando amorosamente su cabeza donde algunas hebras blancas comenzaran a aparecer prematuramente, continuó susurrándole al oído: - ¡Gustavo! Reacciona Las tareas que dependen de ti son difíciles, pero recuerda que siempre representan un factor de progreso cuando sabemos soportarlas con valor, sin abandonar el deber que nos corresponde. Tu madre necesita tu apoyo. ¿Qué importa dónde estés en la Tierra, si estamos juntos? Quiso la bondad de Dios concederme la felicidad de poder estar a tu lado, alentarte, orando, esperando. Piensa cómo Dios es bueno, cuánto hemos recibido de su suprema bondad, y vamos a orar. Vamos a agradecer a Dios por todo.

De su pecho partían rayos de luz que envolvían la frente y el corazón de Roque, que sintiéndose rodeado por una agradable sensación de bienestar, pensó: ¡Dios es bueno! Pedí ayuda y llegó la ayuda. Puedo ver la suave figura del ángel amigo que me ha ayudado y siento que estoy amparado.

Lágrimas conmovidas bañaban su rostro y un sentimiento de felicidad intraducible envolvía su corazón. Agradecido, dijo una oración sincera y, mientras oraba, suaves ondas de luz salieran de su mente y se extendieran a su alrededor. Viéndolo modificarse, las dos sombras oscuras se alejaran apresuradamente, mientras uno decía: - No servirá para él. Vamos con ella

Nuestro lugar está allí, ella nos escucha. Después de todo, ¿qué tiene él que ver con nosotros? Es de ella que queremos vengarnos.

Y, atravesando la puerta, fueran a la habitación de María. Roque terminó la oración, y aun sintiendo la querida presencia de

Geneviéve, mentalmente dijo: - No me dejes, por el amor de Dios. Soportaré todo con más coraje si estás a mi lado. Ayúdame. No me dejes, quédate conmigo.

La forma vaporosa de Geneviéve lo abrazó con infinita ternura, besó su frente con extremo afecto.

- Gustavo, no te desanimes, pase lo que pase. Después de la prueba, estaremos juntos para siempre.

Roque se sintió acometido de profunda felicidad. Ninguna emoción en la Tierra podría compararse a ese sentimiento de plenitud y alegría en el que, por unos momentos, permaneció inmerso.

Cuando ella desapareció, se sintió fortalecido y renovado: el miedo y la revuelta habían desaparecido. Fuera lo que fuese, ¡lucharía y habría de vencer!

Que se concretase su objetivo de fraternidad y reajuste.

CAPÍTULO XXIV
GUSTAVO Y LA CONDESA
UNIDOS
POR EL SUFRIMIENTO

El tren corría rápido y el ruido rítmico que producía no podía sacar a Roque de la profundidad de sus pensamientos. El sol de la tarde que pasó en el medio, filtrando sus rayos a través de los cristales de las ventanas. Algunos dormitaban en la modorra de la tarde calurosa, otros hablaban, rara vez leían periódicos.

María, abatida, fingió irse a dormir, con los ojos cerrados y las manos escondidas en los bolsillos. Nadie reconocería en ella a la María de antaño. Pañuelo en la cabeza jalado al máximo sobre la cara, en un intento desesperado por ocultar la cara hinchada cubierta de gránulos rojos. Con un vestido cerrado, mangas largas, parecía una anciana; sin embargo, su corazón ardía como un fuego insoportable. ¿Qué había hecho ella para merecer tal castigo? ¿Por qué tantas mujeres hermosas y jóvenes, y solo a ella enfermedad la había martirizado? ¿Podría curarse alguna vez?

No quería que la vieran en la hacienda. Se había negado a regresar a la vieja casa donde dona Emerenciana la recibiría.

Pero, ¿qué hay de enfrentar la presencia de las personas que la conocieran en el apogeo de la juventud y la belleza, ahora en este horrible estado?

¿Qué pasa con las mujeres que siempre la acosaran por envidiar su belleza?

¿Cómo regresar como un deshecho humano y una caricatura de lo que había sido?

Cualquier lugar, cualquier sufrimiento, incluso la muerte, sería mejor que ofrecer a quienes la conocieran el espectáculo de su tragedia. No sabía a dónde iban. No le importaba. Al lado de Roque, se sentía amparada, ir a donde nadie pudiese identificarla, donde pudiese enterrar su dolor tan profundo. María pasaba por sucesivos estados de angustia, revuelta y luego caía en una gran depresión.

Roque estaba profundamente emocionado. Mientras tratase de mantener ocultando el montón de preocupaciones que lo aquejaban, no podía evitar sentirse muy triste. Le había resultado doloroso dejar a su hermana en una pensión porque el viaje era necesario para la restauración de su madre. Lídia no quería separarse de ellos. También quería ir, posponiendo su matrimonio.

Apenas, Roque logró convencerla. Sería por poco tiempo. Su madre estaba avergonzada de presentarse en la ceremonia de la boda, lo mejor era viajar por algún tiempo. En unos meses estarían de vuelta, luego todo estaría diferente. Ella no debería rechazar la felicidad y la unión con el hombre amado, con el pretexto de la enfermedad materna. Que se mantuviese tranquila. La mejor solución sería esta.

Hablara con el médico que deberían regresar al interior y aceptó prescribir una gran cantidad de medicamentos, pero insistió en la presentación obligatoria de María periódicamente en el dispensario estatal. Después de algunos preparativos, él y su madre se mudaron al interior de Paraná.

Nunca había estado allí, pero confiaba en Dios en que obtendría un trabajo modesto pero decente que le permitiría cuidar a su madre con afecto y desinterés.

Había sido muy doloroso. también, dejar el Centro Espírita, donde en los últimos años había hecho tantos amigos. Reuniones evangélicas perdidas, contacto amoroso con amigos espirituales. Sin embargo, sabía que Geneviéve, el espíritu amable que lo emocionaba tanto, lo acompañaría en el camino.

Ese pensamiento le daba el coraje de enfrentar lo que aun estaba por suceder. Dios le daría fuerza. Hasta el día en que pudiese, redimiendo los errores del pasado, encontrar la vida más grande en la espiritualidad.

Pero fue demasiado difícil para él. La vida en la Tierra determinó ciertas exigencias y la falta de afecto, amor, amistad, lo dejó angustiado y triste.

Sabía que dependía de él educar sus sentimientos para darle a su madre el amor que le correspondía. Roque se sintió muy triste, y María estaba demasiado involucrada en sí misma y en sus problemas para comprender incluso el disgusto de su hijo.

El viaje había continuado durante algunas horas y ninguno de los dos sintiera hambre. No tocaran la canasta donde Lídia, con celoso afecto, había colocado algunos de los dulces tratando de ocultar las lágrimas que rodaban por sus delicadas mejillas. Le costaba mucho separarse del hermano.

En cuanto a la madre, acostumbrada a su distancia y su aislamiento voluntario, no la extrañaba. De hecho, María nunca le diera a su hija la atención que ella desearía, tratándola con indiferencia, pero con Roque fue diferente, lo obligó a prometerle noticias lo antes posible, ya que estaría inquieta hasta que supiera el paradero de ambos.

Al mismo tiempo, la familia de Geraldo le daba miedo. Eran personas de trato, ella en cambio era una pobre campesina, pero su prometido la amaba mucho e intentaba adivinar, sus pensamientos, tratando de ser para ella no solo el novio, sino también el hermano y la familia que había perdido.

Roque llevado a lo desconocido, llevando a la madre enferma de alma y cuerpo, no conocía bien el rumbo que debía tomar.

Al llegar a Londrina, decidiría qué hacer. Hacía mucho que no trabajaba en el campo, pero si fuera necesario lo volvería a hacer. Estaba oscureciendo cuando llegaron a su destino. Roque buscó una pensión modesta y condujo cuidadosamente a su madre a la pequeña habitación. Se estaba sirviendo la cena, pero María no iba a aparecer en el comedor.

Consciente, Roque estaba complacido que su madre no quisiera aparecer porque no podía permitirle contaminar a los otros. Aunque el médico le dijo que su enfermedad no era contagiosa en la etapa en que se encontraba, tomó precauciones.

Pidió la comida en su habitación y la colocó amorosamente en el plato que María se llevó con él, cuidando que no tocara las pertenencias de la pensión. Lo sirvió con sus propias pertenencias, y luego él mismo llevó todo a la cocina, lavando los objetos de María en la habitación, en el fregadero.

Hizo todo con tal discreción y afecto que María ni siquiera se dio cuenta de la intención.

Por la noche, en ese lugar extraño y triste, mirando el techo de madera que los cubría, la luz débil y triste, se sintió sofocado.

Invitó a su madre a salir, seguro que ella se negaría. pero no podía soportar quedarse allí, encerrada. Pero María, además de negarse a irse lastimeramente, le pidió que se quedara.

- Roque, ¡no puedo soportar esto más! Si no tuviera tanto miedo a la muerte, me tiraría a mí mismo a las ruedas del tren... Roque, ¿por qué esta cruz? ¿Por qué? ¿Qué he hecho para merecer un castigo tan grande? ¡No creo en la justicia de Dios! Ni siquiera creo en Dios.

Roque sintió una ola de desánimo invadir su corazón. Intentara contenerse, hizo un esfuerzo sobrehumano para dominar sus sentimientos, tratara de ponerse en su lugar, con sus problemas, y una enorme piedad le asomara al corazón.

Con afecto, la tomó del brazo y la llevó a la cama, la obligó a acostarse y luego comenzó a hablarle sobre Dios, la Naturaleza, las lecciones de la vida, la bondad y la Justicia de las Leyes Divinas.

María, a pesar de no aceptar lo que decía, sintió un calor agradable al escuchar la voz de su amado hijo y, al oír estas palabras, abrumada y cansada, se durmió.

Roque suspiró aliviado. Decidió salir un rato. La noche era fría, pero la brisa que lo envolvía alivió su frente ardiente. La caminata gradualmente hizo que su cuerpo se cansara y cuando regresó a la cama dos horas después, finalmente logró conciliar el sueño.

Al día siguiente, Roque se levantó temprano y se fue a buscar trabajo. Traía sus documentos en orden y fue a un aserradero retirado del centro de la ciudad. Aunque sin experiencia, agradó al capataz con su figura humilde y seria. También su libro de trabajo impresionó favorablemente porque había pocos trabajadores allí que lo poseyeran. Entonces fue invitado a comenzar al día siguiente.

Esto le dio alegría y paz. No había faltado la ayuda de Dios en el momento desafortunado. El salario era modesto, pero sería suficiente para los dos. Le quedaba buscar una pequeña casa donde pudiera llevar a su madre y donde ella también disfrutara de una mayor libertad. Trajo algunos recursos que serían suficientes para la adquisición de algunas pertenencias indispensables.

Regresó para darle la noticia a su madre y después de una comida ligera fue a buscar una en casa. Todavía tenía tristeza en su corazón, pero sin rebelión ni dolor, también tenía una pequeña esperanza de paz y tranquilidad, brindándole felicidad interior.

CAPÍTULO XXV
EX-AMANTES, AHORA MADRE E HIJO EN REAJUSTE AFECTIVO

La tarde declinaba somnolienta y algunas de las estrellas ya brillaban en el cielo, a pesar que el día no se había desvanecido por completo en el paisaje simple y sencillo del campo.

Un hombre caminaba pensativo, desgarbado y simple, su cara morena marcado por el sol en el arduo trabajo de la tierra, donde una barba daba un aspecto más serio, a pesar de sus ojos, brillantes y lúcidos, revelasen la fuerza y la vitalidad de juventud

Sin embargo, pasaron diez años y Roque ya no era el niño que llegó a Londrina con un corazón angustiado y triste. De hecho, esos años habían sido difíciles y de mucha lucha, pero a pesar de esto, él mismo reconoció que su espíritu se hiciera más fuerte y más valiente. Al mirar el cielo azul claro y suave, Roque pensó: ¡La obra de Dios es hermosa! ¡Qué calma, qué paz! Sintió que su espíritu se llenaba de quietud y mientras caminaba, mentalizó una oración de gratitud, cuando gritos agudos cortaron el aire, rompiendo la serenidad del día agonizante.

Roque se asustó y aceleró su ritmo. Casi corriendo, llegó a una pequeña cabaña de madera, entró rápidamente y tuvo tiempo de sostener la figura de una mujer que, gritando como loca, tenía la intención de salir por la puerta.

Con energía gritó con firmeza: - Madre, estoy aquí. ¡Ten calma! Ve a acostarte. Estoy aquí.

- Déjame ir - gritó con voz ronca -. Quiero huir de ellos. ¡Me van a matar!

Quieren destruirme, ¿dónde está Roque? ¿Dónde estás que no vienes a defenderme?

- ¡Estoy aquí, mamá! Mírame. ¡Estoy aquí!

Ella; sin embargo, en las brumas de la inconsciencia se debatía entre el miedo y la revuelta. Su cara estaba deformada y roja; placas purulentas marcaban su terrible drama. Sus manos estaban cubiertas de llagas y sus pies estaban deformados, envueltos en paños viejos y de color indefinido.

Sintiéndose incomprendido, Roque mientras lo sostenía, murmuraba una oración.

Recurría a Dios, porque sabía que solo Él podía ayudarla.

Poco a poco, María se fue calmando, cayendo en lágrimas convulsivas. Con paciencia y amor, Roque la llevó a la cama y la acomodó.

- Vamos, mamá, acuéstate.

Ella obedeció como una niña y poco a poco sus sollozos se fueran calmando.

Roque la mirara con piedad. Nada en su cuerpo deformado y enfermo ni siquiera recordaba la figura de la bella María de otros tiempos.

¿Qué habría hecho esa criatura para hacerle sufrir una prueba tan terrible? Sabía que cada efecto tiene una causa.

Que Dios, un padre justo y bueno, nunca la dejaría sufrir si no fuera necesario. Como si la dolorosa enfermedad no fuera suficiente, María sufría de perturbación mental. Sin poder resignarse a la transformación de su belleza, llena de rebeldía y odio, se había convertido en una presa fácil en manos de espíritus que, enemigos de otras vidas, se consideraban con el derecho de lastimarla aun más, al envolverla en las terribles tramas de obsesión.

La presencia de Roque, sus oraciones, siempre ayudaban a mantenerlos alejados, pero casi siempre volvían atraídos por los dolorosos pensamientos de María.

A pesar de ser removido del trabajo espiritual en grupos espíritas, Roque nunca dejó de trabajar para ayudar a su prójimo.

Su mediumnidad, después de ir al campo, se había enriquecido desarrollándose cada vez más. Los enfermos y los endemoniados lo buscaban constantemente, quienes, en contacto con él, escuchando sus oraciones y extractos del Evangelio, mejoraran rápidamente.

Poco a poco, un halo de misterio se fue creando a su alrededor. Cuando la condición de María empeoró, Roque se vio obligado a mudarse a un lugar solitario y distante. Temía que en la ciudad se vería obligado a internar a su madre. Sabía que ella se sentía mejor en su presencia y sufría terriblemente cuando él se iba a trabajar. Por otro lado, aceptó la misión de tratarla y, por esa razón, tenía la intención de hacer todo lo posible para darle la comodidad del afecto de hijo.

Sin embargo, los gritos de María, su figura siempre envuelta en telas y velos con los que trataba de ocultar su deformidad, las actitudes de Roque en casa, dejando solo lo indispensable, sus actividades espirituales, todo contribuyó a eso en un pequeño pueblo, se formasen y desarrollasen las ideas más disparatadas al respecto.

Hubo los extremos. Las almas simples, dedicadas y humildes lo adoraban y lo llamaban santo, especialmente después de haber sido sanados a través de sus oraciones. Otros, los malditos y los frívolos, materialistas o encarcelados en prejuicios religiosos, lo acusaban de charlatán y mistificador. Algunos decían, tratando de salir del miedo a los más humildes. que tenía a Satanás atrapado dentro de la casa. Es por eso que a veces se escuchaban gritos y molestias, y de vez en cuando se veía una figura envuelta en paños rondando la casa por la noche.

Al principio, Roque no los había tomado muy en serio, pero a medida que pasaba el tiempo, las cosas empeoraron. Una queja a la policía, y cuando Roque regresaba del trabajo, vio que dos soldados estaban tratando de derribar la puerta de su casa, mientras que María adentro se oponía, negándose a abrirla.

Asustado, Roque habló con la policía y le explicó que su madre padecía facultades mentales y que era peligroso para ellos entrar sin que él estuviera en casa. Habló con ella, que está tranquila o, abrió la puerta y los invitó a entrar. Sospechosos y temblorosos, apenas cruzaron la puerta y pudieron ver a María que, con el rostro cubierto con un velo negro, repitió aterrorizado: - Roque, no dejes que me vean. ¡Ahórrame y este dolor! Por Dios.

Roque la abrazó con cariño.

- Vamos madre. Ve a la habitación, te acostarás y descansarás. Nadie quiere lastimarte. Yo estoy aquí. ¡Ellos son mis amigos! No tengas miedo.

Se permitió que la guiaran y poco después Roque habló con los soldados y se presentó una queja contra él, por retener a una pobre mujer, a la que golpeaba de vez en cuando y la hacía gritar.

Un poco avergonzados escucharon las explicaciones de Roque que justificaba:

- Mi madre sufrió una gran angustia, un shock nervioso, y fue así. Tiene la costumbre de esconderse y envolverse en telas. Tiene horror a ser vista, por lo que reacciona furiosamente, siempre tratando de verlo o hablarle.

Esperen un momento.

Fue al aparador sacando algunos documentos de un cajón. Aquí están nuestros papeles. Pueden comprobarlos.

Ambos hombres, groseros y sin educación, revisaron esos documentos y quedaron satisfechos. La finura de Roque les infundió respeto y acatamiento. Se retiraran. Roque; sin embargo, temía otras molestias. La condición de María empeoraba y nadie podría predecir lo que podría hacer si alguien se le acercara en su ausencia. No podía dejar de trabajar porque ambos vivían de su salario. Entonces buscó una pequeña cabaña lejos y se mudó allí.

Entonces, en ese lugar solitario, María podría disfrutar de más libertad al salir a tomar el aire y caminar un poco.

Su lucha era grande. Era un hombre joven, lleno de vigor, y en plena fuerza de su juventud se había separado del mundo y de los afectos más caros.

Constantemente le escribía a Lídia, que felizmente vivía con su esposo, que ya tenía tres hijos que constituían su tesoro más querido. Se quejó de la visita de su hermano, quien le escribió para explicarle que no podía dejar a la madre, cuya condición había empeorado. No permitió que Lídia viniera, porque sabía que María no quería ser vista.

Varias veces Lídia y su esposo habían ido a Londrina, pero a pesar de la insistencia de Roque, María se negó a recibirlos, la presencia de su hija y yerno, que siempre la habían visto en el apogeo de su salud y belleza, le causó una enorme angustia. No solo se negó a verlos, sino que luchó entre la revuelta y el desánimo. Era difícil controlarse, permanecer agitada durante muchos días incluso después que se fueran. Así que afín de no incomodarla, Lídia no tenía muchas visitas, mantenía correspondencia con su hermano y se informaba de todo lo que necesita saber.

Roque, cada día, más y más se veía obligado a permanecer al lado de su madre.

No iba a ninguna parte, y su única distracción eran los libros que Lídia le enviaba desde la capital.

En el trabajo, a pesar de su amabilidad y corrección, fue visto con cierta sospecha por muchos colegas, que no podían comprender sus atributos mediúmnicos, ni saber la verdad sobre su madre, impulsada por una imaginación excesiva, conjurando sobre ella, inventando historias más sombrías. Dijeran que era un hechicero que mantenía un demonio a su servicio, un genio malvado que vivía con él, ayudándolo en su magia.

Otros aseguraban que encarcelaba a su propia esposa y que movido por violentos celos la obligaba a vivir escondida y cubierta con telas, sin que nadie pudiera verla.

Muchos otros rumores corrieran de boca en boca. Nadie podía comprender cómo ese hombre, aun en su juventud, no trataba de mantener relaciones amorosas con nadie, controlando su naturaleza; sin embargo, Roque no era un súper hombre, pero podía controlar a sus impulsos.

No tenía inclinación hacia el matrimonio. Extrañaba inmensamente el amor y la calidez; Hubo momentos en que la soledad lo lastimó insoportablemente, pero nunca había conocido a una mujer que pudiera amar, desbordando el potencial de sentir que guardaba en su corazón. Roque anhelaba encontrar a su amada mujer, pero al no haberla encontrado, no podía ser sometido al desbordamiento de pasiones y sensaciones físicas.

Así. Por varias razones, aunque sufrió amargamente, luchando contra sus impulsos cariñosos y amorosos, Roque logró mantenerse alejado de las mujeres, tratando de sublimar sus sentimientos, en tolerancia con su madre enferma y con una agresión velada y malévola. de los compañeros.

Ese día, un domingo, Roque se entretuvo cuidando sus plantas; apreciaba mucho este contacto con la naturaleza. Le daba alegría cuidar la tierra y prepararla, sembrar y acompañar su crecimiento, celoso y contento.

Poco a poco se había ocupado del terreno que no era grande y su aspecto era exuberante y alegre. Había plantado flores alrededor de la casa, tratando de suavizar el triste y problemático ambiente del hogar. También era una forma de escapar de la soledad y la tristeza. Ofreció cada flor a los espíritus amigos que lo acompañaban.

Especialmente con la figura suave y conmovedora de Geneviéve.

Siempre fue entre angustia y éxtasis que Roque evocaba su presencia. A veces, ella no acudía a responder a su llamada, pero cuando él la sentía cerca, una mezcla de alegría y desesperación se apoderaba de él. Su afecto por ella era tan real que se encontró tratando de abrazarla físicamente, besarla con infinito amor. Pero ella le acarició la cabeza con ternura y él a veces, entre conmocionado y temeroso sin comprender bien sus sentimientos, temiendo ofenderla con un amor que a veces parecía muy humano, sentía tantas ganas de tocarla, sentir su presencia de la manera más objetiva, lo que temía ser, con su amor, contaminando su figura delicada y sublime.

A veces lloraba, donde el dolor, la soledad, el dolor y el sentimiento de inferioridad lo dominaban, pero luego reaccionaba, luchaba y se iba a trabajar la tierra, cuidando sus plantas con amor.

Todavía era de mañana y Roque regaba con paciencia las camas de rosas con cuidado. Su madre aun dormía, bajo el efecto de un sedante que el médico le había recetado para ayudarla a soportar su dolorosa lucha.

De repente, rompiendo la calma de la mañana azulada, un automóvil bajó por la carretera, deteniéndose repentinamente ante la puerta. Una nube de polvo cubría la entrada, pero Roque; no obstante, reconoció al visitante.

Era la hija de su patrón. Él conocía el auto, aunque lo había visto varias veces.

Roque se limpió las manos y se acercó a la recién llegada que rápidamente había salido del auto y caminó hacia él con pasos firmes. Se detuvo en la puerta mirándolo con curiosidad.

Roque se apresuró a abrirlo y quitándose el sombrero respetuosamente, preguntó: - Señorita, ¿necesita algo?

- Sí - respondió con voz firme -. Vengo a buscarte. Necesito hablar contigo

Roque trató de evitarlo: la joven sacudió la cabeza vigorosamente.

- No. Eres Roque. Te he visto trabajando en la hacienda de mi padre. Es a ti mismo a quien busco.

El tono decidido de la joven no admitía dudas y dejó a Roque sin otra alternativa.

Acostumbrada a mandar, viendo satisfechos todos sus caprichos, Leonor no dudaba ante sus objetivos. Tenía casi treinta años, a pesar de no aparecer más de veinte, gracias a su comportamiento delicado y sus rasgos pequeños, solo que el aspecto era firme y su decisión evidente.

- En qué puedo sele útil - preguntó con humildad.

- ¿No me vas a mandar entrar? - Preguntó, mirando con curiosidad la modesta casa.

Roque hizo un gesto desanimado: - Lo siento, señorita. La casa pobre no tiene comodidad para ofrecer. Es un gran honor darle la bienvenida aquí.

- Pero necesito hablar contigo, no puedo estar aquí. El tema es muy serio.

Roque no tuvo más remedio que llevarla a la entrada de la casa donde había una banca acogedora debajo de la fronda generosa de un árbol amigable.

- Vamos señorita. Aquí puedes hablar con ellos. Nadie nos interrumpirá.

Lanzando miradas furtivas a la casa, un brillo maligno se reflejó en sus ojos. Estaba decidida a descubrir qué había detrás de los rumores que rodeaban a este hombre y lo descubriría.

Al ver su aspecto manso y su comportamiento tranquilo, decidió contemporizar. Se sentara en la banca. Roque, avergonzado, permaneció de pie. La presencia de la niña lo hizo sufrir. Sintió curiosidad y sintió que algún peligro lo involucraba con esa visita.

- Su pensamiento buscó refugio en la oración y, poco a poco, recuperó su serenidad y tranquilidad, al fijar la figura de la joven, pudo ver el aura oscura que presagiaba la inferioridad de su patrón mental - Siéntate, dijo -. Necesitamos conversar. Me irrita verlo allí parado.

Roque tomó una caja y se sentó frente a la niña.

- Puede hablar, señorita.

- Muy bien. Te diré lo que me trajo aquí. Pero primero, respóndeme: ¿por qué no me dejas en tu casa y me recibes aquí, casi en el camino?

Roque la fijó con una mirada enérgica: - La casa es pobre. Además, mi madre está muy enferma. Su enfermedad podría presionarla desagradablemente.

- ¿Por qué? ¿Es ella un monstruo por casualidad? ¿Está deformada?

Mirándola a los ojos con firme energía, Roque respondió: - Su enfermedad es grave y puede contaminarla. Mejor dejarla en paz. Vayamos al tema que la trajo a esta casa. ¿Cómo puedo ser útil?

Leonor sintió un escalofrío por la espalda cuando lo miró fijamente. Había una fuerza en él que no podía definir, pero eso hizo que su tono cambiara. Naturalmente, ella respondió conciliatoriamente: - Vine porque necesito sus servicios. Me dijeron que tienes poderes especiales. Estoy pasando por un problema grave.

- Ciertamente, la información que le dieron no era muy precisa. No tengo ningún poder.

Parecía molesta: - ¿No quieres verme por casualidad? Escuché que curaste al hijo de Jovelina, que estaba casi muerto; que Zé dejó el aguardiente con tus oraciones y que Antonio, que había salido de la casa, regresó con la mujer y sus hijos con su intercesión. ¿Vas a negar eso?

Roque, calmado, aclarado: - Me limité a orar por ellos, pidiéndole a Dios y a Jesús que nos ayudaran. Pero recibieron de acuerdo a su mérito.

- Eres un hombre extraño - instó, mirándolo con curiosidad -, pero, de todos modos, necesitas ayudarme.

Roque la miró directamente a los ojos y respondió: - Mis recursos son pocos. Sin embargo, si depende de mí, estoy a su servicio.

Ella sonrió con cierta frialdad: - Está bien. Ahora estás empezando a hablar. Mi caso es simple.

Estoy esperando un hijo. No lo quiero. Además, soy soltera, sabes lo anticuado que es mi padre. Me creará problemas. Y yo tampoco quiero hacerlo. Será un obstáculo en mi vida. Quiero casarme. Necesito estabilizar mi vida y eso me lo impedirá.

Roque estaba asombrado. La crueldad de esa mujer lo dejó casi sin respuesta. Ella continuó: - Bueno, te necesito. Quiero que provoques el aborto de cualquier manera.

- ¡¡¿Yo?!! – Murmuró Roque, aturdido -.   Usted está equivocada. No tengo ningún conocimiento de medicina. Además, lo que desea es asesinato. Incluso si lo supiera, no lo haría.

- ¿Por qué no? – Añadió, con rencor -. La responsabilidad es toda mía.

Sintió una lástima inmensa por esa mujer que conscientemente rechazaba la bendición de la maternidad.

Trató de disuadirla.

- Piense bien, señorita. Creo que siendo soltera y conociendo la forma de ser del Coronel, ese hijo le traerá muchos problemas, pero todo se puede resolver. Podremos pensar una forma de salvar a este niño.

- ¿Cómo? - Ella preguntó con ironía.

Ignorando deliberadamente el tono áspero, Roque continuó: - Puede hacer un viaje. Su padre no sabrá cuándo nazca el niño. Luego, si no desea conservarlo, se lo dará a alguien para que lo crie.

- Bueno, resulta que no me conoces. Ya pensé en el caso. No quiero que nazca este niño. Y cuando lo decido, voy hasta el final. Me incomoda este malestar y me incomodará mucho más de aquí en adelante. No quiero.

Al ver que Roque iba a continuar, concluyó con voz fría y enojada: - ¿Me vas a ayudar o no a terminar con esto?

- No - dijo Roque, con firmeza -, no puedo. No lo haré

- Si no haces lo que quiero, puedo aplastarte en cualquier momento.
¿Todavía no pensaste que estás en nuestras tierras y que mi palabra podría ser suficiente para ponerte en la calle? Roque, con voz triste pero firme, dijo: - No haga eso. No mate a esa pobre criatura que no tiene la culpa de nada. ¿Cree que una vida puede ser por nosotros inutilizada sin que grandes calamidades que afecten nuestros corazones? Cuando un óvulo es fertilizado en el vientre materno, hay un espíritu que, bajo las bendiciones de Dios, se une a él en busca de una nueva encarnación en la Tierra. Él trae un programa de acción que, si se cumple, lo ayudará a progresar espiritualmente. Dios en su infinita bondad casi siempre reúne, por la reencarnación, a espíritus que se aman o que llevan a cabo la tarea del ajuste afectivo.

La joven lo escuchaba con admiración y le preguntó: - ¿Crees que este cuerpo tiene un alma? ¿Es eso?

- Sí. Creo que todos somos perfectos y reencarnamos muchas veces en la Tierra para perfeccionar nuestro espíritu. Casi siempre, nos unimos a deudores de otros tiempos, a enemigos de otras eras para nuestra redención, o encontramos seres queridos del pasado para continuar nuestra cosecha de progreso. Por eso le pido: ¡Deje que nazca ese niño! ¡Puede ser alguien que le fue muy querido en otra vida!

La niña se encogió de hombros con desprecio: - ¿Realmente crees eso? Entonces, si tu absurda teoría fuera cierta, podría ser un enemigo mío, así que será mejor que lo elimine mientras pueda...

- Lo que será peor, porque aumentará su revuelta y él podrá permanecer a tu lado, perjudicándola mucho, llevándola a la locura o la muerte.

Ella palideció: - Cierra esa boca agorera. ¡Eso es lo que quieres! Pero no sirve de nada. No me convencerás. Sé lo que estoy haciendo. No creo lo que dices, pero si es verdad, corro un riesgo. ¡Quiero ver quién puede hacer más!

- Adelante, Roque, ¿vas a hacer lo que quiero o no?

- No sé cómo hacer eso e incluso si lo supiera no lo haría. Es un delito y no podemos ejecutarlo.

Ella lo fusiló con una mirada.

- Bueno, creo que es bueno responder, porque de lo contrario serás tú quien cargue con las consecuencias. Te daré dos días para pensar. Puedes ver que soy paciente. Mientras tanto, piensa detenidamente sobre cómo resolver mi problema.

Volveré en dos días, piénsalo bien.

Y dejando a Roque angustiado, se levantó de repente y se fue, levantando una espesa nube de polvo.

Con el corazón oprimido, Roque se sintió envuelto de una gran melancolía. ¿Cómo ir nuevamente en busca de otro lugar para vivir? Su madre empeoraba cada vez más. Tenía graves crisis de demencia, viéndose pudrir en la vida. Su malestar había empeorado y, condolido, Roque trataba de aliviar sus sufrimientos, ¿a dónde ir? Nadie aceptaría la presencia de su madre. Por eso había ido a vivir tan retiradamente. Pensó quedarse allí hasta que ella desencarnase.

Sabía que la hija del Coronel no mentía. Era capaz de hacer lo que decía; conocía sus actitudes endurecidas y frívolas.

El crepúsculo cayera del todo. Mirando al cielo con preocupación y angustia, murmuró con lágrimas en sus ojos: - ¡Dios mío! Ayúdanos una vez más Tú, que tienes tanta bondad hacia mí. ¡Conducid nuestros pasos y protege a mi pobre madre! ¡Señor, también ten piedad de esta pobre mujer! Esclarece su espíritu demente. Dale comprensión para que no cometa semejante crimen. ¡Oh! ¡Señor, que ese espíritu se reencarne para cumplir tus planes de iluminación y paz!

Roque se había arrodillado en el duro suelo, con la cabeza en alto, en la manifestación de fe. Y una suave brisa, llevando una luz suave lo envolvió, acariciando su cuerpo y tranquilizando su corazón.

La gentil figura de una mujer se acercarara luminosa suave y gentil. Acarició la cabeza suspendida de Roque, murmurándole al oído con cariño:

- ¡Gustavo! Ten coraje. Dios no nos da un fardo mayor del que podemos cargar, ni hace que sus hijos perezcan en el abandono. Ten fe, Dios está contigo y no te desampara.

Roque no la vio, ni registró sus palabras, pero una dulce sensación de consuelo balsamizó su corazón adolorido.

Sí. ¡Tenía fe! Dios los ampararía. No debería temer las amenazas de aquellos que aun no estaban en condiciones de entender la verdad, ni ver las realidades de la vida mayor.

Se levantó decididamente y con pasos firmes entró en la modesta casa. Fue a la habitación de su madre. Ella, acurrucada en un rincón, sentada en el duro suelo, permaneció con la cabeza envuelta en paños de color indefinido.

Con un corazón apretado por la piedad. Roque se acercara, diciendo con voz dulce: ¡Madre, soy yo! Quítate esos paños de la cabeza, vamos, levántate de allí.

Ella permaneció callada. Insistió: - Madre, levántate. Ven, soy yo. Roque está aquí.

De repente, María se puso de pie.

- ¿Ella ya se fue? - Ella preguntó desconfiada. Pensando que ella se refería a la visita inesperada, dijo: - Sí, ya se fue

María se descubrió lentamente y fue atrapada con un ataque de furia.

- ¡Mentiroso! ¿Incluso ahora me mientes? ¿Tú también? Mira, ella está allí, riéndose de mí.

- ¿Quién es ella? - Preguntó Roque, preocupado.

- ¡Ella! La Baronesa. ¡Ella, bella, rica, poderosa! ¡Se ríe de mí, de lo que soy ahora! ¿No la ves?

- Sí - Roque conciliador -. Sí. No tengas miedo, ella no puede lastimarte.

- Lo sé - reconoció con más calma - Pero viene a reírse de mí, de mi dolor Mira, no te rías.

Sus ojos se abrieron de par en par, fijando un punto distante, y luego continuó: diciendo eso dejando la pose de miedo y de terror, endureciendo su rostro. Un brillo orgulloso apareció en sus ojos.

- ¡Mis joyas! ¡Quiero mis joyas! Manda entrar a mi criada. ¡Necesito cepillarme el pelo, cuidar mi piel! Caminó con gracia por la pequeña habitación, sentándose en la pobre cama con refinada elegancia.

¡Necesito prepararme! Voy a ver al Barón. Quiero mis joyas - gritó coléricamente - ¿por qué no me obedecen? ¡Ah! aquí están. Y con una sonrisa de satisfacción, asumía la actitud de alguien que usa collares y pulseras. Se sujetaba el pelo despeinado, expresando su íntima satisfacción. Después de un tiempo su rostro se transformó de nuevo: ¡El Barón! ¡Ah! El pabellón de caza. ¡Una reunión de amor! Él es mío - Sonrió siniestramente y continuó: - El Barón no me ama. Ahora es de ella. Pero hoy y me vengaré. Traidor inmundo, me las pagarás.

Roque siempre había atendido las crisis maternas con paciencia y tristeza, en oración y cuidado. Muchas veces ella adoptaba actitudes de gran dama y títulos de nobleza, pero nunca mencionó estos detalles y Roque, escuchándola, sintió un terror inmenso. Su corazón estaba lleno de un miedo inexplicable. Le pareció que algo terrible estaba a punto de suceder.

Luchó por dominarse a sí mismo. Gruesas gotas de sudor caían por sus sienes. Tenía ganas de correr, dejando a su madre allí para siempre. Ella continuó: - Él me las pagará. ¡Ella va a dejarlo siempre! Pero... Está muerto, sangre por todas partes. ¡Sangre!

Gritando aterradoramente, María cayó sobre la cama inconsciente y Roque salió corriendo de allí asustado, incapaz de definir o entender lo que sentía. Corrió a unos metros de la casa y luego se sentó debajo de un árbol tratando de calmarse. Su actitud no era normal. Su madre nunca lo había golpeado, no debía temer. Al mismo tiempo, sabía que no era a él que le tenía miedo, sino a algo desconocido. Sintió un dolor inexplicable en el pecho, agudo y terrible.

Poco a poco, esta sensación se calmó y pudo pensar con más claridad. Sabía que estaba vinculado a su madre por un drama del pasado, del cual necesitaba liberarse. ¿Era eso lo que lo había aterrorizado?

Más tranquilo, rezó de nuevo, pidiendo paciencia y comprensión para soportar la prueba hasta el final. Sintiéndose más renovado, volvió sobre sus pasos para ayudar a la pobre madre, inconsciente y exánime.

CAPÍTULO XXVI
UNA AMENAZA
INESPERADA

Dieciséis horas. El sol se extendía sobre la tierra, quemando la polvorienta vegetación de la carretera. A la sombra, sentado debajo de un árbol al lado de la humilde casa, Roque se entretuvo con la lectura. Espíritu amante del conocimiento, adquiría todos los libros que podía y, con la lectura, trataba de mantener un estándar de conocimiento que lo ponía al día con todo lo que sucedía en el mundo, aunque viviese recluido en ese desierto, entre personas simples y sin gran conocimiento

De repente, Roque levantó la vista, examinando el camino con cierta inquietud. Habían pasado tres días y nada de la hija del Coronel, esto no lo tranquilizaba, todo lo contrario, sabía que Leonor no era una persona que renunciase cuando se proponía hacer algo.

Le había dado un plazo: dos días y; hasta esa hora no se había manifestado, aunque el tiempo ya se había agotado.

Roque sabía que volvería. No sabía cuándo, pero ella vendría. Continuó leyendo, intentando, sin poder, olvidar la sensación desagradable, no se equivocó. El ruido del auto, el polvo, anunció que había llegado el momento temido. ¡Leonor había vuelto!

Desafiante, ella se colocó frente a Roque quien, de pie, la saludó tímidamente: - ¿Entonces? Preguntó con voz cortante -. Vine a buscar la respuesta. ¿Me ayudarás?

Roque la miró a los ojos, tratando de envolverla con efluvios de paz.

- Si puedo ayudarte, cuenta conmigo, pero no por un crimen, sino para salvar una vida. Estoy seguro que usted cambió de opinión sobre el niño.

Leonor, quien a las primeras palabras había sonreído con una sonrisa irónica, cerró la cara donde había un profundo resentimiento.

- ¿Es tu última palabra? ¿Te niegas a hacer lo que quiero? - Roque sin apartar la mirada repitió: - Estoy listo para cuidar al niño, para hacer lo que sea posible por él y por usted. Es lo que puedo hacer.

Una ola de rubor coloreó la cara delgada y huesuda de la niña.

- Te arrepentirás. Ya verás. Pronto oirás de mí.

Y sin que Roque pudiera detenerla, rápidamente se giró, tomó asiento en el auto, manejándolo furiosamente, desapareció. Roque, aunque preocupado, sintió cierto alivio. Después de todo, ¿qué es lo que ella podía hacer? Si el Coronel lo despidiese no tendría más remedio que irse de allí. No era posible ir a la ciudad con su madre así. Lo mejor sería dirigirse al bosque y encontrar un rincón donde pudiera construir una choza y vivir junto a su madre mientras ella viviese.

No podía abandonarla y si la llevaba a la ciudad, sin duda lo obligarían a internarla. Si no hubiera otra manera, vivirían de la pesca y la siembra. Tenían algunas gallinas. No tenía miedo. Sabía que podría defenderse. Compraría un saco de sal y azúcar, y para los dos alcanzaría para mucho tiempo.

Más tranquilo, Roque pensó en el niño que no podría nacer y en Leonor, que tan fríamente lo condenara a muerte. ¡Cómo esa mujer era infeliz! En un arrebato de lástima, oró por ella pidiéndole a Dios que iluminara su espíritu endurecido.

Se acercaba la noche y Roque se apresuró a la cocina. Necesitaba calentar la cena para los dos. Los días que siguieron pasaron en silencio. Ninguna noticia en la hacienda donde trabajaba o en casa excepto las crisis habituales de María. Poco a poco, Roque se olvidó de la hija del Coronel.

Una semana después, supo una la alarmante noticia: Leonor estaba enferma. Durante la noche, el correrío en la hacienda fue grande y cuando Roque se fue a trabajar al amanecer, inmediatamente notó algo inusual: no le fue difícil saber de qué se trataba.

El Coronel, apurado, había llamado al médico de la ciudad y el facultativo había estado con la enferma durante horas. Varios medicamentos habían sido comprados en la ciudad con gran apuro y confusión.

Roque se asustó. ¿Qué habría hecho Leonor? A pesar de la confusión de la casa grande, Roque y otros trabajadores generalmente llevaban a cabo su tarea. Era casi la hora de irse a casa, cuando vinieran a llamarlo. El Coronel quería verlo con urgencia.

Un profundo suspiro abandonó el pecho de Roque. Sintió que habían surgido nuevos problemas, no lo sabía, pero se encontró en dificultades. Instintivamente trató de rezar pensando, pidiendo fuerza y protección.

Se limpió las manos callosas del trabajo duro y, ajustándose la modesta camisa, con el sombrero en la mano, fue al porche de la casa, grande. La mestiza que trabajaba en la cocina lo hizo entrar diciendo asustada: - La cosa está fea, Roque. Es bueno saberlo. Nunca vi al señor Coronel tan enojado. Está esperando en la oficina.

En silencio, Roque fue a la pequeña habitación de madera donde el Coronel se ocupaba de los asuntos administrativos de la hacienda. Llamó a la puerta discretamente.

- Adelante - murmuró la voz fuerte del Coronel.

Al cerrar la puerta que solo estaba inclinada, Roque entró respetuosamente. No obstante, respetuoso, mantuvo una actitud digna y serena.

- Cierra la puerta - ordenó bruscamente el patrón.

El Coronel era un hombre temido en el vecindario... Político y violento, era parcial en sus actitudes, permitiéndose ser arrastrado por la fuerza de sus pasiones u opiniones ni siempre justas. Con el ceño fruncido, pálido, Roque nunca lo había visto con tanta violencia en sus ojos o tanta fuerza en su voz.

- Acérquese - ordenó con dureza.

Roque se acercó al escritorio de su patrón, manteniéndose a la expectativa. El Coronel lo fijó como si quisiese leer lo que había en su alma.

- A sus órdenes, Coronel.

- El asunto es muy serio. Tan grave que, si no dejase saber algunas cosas, su vida, que no vale nada, ya se habría terminado -. Roque sintió que la situación era peor de lo que había imaginado. ¿Qué te habría dicho Leonor?

Sin bajar la mirada, Roque controló el tono de su voz y respondió suavemente: - Si puedo ayudar, con mucho gusto.

La actitud digna y humilde de Roque parecía irritarlo aun más: - Contestarás lo que te pregunto - gritó enojado. Roque permaneció en silencio. El Coronel lo miró con furia: - ¿Qué sabes de mi hija?

A pesar de esperar algo sobre Leonor, la pregunta directa y enojada lo desconcertó un poco: - ¡¿Cómo?! Saber cómo... -.

tartamudeó confundido. El Coronel golpeó la mesa con fuerza: - El que pregunta soy yo, cretino. Responde: ¿qué sabes de mi hija?

- ¿Yo? Señor Coronel, casi nada, o más bien, sé lo que otros saben de ella...

- No me irrites más - gritó enojado -. Estoy buscando mantener la calma. No me hagas hacer lo que intento evitar.

Responde: ¿qué fue a hacer ella en tu casa estos días? ¿Por qué fue a buscarte? Contéstame.

Lo miraba colérico y parecía a punto de golpearlo.

- Bueno, señor Coronel. Ella fue a pedir consejo. Ya sabe, la gente viene a mí para hablar, pedir consejo.

El Coronel hizo un gruñido enojado: - ¿Y crees que creo que mi hija, una chica estudiada, que siempre daba consejos y sabía conducir, iba a su casa a pedir consejo? ¿Crees que voy a creer eso?

- Es la verdad, señor Coronel. Ella quería hablar conmigo.

- ¿Sobre qué? - Preguntó sospechosamente.

- Sus asuntos privados, señor Coronel.

- ¿Qué intimidad tenías con ella para que te buscara para asesorarla en asuntos privados?

- Ninguno, señor. Nunca había hablado con ella, pero la gente habla mucho y pensó que podía ayudarla, desafortunadamente, contigo sabes, nada puedo; soy ignorante y simple; no pude ayudar -. El Coronel se acarició la barba y su aguda mirada intentó buscar el interior de ese hombre. Después de unos segundos de silencio añadió: - ¿Qué tipo de relaciones tuviste con ella?

Roque no entendió del todo: - Con lo dije, señor, hablé con la señorita por primera vez cuando ella fue a buscarme.

Por la mirada del Coronel, pasó un brillo malicioso, parecía calmarse y con voz melosa preguntó: - ¿Qué opinas de la hacienda?

- Sorprendido, Roque respondió: - Es una hermosa propiedad, señor.

- Te gustaría tener una igual, ¿no es verdad? Todos los peones como tú tienen este sueño.

Su voz era persuasiva. Roque respondió seriamente: - Cualquier hombre estaría orgulloso de poseerlo. Sin embargo, nunca tuve ese pensamiento, señor Coronel. Soy hombre rudo, sencillo, no sabría encargarme de todo...

Por los ojos del Coronel pasó un brillo de maldad: - Mi hija es muy rica. Única heredera. ¿Te gustaría casarte con ella, no, ser dueño de todo?

Roque palideció. Entendió a dónde iba el otro.

- Por supuesto que no, señor Coronel. ¿Quién soy yo para aspirar a tal cosa? Soy solo un pobre diablo sin nada mío. Nunca me atrevería a pensar en eso.

- Pues lo pensaste, ¿no? - Agarrándolo furiosamente por el collar -, pensó tanto que sabía que nunca consentiría en una boda así y por eso ilusionaste la buena fe de Leonor y la sedujiste. Pensaste que lograrías tu intención -. Roque estaba blanco y sin acción. Tal idea nunca se le había pasado por la cabeza. No sabía qué responder.

El Coronel, notando su palidez, gritó con enojo: - Culpable, sí, infeliz seductor. ¿Crees que daré mi consentimiento? Te mato como un perro.

Perturbado, Roque no conseguía escapar de esas manos que como el hierro lo sujetaban.

- Está equivocado, Coronel - tartamudeó con la voz quebrada. No fui yo. El niño no es mío.

Él saltó enojado: - ¿El niño? ¿Cómo lo supiste? ¿Quién sino el seductor podría saber que ella estaba esperando un hijo?

- Coronel, juro que no fui yo. Doña Leonor vino a buscarme para encontrar una salida...

- ¡Asesino! ¿Todavía tienes el coraje de confesar eso? ¿Leonor está enferma y confiesas que ella vino a ti para encontrar una salida? Si ella muere, escucha bien, si ella muere, pagarás caro. Maldito asesino.

Enloquecido el Coronel lo sostuvo con una mano y con la otra le daba golpes, dando rienda suelta a la furia que lo acometía. Roque sintió que la sangre le corría por la nariz y quedó aturdido. La furia del Coronel era incontrolable. Roque intentó desviar sin tener éxito.

Fue en ese momento que el capataz irrumpió en la habitación, acompañado por una criada.

- Señor Coronel. Venga. Doña Leonor está muy mal, venga pronto.

Esas palabras fueron como una explosión de agua fría sobre la furia del hombre. Lanzó a Roque al capataz con uno grande que decía: - Cuida a ese perro, no lo dejes escapar. Si ella muere, ni siquiera el diablo podrá salvarlo.

Salió furioso mientras Roque, sujetado por el capataz, trató de contener la sangre caía impetuosa. Américo lo miraba con aire divertido: - Entonces fuiste tú, ¿eh? Bien que desconfiaba de tu santidad, ¿Dónde ya se ha visto sin un hombre? No le veo el gusto. Tanta morena bonita y fuiste a meterle con doña Leonor.

Roque ni siquiera se molestó en responder. ¿De qué serviría? Las cosas habían sucedido de una manera que no importaba cuánto intentara explicar a eses hombres maliciosos y malvados, no lo creerían. Suspiró profundamente y confió en Dios que doña Leonor dijese la verdad, nombrando al culpable y solo entonces podría ser liberado de una sospecha tan desagradable.

El capataz lo agarró del brazo con fuerza, empujándolo hacia la puerta, Roque obedeció con resignación. Confiaba en su inocencia. Todo se aclararía.

Américo lo llevó a un cobertizo de madera, en el que guardaban material, y brutalmente lo empujó hacia el interior: - Quédate allí, plaga. Cerraré por fuera, pero te advierto que estoy cerca; si intentas huir, te pego un tiro.

Fue con un pecho oprimido lleno de angustia que Roque vio que la puerta se cerró y escuchó el sonido de la cadena siendo pasada a través del cerrojo, cerrándose el candado. Era un prisionero. ¿Cuánto tiempo lo dejarían allí?

Súbitamente, se acordó de su madre. Era él quien preparaba su modesta comida y la ayudaba a lavarse, cambiarse de ropa. Era él también fue quien le administraba la dosis del medicamento que la ayudaba a soportar la descomposición sin que el hedor la enloqueciese aun más.

- ¡Dios mío! – gimió con voz adolorida, - ¿Qué será de ella si yo no regreso?

Si el Coronel lo mandara matar, lo que no sería difícil para él, ¿quién cuidaría de la infeliz? Preocupado Roque se sintió impotente ante los acontecimientos. Sin embargo, trató de reaccionar. Era inocente. Todo no pasaba de un malentendido que pronto se resolvería. Leonor hablaría y ciertamente todo terminaría bien. Decidió mantener la calma y esperar. No tenía nada que temer.

Se sentó en una tabla, tratando de calmar su corazón aturdido, ¡si tan solo pudiera rezar!

Trató de pensar en Dios y abrió su corazón para pedir ayuda a su pobre madre, por la alocada joven, cuya vida estaba en peligro, e incluso por el Coronel, tan infeliz como ella.

Se sintió reconfortado, notando la suave brisa que lo envolvía y un delicado perfume que lo hizo identificar completamente la amada figura de Geneviéve. Sus labios se separaron en una sonrisa inefable. Ella estaba a tu lado. No la veía, pero sabía que ella estaba allí, envolviéndolo con suaves emanaciones de amor.

Respetuoso, murmuró: - Generosa benefactora, ayúdanos a todos ¡Principalmente a mí tan débil y lleno de defectos! Ampárame para que yo pueda continuar tratando a mi pobre madre que se enloquece de dolor.

Después de unos momentos, se sintió más tranquilo. Mientras la suave presencia de la benefactora lo envolviese, no podía temer a la maldad de nadie.

El tiempo pasaba y nadie vino. Cayó la noche y Roque buscó la luz de la lámpara, pero no encontró fósforos para encenderla.

Pronto la oscuridad se completó y la inquietud volvió a atormentar su corazón. ¿Y su madre? ¿Qué estaría pensando? Temía a la oscuridad, había momentos en que las crisis empeoraban por la noche. Debería estar desesperada buscándolo.

Necesitaba salir de allí de todos modos. La oscuridad dentro del cobertizo era total, pero si podía desplegar una tabla o dos, podría atravesar la brecha. La noche cubriría su fuga. Entonces cuando todo se aclarara, podría regresar y explicar.

Ansioso, buscó algo para intentar arrancar las tablas. Había cuerdas, cables, etc., pero no pudo encontrar ninguna de las herramientas. Lentamente tocó todo lo que pudo con la esperanza de encontrar lo que necesitaba. Pero en esa oscuridad no pudo localizar nada que pudiera usar. Colocando varias tablas y cajas una encima de la otra, logró subir al techo, que también estaba hecho de madera. Las tablas estaban bien clavadas, e incluso donde se unían no era posible abrir un espacio.

Fue entonces cuando escuchó el sonido de la cadena en el pestillo de la puerta. Rápidamente, extendí las cosas haciendo ruido. El capataz entró con una lámpara encendida en la mano.

- ¿Qué haces allí con tanto ruido?

- Nada - tartamudeó Roque. Estaba oscuro, quería acercarme a la puerta y me caí.

- Um... -. murmuró el otro -. Vine aquí para decirte que las cosas van de mal en peor. No quería estar en tu piel, demonios.

- ¿Doña Leonor? - Preguntó Roque afligido.

- Sí. Doña Leonor - y terminó malvadamente - ¿Estás preocupado por ella? Bueno, se supone que debe ser. El Coronel la llevó al hospital de la ciudad. Ella parecía muerta. No creo que se haya dado cuenta, pero ella ya estaba muerta. Así me lo contó Victorina.

Una ola de pavor invadió el corazón de Roque. Si Leonor se fue sin hablar, estaba perdido. Necesitaba salir de allí lo antes posible.

- Señor Américo - habló con voz firme, mirándolo directamente a los ojos - déjame irme y marcharme.

El otro parecía asustado: - ¿Marcharte? Ya conoces al Coronel. Él manda y yo obedezco.

- Pero juro que no fui yo. Ni siquiera conocía a doña Leonor de cerca antes que fuese a mi casa hace dos semanas. Fue un mal entendido.

- Lo que tienes es miedo. El miedo duele. Pero no lo creo e incluso si creyera nada podría hacer. Si te escapas, soy yo a quien castiga - sacudió la cabeza decididamente -. Quédate ahí. No te mandé a meterte en problemas.

- Pero necesito tratar a mi madre. Está enferma y si no regreso a casa estará desesperada.

El capataz miró a Roque con cierta ironía: - ¿Sí? Ha llegado el momento que demuestres tus poderes, ¿no eres el "santo" de los milagros? Quédate allí y haz algo de magia si puedes.

Sin prestar atención a la desesperación de Roque, se fue riendo perversamente. Pero distraído por la conversación, Américo dejó la lámpara sobre una mesa rústica, lo que consoló un poco a Roque. La luz lo ayudaría a encontrar una manera de escapar. Miró alrededor del cobertizo donde numerosas cajas, objetos para usar en los campos, fertilizantes, etc., llenaban una gran parte. Con comenzó la búsqueda. Necesitaba herramientas. Tenía que salir de allí lo antes posible, recoger a su madre y abandonar el lugar.

No encontró nada que pudiera usar. La madera en las paredes era gruesa y muy bien clavada. ¿Cómo hacer? Si Leonor muriera, el Coronel lo mataría, no lo dudaba. No temía a la muerte, pero no quería abandonar a su madre.

De repente tuvo una idea. Podría cavar un hoyo en el piso debajo de la pared y salir al otro lado. Pero ¿con qué? Miró febrilmente y logró encontrar una pala entre una pila de tablas usadas. Radiante, la levantó y trató de estudiar bien la posición del cobertizo y recordó que un lado daba al arbusto, a cuatro o cinco metros de distancia, lo que facilitaba la fuga. Examinó bien el sitio y pacientemente comenzó la excavación.

¿Por qué no había pensado en eso antes? El trabajo era lento y si el Coronel volviese, estaría perdido. Activamente comenzó a cavar. La tierra era muy dura y el sudor en espesas gotas le corría por el cuerpo. Pero Roque no estaba desanimado. Cavara, siempre cavaba como si con cada esfuerzo nuevas energías multiplicaran sus fuerzas. A pesar de estar acostumbrado al trato rudo de la hacienda, le dolían los brazos y su espalda parecía romperse en el esfuerzo hercúleo. Afortunadamente, las vigas se separaron permitiendo que pasara.

La noche era alta y Roque, sin descansar, continuó abriendo el agujero que lo llevaría a la libertad.

Los gallos cantaban para anunciar el amanecer cuando finalmente logró escapar. Manchado de suciedad y sudor, con un sabor amargo en la boca y un cuerpo semi-dormido tenso por el esfuerzo, respiró hondo cuando se vio afuera.

Miró a su alrededor y no vio a nadie. Pronto el día comenzaría a amanecer y comenzaría la vida en la granja. Necesitaba actuar rápidamente, sabía que cuando se diera cuenta de su fuga lo perseguirían como a un animal.

De un salto, ganó la zarza, enrumbó a su casa. Cuando llegó con cautela, no vio luz. Todo estaba oscuro y silencioso. Fue al pozo, sacó un cubo de agua y se lavó.

Se sintió más renovado después de eso. Con cautela entró. María estirada en la cama, gemía desanimada.

- Madre - dijo dulcemente.

Solo un gemido fue la respuesta.

- Madre - reiteró dirigiéndose a la cama - levántate, necesitamos partir.

- ¿Para dónde? Me siento cansada, no quiero ir.

- Es necesario.

Asegurándose que estaba tranquila, rápida, mientras hablaba, extendió una sábana y metió la ropa de María dentro haciendo un bulto con sus pertenencias.

- Levántate, madre. Luego te explico todo, necesitan salir de aquí antes del amanecer. Corrió afuera y tomó la pequeña carreta jalada por el burro que tenía y en unos minutos estaba poniendo su modesta mudanza dentro de él. Todo listo, las provisiones, el agua en las botellas, pero apática María se negaba a ir.

- Madre, ¿me quieres María lo miró con adoración.

- Pues el Coronel quiere matarme. Si no nos vamos pronto, mi vida corre peligro.

María salió de su apatía habitual.

- ¿Matar?

Se levantó aterrorizada y acompañó a su hijo al carro. Los primeros rayos de sol ya coloreaban el cielo temprano en la mañana cuando dejaran la modesta casa rumbo a lo desconocido.

CAPÍTULO XXVII
LA FUGA ESPECTACULAR

Conduciendo su carreta, Roque le insistió a su madre que comiese un pedazo de pan. Él mismo trató de alimentarse para ganar nuevas energías. Desde ayer no habían comido y le dolía el estómago con ansiedad y hambre. No fue por camino habitual. Cuando se diesen cuenta de su fuga, sin duda lo buscarían por todas partes. Tomó un atajo que lo llevaría lejos de la ciudad. Tenía la intención de esconderse en el bosque hasta que pudiera darle a sus vidas un rumbo definitivo. Llevaba provisiones para algún tiempo. Conocía bien esas áreas, varias veces las había recorrido para atender a alguna persona enferma en lugares distantes. Sabía dónde podrían esconderse.

María obedecía apática las determinaciones de su amado hijo. Deprimido y acobardada ante la horrible enfermedad, expresaba su revuelta en las crisis de inconformidad y demencia, para luego sumergirse exhausta en la depresión y la indiferencia. No preguntó el por qué de la huida o la persecución del Coronel. Nada le importaba, excepto con su hijo y su propia enfermedad.

Estando a su lado, se calmaba. Así viajaban en silencio. Roque, inmerso en sus más íntimos pensamientos, conducía con la máxima prisa la humilde carroza. Aunque luchaba por mantener su espíritu fuerte, su corazón estaba pesado y oprimido. El sol ya estaba alto y la tarde estaba en el medio, y Roque estaba luchando desesperadamente contra la angustia y el desánimo. Echó un vistazo a la figura doblada de María y la pena se apoderó de su corazón. Parecía un espantapájaros envuelto en esas telas de color indefinido, tratando de ocultar incluso de sus propios ojos el doloroso estigma de la deformidad y la putrefacción, que se hicieran más evidentes cada día. El líquido, la serosidad que goteaba de las manos, las puntas de las orejas y los pies, manchaban los trapos que lo envolvían y tenían un olor desagradable. El sol era fuerte y Roque sabía que era malo para ella estar expuesto a él. Abrió un paraguas y la obligó a cubrirse.

El viaje se desarrollaba con calma y cada vez más se escondían en el bosque. Roque tenía la intención de distanciarse lo más posible de la hacienda: cuando la noche comenzó a descender, buscó un lugar para descansar. Quería continuar su viaje, pero el animal necesitaba recuperarse; y ellos también. Estaba exhausto, necesitaba dormir. Encontró uno en el pequeño claro donde se detuvo e intentó acomodar a su madre de la mejor manera, extendiendo el viejo colchón sobre algunas telas y obligándola a acostarse. Ella era reacia porque quería que él se acomodase en él, pero finalmente estuvo de acuerdo cuando vio que su hijo había hecho una cama en la hierba donde decía estar muy bien. La noche había descendido del todo y Roque, sintiendo el fuerte olor a arbusto y el ruido de los grillos, miró el cielo que brillaba por entre las ramas de los árboles.

Todo estaba tranquilo, la naturaleza indiferente al sufrimiento y las luchas de los hombres y, a pesar de ser constantemente atacada y depredada, sabía cómo mantener la serenidad, continuando su incesante trabajo de cambio y progreso para mantener el equilibrio de sus fuerzas, preservando la vida ¡Mirando al cielo, Roque pensó en Dios! Murmuró una oración sincera, agradeciendo la bendición de la libertad, pidiendo una guía para sus futuros pasos. Superado por el cansancio, se durmió profundamente.

Cuando se despertó, el primer amanecer de la mañana ya se levantaba en el cielo y el ruido de las alegres aves, el olor del bosque, le dieron una agradable sensación de vida. Se levantó rápidamente. Su madre estaba dormida. Él la despertó. Necesitaban continuar su viaje.

Comieron una comida rápida y se prepararon para partir. Antes del amanecer, ya habían reiniciado el viaje.

Roque estaba más tranquilo. El descanso le había hecho bien. María también se veía mejor. Le gustaba mantenerse lejos del contacto con los demás. Nadie para recordarle su precaria condición, mirándola con asco y curiosidad.

Durante otros tres días viajaran por el bosque, a través de senderos estrechos por donde la pequeña carreta podía pasar, hasta que llegaron a las orillas de un río donde se detuvieron durante dos días hasta que Roque pudo construir una balsa y con ella pudieron cruzarla. Continuaron durante dos días más, hasta que Roque vio la pequeña cabaña donde, hace algún tiempo había pasado la noche, cuando fue allí en ayuda de su morador.

Había llegado tarde y no podía evitar la muerte de su ocupante. Sin embargo, prometió ayudar a la pequeña familia con los agonizantes, llevando a su esposa y sus dos hijos pequeños a la ciudad. Asistió con todo lo que pudo y después de enterrar al pobre hombre conforme lo prometido había llevado a su esposa e hijos a la casa de familiares en Londrina.

La pequeña cabaña había sido abandonada. Recordando la dificultad de encontrar ese lugar que nadie conocía, ya que había llegado allí con un pariente de la persona enferma que lo había estado buscando especialmente, tuvo la idea de esconderse allí por algún tiempo.

- Llegamos, madre. Aquí está nuestro nuevo hogar. Nos quedaremos aquí por ahora.

María no respondió. Le era indiferente dónde quedarse. Lo importante era estar con él y alejarse de la curiosidad de los demás. Entraron. Aunque era una choza vieja, estaba bien protegida y seca.

Solo un cuarto. Una mesa tosca, una cama doble. Había polvo por todos lados.

A pesar de estar cansado, Roque comenzó a limpiar. Limpiara todo y arreglara sus pertenencias de la mejor manera. Fue en busca de leña para la estufa y el agua. Sabía que había un manantial justo detrás de la casa y que ciertamente por eso, esa familia se había establecido allí. El jardín todavía era exuberante, a pesar de los arbustos que parecían querer cuidarlo todo. Alegre, logró encontrar algunas verduras y algo de mandioca. Inmediatamente arregló el fuego y preparó una comida para los dos.

María no estaba interesada en estas tareas domésticas y Roque la salvó debido a la enfermedad. Luego quiso evitar que contaminara la comida con sus manos sufrientes.

Por la noche, estiraba la hamaca afuera y mientras miraba al cielo pensaba en los extraños designios de Dios, que los había llevado a esos lugares perdidos solo y sufridos. ¿Por qué?

¿Cuál es la razón de todo esto? ¿Porque tenía que estar solo en la compañía de su pobre madre, cuya vida se desvanecía todos los días?

Sabía que todo efecto tiene una causa. Que la justicia de Dios siempre actúe con finalidad en el bien.

¿Qué se esperaba de él en estas circunstancias para hacer el bien? ¿Por qué le concedían aquella oportunidad de aislamiento completo en compañía de su madre, con la que nunca había tenido una afinidad, pero que le competía amar y comprender?

Fue entonces que emoción lo envolvió. Sintió que la figura de Geneviéve se perfilaba frente a él. Una ola de calor bañó su corazón, carente de amor y comprensión.

- Estás aquí - pensó con alegría - No nos has abandonado a pesar de todo.

Él notó que ella sonrió dulcemente. Sintió esa suave emanación de luz, saliéndole del tórax iluminado, envolviéndolo en alegría y paz.

- Sí, soy yo. Estoy aquí. Nunca te abandoné. Continúa tu tarea, con la bendición de Dios.

Roque se sentía inmerso en suprema felicidad. Se esforzaba a mirar mejor la delicada figura de Geneviéve sin poder comprender la avalancha de sentimientos que brotaban en su interior.

- Escucha. Preguntabas el porqué de tu situación. Confía en Dios Por el momento te digo que tienes la sagrada tarea de iluminar ese espíritu que está bajo tu guía. Ayuda a María a entender a Jesús. Ámala bastante como para llevarla al regazo del Señor, y solo entonces, libre del compromiso que te ata a ella, podrás tomar el vuelo hacia planos mayores.

Sacudido por una intensa oposición, Roque susurró conmovido.

- ¡Quédate conmigo! ¡No me dejes! ¡Tu presencia nutre mi alma con paz y alegría!

Geneviéve sonrió amablemente: - No puedo estar aquí constantemente, pero vendré a verte cada vez que pueda. Pero estaremos unidos por la fuerza del pensamiento. Que Dios te dé mucha fuerza y te bendiga.

La figura radiante se diluyó ante los ojos ávidos de Roque y la deliciosa sensación de su presencia iluminada desapareció gradualmente.

Rehecho de las emociones, Roque trató de entender lo que se esperaba de él. ¡Iluminar el alma de María! Sí, eso fue todo. La conocía endurecida e indiferente atravesando su drama sin poder ampararse en la fe y la resignación.

Había tratado de orientarla sobre la vida espiritual, pero ella se mantenía indiferente y fría.

- Necesito poder esclarecerla – pensó -, es eso. Para esto estamos aquí, aislados y unidos por la mano de Dios.

Se decidió entonces a dedicar cada minuto que pudo a ese esfuerzo, Dios ciertamente lo ayudaría. Y cerrando sus cansados ojos, se durmió sintiendo dentro de sí mismo el despertare de nuevas esperanzas.

CAPÍTULO XXVIII
LA EVANGELIZACIÓN DE MARÍA

El viento soplaba fuerte, sacudiendo las ramas de los árboles, y el cielo cubierto de densas nubes anunciaba la inminente tormenta. Aturdido, Roque trató de recoger una buena cantidad de leña. porque no sabía cuánto duraría la tormenta. Habían estado en la cabaña durante dos semanas, y Roque había intentado con esfuerzo y habilidad hacer que la pequeña cabaña fuera más cómoda. Ocupado, iba y venía, tratando de recoger los utensilios y la ropa que estaba afuera. Pronto comenzaron a caer gruesas gotas de lluvia y Roque entró rápidamente, cerrando la puerta con cuidado para que la gruesa cerradura de madera la sujetara firmemente.

Él suspiró aliviado. Se las había arreglado para recolectar vegetales, una buena parte de leña y evitar el clima que ya se estaba derrumbando con fuerza. Solo entonces buscó a la madre que estaba agachada en un rincón, con la cabeza enterrada en la pared con la tendencia a esconderse. Roque trató de levantarla.

- ¡Mamá! ¡Qué pasó! ¿Qué sucedió…?

María no respondió, insistiendo en permanecer como estaba.

- Madre - dijo dulcemente -. Levántate, ven, estoy aquí. Ven conmigo.

Ella refutó, tratando de resistir lo más posible. El hijo logró levantarla y hacerla sentarse en la cama áspera. María sollozó dolorosamente. Conmovido, Roque preguntó: - ¡Roque, necesito morir! ¡La locura tal vez pueda venir a mi rescate! ¡Todo es tan horrible!

Roque se admiraba a sí mismo. Rara vez María mostró durante sus crisis tanta lucidez. La abrazó con cariño.

- ¡Mamá! ¡Debemos tener fe en Dios! Seamos resignados ante los sufrimientos y las pruebas que debemos pasar en este mundo -. María lloraba aun más.

- Pero no es justo, Roque. ¡Lo que me pasó no es justo! - Su desesperación era tan evidente y desgarradora que las lágrimas acudieron a los ojos de Roque.

- No digas eso, mamá. La justicia de Dios escribe con líneas torcidas Cree que reencarnamos muchas veces en la Tierra y rescatamos en una existencia lo que hicimos mal en otras.

- No es verdad – gimió ella -. ¿Cómo puedo pagar las faltas que no recuerdo?

- Madre, el olvido nos permite comenzar una nueva vida, convivir con personas a las que perjudicamos sin que el recuerdo del pasado dificulte aun más esa relación. Es bueno olvidar el mal que hicimos, pero todo mal revela ignorancia e inferioridad y necesitan despojarnos de él para evolucionar. ¿Nunca se te ocurrió que pudimos ser compañeros de otras vidas reunidos bajo el mismo hogar?

Por unos instantes, María miró fijamente y se estremeció violentamente como sacudida por fuerte emoción. Por un segundo le pareció ver a su amado hijo como otro hombre y esa percepción afectó profundamente sus sentidos. Se calló.

La elusiva impresión se desvaneció, pero María no encontró ninguna razón para refutar.

- Hijo, por mucho que haya sido culpable, ¡el castigo es horrible!

- Sí madre. Entiendo tu dolor. Pero Dios a veces nos ofrece la amarga medicina del sufrimiento como forma piadosa de resarcimiento y de cura. Y luego, madre, ¿qué importa una vida en la Tierra frente a la eternidad? ¿Qué importa que todo nuestro cuerpo de carne se pudra si nuestro espíritu quiere liberarse y continuar feliz, sereno, edificado y puro rumbo a otros mundos de luz y felicidad sin fin? Madre, un día dejaremos la Tierra, iremos a la Patria espiritual, nuestra Patria más grande. Habremos cumplido nuestra misión en la Tierra. Estaremos ligeros y felices.

- Hijo - susurró María con voz triste - ¡Estoy tan cansada! ¡Dices eso con tanta certeza! ¡Ah! como me gustaría pensar como tú. ¡Cómo me gustaría creer que algún día, en algún lugar, podré arrancar esas telas inmundas sin que nadie me mire con horror! Roque - sollozaba desesperadamente - hoy dos dedos de mi mano se cayeron a pedazos. ¿Cómo puedo superar esto sin volverme loca?

Era la primera vez que María se refería sinceramente a su enfermedad. Roque la sintió más consciente; una inmensa piedad bañó su espíritu amoroso y comenzó a hablarle extensamente sobre su vida espiritual.

- Madre, el dolor representa en la Tierra el llamado efectivo para despertar nuestros espíritus a la vida verdadera. Dios es un padre justo y bueno.

- Pero Roque - objetó con voz triste -, nunca lastimé a nadie. ¿Cómo creer que mi enfermedad es justa? ¿Cómo no sentirme abandonada por Dios, ver la vida sin piedad desgarrándome el cuerpo en pedazos, sin siquiera tener un poco de esperanza? No - sollozó angustiada -. No veo esa justicia que me castiga tan rudamente.

Lágrimas amargas gotearon por sus mejillas enrojecidas y entumecidas. Roque la abrazó con cariño, haciendo que su voz fuera tierna: - ¡Madre! No debemos juzgar lo que no podemos entender.

Tú siempre fuiste una buena persona, no molestabas a nadie, pero eso sucedió ahora en tu existencia actual. ¿Cómo podemos saber el alcance de nuestros errores en vidas anteriores? ¿Cómo no ver lo que nos pasa hoy, y dentro de un fatalismo que no podemos evitar, sea el resultado de lo que hicimos en otros tiempos, habitando otro cuerpo de carne? ¿Cómo no entender que nadie puede huir al cumplimiento de las Leyes de Dios que le dan a cada uno según sus obras? Piensa, madre y sentirás que la enfermedad dolorosa que te golpeó tiene su origen en tiempos pasados y representa la cosecha de tu propia siembra.

María lo miró con lágrimas en los ojos.

- ¿Realmente crees eso? ¿Hemos vivido en otra parte como otra persona?

- Sí - dijo Roque con firmeza -. La gente vive en otros tiempos con otros hombres, pero nuestro espíritu es siempre el mismo. Pasamos varias veces en la Tierra para aprender lecciones de tolerancia y amor, evolución y progreso. Mamá, ¿a veces no sientes lo que has visto en la vida repitiendo escenas? ¿No te parece, por ejemplo, que los dos estamos unidos por sentimientos fuertes y antiguos?

- Sí - instó ella pensativamente -. Cuando te miro no lo sé explicar lo que me da vergüenza de verme en esta miseria, tristeza de ver tu juventud perdida, solo en medio del bosque con una anciana enferma. Quería dártelo todo. Quería vivir a tu lado toda mi vida, hermosa como yo era, feliz y contenta. Incluso sin que te cases, no quería que te casaras, quería estar a tu lado.

- Y Lídia - dijo, él es su hija tanto como yo.

María se encogió de hombros.

- Sí, lo es, pero es a ti a quien más quiero. No lo extraño, pero sin ti no podría soportar la vida.

- ¿No crees que esto es un reflejo de nuestro pasado? ¿Por qué es esta preferencia que nada justifica? Lídia siempre ha sido una buena hija, cariñosa y honesta.

María permaneció en silencio, pensando. Roque permaneció en silencio, era la primera vez que la madre se mostraba más iluminada y más equilibrada. Sabía; sin embargo, que necesitaría mucha paciencia, ya que todavía había mucho que sembrar en ese corazón que se despertaba con el duro toque de dolor y sufrimiento. Después de unos minutos, María dijo: - Roque, ¿realmente será así? ¿Que hayamos vivido otras vidas en la Tierra? ¡Es de admirar!

- ¿Por qué? - dijo simplemente -. ¿Crees que Dios ha cerrado la puerta al pecador que cometió un error, que se arrepintió y quiere comenzar de nuevo rehaciendo sus errores pasados?

Otro silencio Después de largos minutos, María agregó un suspiro: - Roque, creo que en otras vidas debí haber cometido muchos errores para recibir una pena tan horrible.

- Si madre. La ayuda de Dios es perfecta, si sufrimos, es porque lo merecemos. Sin embargo, si sabemos cómo conservar la fe, con resignación, sin dejarnos abatir, luchando por mejorar nuestro espíritu, sin duda pagaremos nuestras deudas pasadas y podremos luego disfruta de la felicidad plena en otros pianos de la vida. Jesús dijo: Hay muchas moradas en la casa de mi Padre, moradas de luz, amor, belleza y alegría. Algún día, madre, estoy seguro, estaremos en un mundo mejor.

María miró a su hijo con ingenua adoración, mostrando en sus ojos una belleza que aun permanecía: - Roque, enséñame a conocer ese lugar. Tienes que pensar que algún día todo esto terminará. ¡Como una pesadilla odiosa e interminable!

- Sí, madre. Ahora que quieres saber, será más fácil de explicar. En un día que será ligero en nuestras almas, estaremos juntos y felices en planos superiores, donde el ángel que nos ha guiado, nos enseñará una vez más el camino del amor y la alegría.

Roque miró hacia lo alto, esperanzado y feliz. Finalmente, después de tantos años, María comenzara a mejorar. Y Roque podía sentir la ligera brisa que volatilizaba el aire, la fragancia y la suavidad de Geneviéve.

A partir de ese día, el trabajo de Evangelización de María comenzó para Roque. Durante el día se desarrollaba en las duras luchas del dominio de la tierra y de las tareas domésticas, pero por la noche. invariablemente se sentaba al lado de su madre, en la puerta de la casa, cuando el buen tiempo lo permitía, o al lado de la cama, para una conversación amorosa y educativa. Trataba de variar la conversación, ahora hablando de reencarnación, de la Justicia de Dios, ahora del mundo espiritual, a través de los libros espíritas que había leído, algunos de los cuales había logrado conservar a pesar de la dureza de las luchas experimentadas. También le contaba sobre la vida de Jesús, de los apóstoles, de los mártires cristianos. En vista de sus coloridas y hermosas narraciones, María a menudo se puso a llorar, sufriéndolas y riéndose con las emociones de los personajes.

Roque tenía el don de hablar. Con un dominio raro, solía hablar sobre lugares y hechos, dando un nuevo color a sus narraciones, destacando toda su belleza. María ensimismada lo contemplaba, ajena a sus miserias y sufrimientos.

Aunque no pudiese penetrar profundamente en las altas lecciones y los nobles conceptos evangélicos que su hijo trataba de transmitirle, la figura gris del ser que adoraba por encima de cualquier cosa en el mundo tocaba su corazón. Estaba orgullosa de su sabiduría, su inteligencia y fijando su rostro en el calor de las narraciones, no pudo dominar la emoción que la invadía. Su mirada brillante y lúcida, sus hermosas palabras, le proporcionaban, no raramente, lágrimas que se desbordaran, bañando su corazón. sufrió trayendo alivio y consuelo.

Era con sincera alegría que Roque notara la lenta modificación, pero evidente de María, ya no estaba enojado como antes, no se desesperaba a pesar que su sufrimiento continuara el mismo.

Una vez sorprendida en lágrimas por su hijo, que la abrazó con ternura, preguntó con voz triste: - Roque, ¿mi enfermedad realmente será un castigo por mis errores pasados?

Con ojos brillantes, Roque respondió: - Madre, Dios es un padre justo y bueno, si la gente sufre, nuestro sufrimiento tiene una causa. Las enfermedades dolorosas en el cuerpo representan la misericordia de Dios trabajando en nuestro favor.

- Hijo, ¿cómo puede este horrible sufrimiento ser misericordioso?

- Olvidas que, en el mundo, las personas disfrutan de la libertad de elegir este o aquel camino y que a menudo eligen los caminos engañosos de la ilusión, que nos llevan a perjudicar a los demás. Por lo tanto, este comportamiento cubre nuestros espíritus de fuerzas destructivas, que dañan gravemente el cuerpo espiritual que nos conecta con el cuerpo de carne. Cuando desencarnamos, estas lesiones permanecen en nuestro cuerpo espiritual, causando sufrimiento y desequilibrio. Solo un nuevo cuerpo de carne que absorbe estas energías desequilibradas y que las exprese puede aliviar nuestro sufrimiento reconduciéndonos al equilibrio. Naturalmente, nuestro espíritu, responsable de todo, sufrirá las consecuencias, y al registrar las experiencias en esta fase dolorosa, aprenderá a valorar su cuerpo con el precioso instrumento de trabajo, haciendo a los demás lo que le gustaría que los otros hicieran contigo.

María lo miró con ojos malvados y brillantes.

- Entonces, Roque ¿qué crimen habré cometido para sufrir tanto?

- Madre, dejemos el pasado que la bondad de Dios ha cubierto. Solo necesitamos la certeza que muchos nos equivocamos; pero después de la dura prueba, estaremos redimidos y felices en mejores planos -. Un profundo suspiro escapó del pecho de María.

- No puedo. Ahora que lo pienso, siento que mi conciencia me acusa. Por la noche, escucho voces que desaprueban mi proceder, risas, insultos; sueño con sombras que me persiguen, queriendo destruirme. Hijo, a menudo he rezado, pero nunca he sentido el beneficio de mis oraciones. Me doy cuenta que tu oración está llena de fe, te quedas transfigurado. Me temo que he cometido muchos errores, quería rezar contigo. ¿Me puedes enseñar?

Profundamente conmovido, Roque la abrazó mientras decía: - Madre. No hay ningún secreto en mi oración. Todos somos hijos de Dios que nos escucha por igual.

Naturalmente, tus oraciones se limitan a oraciones memorizadas que el hábito mecanizó. Intenta hablar con Dios. Deja que tu corazón hable, cuéntale tus penas, tus angustias, hazlo con humildad y verás cómo te sentirás consolada. No olvidemos que la bondad de Dios es una fuente inagotable y generosa.

- ¡Dios! ¡Padre! ¡Perdón! ¡Perdón!

Había tal vibración de sinceridad en su voz, tanta consciencia de su propia culpa, que una luz suave y cariñosa de arriba envolvió su pecho ennegrecido, y a su contacto, la gruesa capa oscura que envolvía su corazón, se agitó y disminuyó sustancialmente.

María se calmó y respiró más fácilmente. Empalideció un poco, parecía que iba a caer.

- Madre, ¿está mejor? - Preguntó con ansiedad -. Sí - tartamudeó ella -, mucho mejor, pero estoy cansada, muy cansada.

- Acuéstate e intenta descansar, conseguiré un caldo caliente. Te sentirás mejor después de eso.

Él la dejó acomodarse en la cama y aceptó con gusto los pedidos del hijo. Después de ingerir el caldo, se durmió con calma.

Roque estaba agradecido y feliz. Finalmente, esa alma indiferente y sufriente había encontrado el camino de la iluminación y la fe. Se sintió recompensado por todas sus luchas y sufrimientos, con la certeza que estaba colaborando en el cumplimiento de su tarea más difícil.

Y envolviendo su corazón agradecido en alegrías espirituales, sintió el dulce perfume de Geneviéve en el aire. Roque se dio cuenta que no estaba solo. Aquel ser tan amado estaba compartiendo su alegría. Nuevas fuerzas bañaron su tierno ser y, mirando hacia arriba, no pudo contener dos lágrimas que le bañaron las mejillas en un jubileo de paz.

En los días que siguieron, Roque continuó con su bendita tarea. Trabajaba desde el amanecer en el cultivo de la tierra. Comprara algunas gallinas en un viaje por carretera al otro lado del río y uniéndose a las pocas que tenían, pudieron enriquecer sus comidas con huevos. La anemia de María preocupaba a su hijo, quien hizo todo lo posible por alimentarla lo más posible. Pero los remedios fuertes que María tomaba dificultaban el hígado provocándole náuseas y poco apetito.

Tres meses después que Roque se hubiera establecido con su madre, las medicinas, la sal, el azúcar terminaron y tuvo que ir a un pueblo para negociar algunos bienes y obtener lo que necesitaban. Buscó un lugar frente a la hacienda del Coronel y consiguió provisiones para más tiempo. Pero los remedios fueron difíciles y tuvo que ir al pueblo a buscarlos.

Temeroso de encontrar un conocido, trató de modificar su apariencia, lo cual no fue difícil. Su barba había crecido tanto que cambió completamente su apariencia. Su cabello también, cayendo sobre sus hombros y encaneciendo prematuramente, le daba la apariencia de un ermitaño. Su dieta frugal y simple, el trabajo duro en contacto con la naturaleza, le dio nuevas energías para reflejarse en el aspecto amable y hermoso.

A pesar de esto, trató de modificar la ropa para no ser reconocido. Vistiera una camisa grosera y un pantalón que eran del antiguo morador de la cabaña, muy diferente de las costumbres locales, y fue a la ciudad recomendando a María que esperara tranquilamente su regreso.

Si había tratado de cambiar su apariencia, no pensaba en sí mismo, sino en su pobre madre que dependía exclusivamente de su amparo. Fue a la ciudad y nadie lo vio.

Parecía mucho mayor que Roque, que había huido de la granja del Coronel meses antes. Solo confió en el médico, pidiéndole secreto. Se las arregló para obtener algo de dinero, vendiendo pollos en el camino, y con eso pudo comprar algunos dulces simples y esenciales para unos meses más.

Fue con alegría que regresó a casa humilde. María lo estaba esperando ansiosamente y cuando lo vio, gritó de alivio: Dios escuchó mis oraciones. ¡Has vuelto bien! Sus ojos ansiosos se clavaron en él con lágrimas de alegría y en oposición.

- Sí, madre. Tenía muchas ganas de llegar. Te traje algunas cosas de la ciudad.

Ella lo miró a los ojos y dijo: - Tu presencia es lo que más deseo. Sufrí tanto en tu ausencia que le pido a Dios que nunca nos separe -. Él sonrió amablemente.

- ¿Qué es eso? Estoy aquí y siempre estaremos juntos. Ahora vamos a ver los paquetes.

Roque notó que, aunque sus manos, cuello y pies estaban envueltos en telas, mostrando su precaria condición física, María parecía más viva y lúcida, sus ojos se habían humedecido y habían perdido gran parte de ese brillo duro y arrogante de otros tiempos.

Durante dos años vivieron en paz, y si la enfermedad inexorable de María hizo que su cuerpo deshiciera la carne, lenta pero gradualmente su espíritu también mejoraba.

CAPÍTULO XXIX
MEDIUMNIDAD AL SERVICIO DEL BIEN

Una tarde, María, sin aliento, llamó a Roque, que cuidaba de la plantación cerca de la casa.

- Roque, rápidamente, un hombre cerca de casa. ¡Se ve mal!

Roque dejó caer la azada y subió la cuesta. Un hombre estaba de pie, mostrando fatiga, frente a la cabaña. Se aproximó. Le notó la extrema palidez y sus manos estaban apretadas. Parecía que iba a caer. Corrió hacia él sosteniéndolo firmemente y preguntándote amablemente.

- ¿Qué pasó? ¿Qué le sucedió?

- Me persiguen - tartamudeó el miserable, mirando al vacío -. Quieren llevarme al manicomio, pero no estoy loco, joven, ¡juro que no estoy loco! - Al verle el aire tan ensimismado, Roque trató de calmarlo.

- Claro que no. Ven conmigo, te ayudaré.

- ¿No me entregarás? - Preguntó desconfiado.

- ¿Por qué haría eso?

- Ellos ya lo hicieran. Tuve que correr. Ellos querían matarme.

- Bueno, no dejo que nadie te lleve, eres mi invitado. Mi casa está aquí. Vamos, entra.

María parecía asustada, incapaz de superar el temor que el evidente desequilibrio del hombre le inspirara.

Mirando a Roque, el recién llegado, que al principio parecía dudar, obedeció rápidamente. Roque sentía lástima. Vislumbrar las figuras oscuras de espíritus perturbadores vinculados al visitante inesperado, pegados como reflejos de sus propios movimientos, mostrando una simbiosis significativa.

- Ven - continuó Roque -, siéntate aquí, vamos a conversar. ¿Tienes hambre? - El otro, medio encogido, algo asustado, se había sentado en la tosca silla que Roque le ofreciera.

- ¿Hambre? – Tartamudeó como si no entendiese.

- No. No tengo hambre. Quiero descansar. Después continuaré mi viaje -. Al ver su mirada inquieta y abatida, Roque añadió: - Sí. Después puedes continuar, pero ahora necesitas rehacerte un poco. Mantén la calma, estamos lejos de la ciudad y de otros hombres. Solo nosotros, tú y mi madre, moramos por estos lugares. Es un buen lugar y nadie vendrá a buscarte aquí.

El otro pareció calmarse un poco, aunque continuó mirando todos lados con miedo.

Roque llenó una taza con agua fresca y la colocó sobre la mesa.

- Me llamo Roque ¿Y tú con tu nombre?

- Mario. Yo vengo de lejos. Piensan que estoy loco. Pero es mentira. Cuando a veces quieren atraparme, necesito esconderme. Pero mis hermanos no creen lo que digo y quieren ser admitidos en el sanatorio. Dicen que estoy alucinando, que todo es ilusión, que las personas que me persiguen existen solo en mi imaginación. ¿Tú también lo crees? A veces tengo miedo. Creo que realmente me voy a volver loco.

Tengo ganas de suicidarme. Terminar todo. Esto es lo que quieren.

Roque, al ver su palidez y su mirada aterrorizada, puso su mano firmemente sobre su brazo y mirándolo con energía en sus ojos habló serenamente: Esto es lo que "ellos" quieren, pero no lo harás. Quieren destruirte; ¿te rendirás sin pelear?

Un destello de lucidez atravesó su mirada extrañamente fija.

- ¿Me crees?

- Por supuesto, lo que te pasa le ha pasado a muchas personas. Espíritus, sus enemigos de encarnaciones pasadas, que no perdonaron, hoy y descendieron para tomar justicia con sus propias manos, olvidando que la justicia pertenece a Dios, que para este propósito estableció Leyes que funcionan al dar a cada uno según sus obras.

Sorprendido Mario lo miró sin parecer comprender.

- Sí –Roque continuó con enérgica sinceridad -, todos somos deudores de la justicia eterna y, por lo tanto, necesitamos perdón, no estamos en condiciones de juzgar a nadie sin incurrir en errores serios que nos causarán muchos sufrimientos futuros. Ama a tus enemigos, dijo Jesús. Perdona setenta veces siete veces.

El interlocutor, que escuchó con aparente calma, de repente comenzó a palidecer aun más mientras su cuerpo temblaba como una hoja que había sido golpeada por el viento.

Profundamente apenado, Roque oró en espíritu suplicando ayuda. Pudo ver que, mientras hablaba, Mário con lo que estaba transformando y ahora otra cara, fría y retorcida por el odio, pálida y con un brillo intenso en la mirada de fuego, lo miró con ira. Pegado al coronario y al cerebelo de Mário, a través de un hilo espeso oscuro y viscoso con brea, expulsaba una tremenda carga de energía destructiva que, llegando a los centros de fuerza del periespíritu, descontrolaba todos los plexos del cuerpo de Mário, acelerando su ritmo cardíaco, bajando la presión arterial, causando náuseas y malestar general.

Roque miró el espíritu infeliz que lo enfrentaba y quiso demostrar su posesión sobre el pobre cuerpo de Mário, como sugiriendo que en esas condiciones nadie podía ayudarlo. Roque; sin embargo, está imbuido de enorme sentimiento de piedad, lo miró sin miedo, mientras veía a Mário caer violentamente al suelo, luchando dolorosamente, con los dientes apretados, los músculos endurecidos en una crisis punzante. Poniendo su mano en la parte superior de su cabeza, dijo: - Estás equivocado si crees que tengo la intención de luchar contra ti. Esa no es mi intención. Cada uno tiene el libre albedrío y, por lo tanto, cada uno es responsable de sus acciones, y rinde cuentas a las Leyes de Dios que siempre cobran. No lo conocía, como no te conocía, no pretendo involucrarme en tu problema con los detalles del pasado o saber cuál de los dos tiene mejores razones.

Sin embargo, no me negará el derecho de hablar para que, si es posible, pueda mejorar la situación de ambos.

La entidad espiritual lo miró con ira e indiferencia. Roque continuó. Estoy lleno de defectos y he cometido muchos errores en mi vida. Pero tengo la oportunidad de mejorar, porque sufrí mucho y sé que el sufrimiento es el resultado de mis fracasos. La oración me ha ayudado mucho. Permíteme rezar en nuestro por favor

La entidad lo miró con desdén y, encogiéndose de hombros, regresó con ironía: - llegué a tenerle miedo. ¡Un debilucho! Quien todavía cree en milagros y santos. No me preocuparé más, pero te advierto: - no toleraré interferencias. Él es mío, yo soy el jefe. Los otros trabajan para mí, bajo mi comando. Si no te entrometes, no te sucederá. nada No tenemos nada en tu contra. Pero mantente alejado de él. Es nuestro. Cualquier traición, ¡ya verás!

Roque, humilde, cerró los ojos y rezó fervientemente. Pidió aclaraciones y ayuda para los espíritus sufrientes que aun no han logrado olvidar y perdonar. Mientras oraba, se formó una luz de zafiro sobre su cabeza y pecho, rayos brillantes que buscaron el tórax de Mário.

Asustada por la luz que vio, la desafortunada entidad se alejó a una esquina, mirando a Roque con desconfianza. No vio la figura luminosa de Geneviéve que, al entrar en la humilde cabaña, la inundó de luz, pero se sintió abrumado por un miedo indefinible, mientras que la vaga tristeza envolvía su intimidad.

La brillante figura de Geneviéve, de pie detrás de Roque, colocó su mano extendida sobre su cabeza, emitiendo un poderoso chorro de energía que, al ingresar a su coronario, aceleró los movimientos de electromagnéticos del sistema nervioso. De las manos de Roque, extendidas sobre Mário, comenzaron a verter luces de diferentes colores, que circulaban alrededor de su cuerpo enfermo, buscando penetrar a través de la gruesa capa negra y viscosa que lo envolvía.

A pesar de la dificultad de penetrar las energías renovadoras, Mário pareció calmarse y cayó en un ligero sueño. Su respiración se estabilizó poco a poco. Roque, después de rezar, se inclinó ante él y lo colocó cuidadosamente sobre la cama. El sueño del que ha estado privado durante mucho tiempo sería una fuente generosa de recuperación física. Preparó un caldo caliente mientras el enfermo dormía. Tranquilizó a la madre asustada, que se negó a aceptar la presencia de ese hombre en el enfermo en casa.

Solo dos horas después, Mário se despertó. Al principio miró a su alrededor, mostrando nada más que desorientación y sorpresa. Mario se pasó una mano temblorosa por la frente.

- ¿Qué sucedió? ¿Tuve el ataque otra vez?

- Te quedaste dormido. Creo que estabas cansado. Bebe esto, te hará bien -. Le ofreció la taza de caldo de pollo. Mário aceptó un poco, como si no recordara.

- Bébelo. Vamos -. Se llevó la taza a los labios. Obedientemente, Mario bebió hasta el final.

Él suspiró aliviado.

- ¿Entonces? – dijo Roque con una sonrisa, - ¿Estás mejor?

- Sí – respondió -, mucho mejor.

Roque sintió que un calor suave envolvía su corazón. Estaba feliz. La misericordia de Dios le permitiera ayudar a un compañero necesitado. Ese mismo día, Roque proporcionó una pequeña habitación, si se puede llamar así, conectada a la casa para albergar al enfermo. Había una repisa conectada a la pequeña habitación donde solo se podía hacer una cama tosca, que el propio Roque hizo con el tronco de los árboles y las hojas. Al ver la disposición y la alegría de Roque, mientras trabajaba duro para acomodarlo, Mário se conmovió Miró todos sus movimientos, pero no podía levantarse, tal era la postración y la debilidad que lo habían acosado.

- Te quedarás unos días con nosotros. Hasta que mejore; cuando estés mejor, continuarás tu viaje.

- Me gusta aquí - dijo el paciente con voz cansada - si me dejas, me quedará aquí -. Roque lo miró con satisfacción.

Los días que siguieron fueron trabajo para Roque, ya que Mário necesitaba vigilancia constante. Varias veces, Roque vislumbraba la presencia enferma e infeliz que permanecía conectada por un cordón oscuro incluso cuando se alejaba un poco de Mário.

Todas las tardes, después de la cena, Roque leía el Evangelio en voz alta con sencillez, simplemente comentando sus páginas de luz. Las primeras reacciones de Mário fueron violentas: era solo que Roque comenzase a leer, que él se sentía terriblemente mal, a veces incluso sufriendo el ataque, rodando por el duro suelo de la casa. Pero Roque, sin problemas, continuó, como si no hubiera nada para comprender las sabias lecciones de Jesús, con ternura y sinceridad, por eso Mario tuvo miedo de este momento y varias veces salió de la casa para esconderse para evitar participar. En la simple reunión. Pacientemente, Roque lo buscó y lo llevó a través del sudor y la angustia a la habitación, y sosteniendo sus manos frías y atormentadas, procedía a orar con fervor y leyó un pequeño trecho del Evangelio. A pesar de eso, poco a poco, aparecieron pequeños signos de mejora en Mario. Ganó un ligero color en las mejillas, comía mejor, no rechazaba el baño diario y, finalmente, las crisis se estaban espaciando cada vez más.

Roque no había hablado más con la entidad obsesora de Mário. La vislumbraba, muchas veces, mirándolo con desconfianza, entre odio y temor. Continuaba rezando por ella, por sus compañeros, cuyas figuras también podía percibir.

Con el paso del tiempo, se dio cuenta que su rostro también estaba cambiando. La tristeza se había intensificado, aunque el odio y la ira todavía eran frecuentes en sus actitudes. Al final de la oración, Roque siempre les ofrecía a su madre y a Mario una taza de agua fresca que colocaba sobre la mesa al comienzo de su lectura.

Mario tenía un afecto fraternal y respetuoso por Roque. Con cada gesto o actitud siempre esperaba su palabra. Quería hacer todo lo que Roque ordenase. Su palabra era ley. En vista de esto, Roque, a medida que Mário mejoraba, lo llevó al campo, confiándole pequeños trabajos, dándole responsabilidad y analizando su opinión sobre la tarea que realizaban.

Todos los días Mário parecía mejor. Su razonamiento más lúcido, sus colores renovados. Roque, en este punto, tuvo largas conversaciones con él, enseñándole sobre la vida más allá de la muerte. Siempre podría repetir: - La mediumnidad es una sensibilidad nerviosa que nace con el individuo. Es una condición física. Actúa siempre reaccionando al contacto con las fuerzas de la Naturaleza, distribuidas en múltiples condensaciones de energía. Quien lo tenga necesita estudiarlo científicamente y a la luz del Evangelio de Jesús para que pueda equilibrarlo disfrutando de las bendiciones y bellezas que proporciona, tanto para sí mismo como para la comunidad. Negar su existencia, así como negar la acción de las leyes divinas, no impide su funcionamiento, con el dolor agravante del desequilibrio a través de la asimilación y fijación mental de las bandas de energías negativas y pesadas que desorganizan cualquier equilibrio de los Centros de fuerza que establecen el flujo nervioso de los plexos responsables de las funciones vegetativas. También conducen al agotamiento por anemia, por la explotación del vampirismo de las entidades unidas a las pasiones carnales, que, conectadas al médium, succionan sus fuerzas vitales que lo llevan a las obsesiones dolorosas que a veces terminan en la oscura cena del manicomio.

Ante la mirada sorprendida y asustada de Mario, Roque trataba de explicar de la manera más simple, siempre enseñando, ofreciendo lecciones preciosas de Jesús. Varias veces envuelto por espíritus infelices que lo asediaban, Mário no había sido capaz de dominar la manifestación mediúmnica y Roque hablaba con estos espíritus tratando de renovarles la mente para una vida superior.

María misma se había acostumbrado a Mário y terminara hablando con él sin miedo, aunque nunca se quitaría los paños ante él, que nunca había podido ver bien su rostro. En una tarde calurosa Mário decidió visitar a su familia.

Animado por Roque, se preparó para el viaje. Volvería en unos días con algo de la ropa que Roque le pidió. Su miedo había pasado. Estaba tranquilo y de buen humor. Previó la alegría de los suyos, quienes, reconoció, solo querían verlo curado. Se despidió alegremente.

Roque lo extrañaba, pero estaba contento porque la pelea había sido ganada, ahora solo le correspondía a él consolidar sus mejoras, dedicándose desinteresadamente a ayudar a otros y estudiar. Una semana después, Mario había regresado, pero no estaba solo. Su hermano mayor lo acompañó. Era un hombre en condiciones humildes, un granjero, pero no podía escapar del deseo de abrazar al hombre que tan bien hiciera por su hermano. Con su abrazo, trajo un poco de materia vegetal y algunos pollos de engorde para que Roque los criara, se avergonzó de la simple ofrenda, pero quería que él sintiera su gratitud. Roque sonrió un poco tímidamente, pero no podía negarse sin lastimar la gentileza de esos simples hombres. Esa tarde hicieran juntos el Evangelio y tocados por las lecciones sublimes de Jesús, el hermano de Mario, hombre rudo y sin mucha fe, le pidió a Roque que le enseñara para que su hermano se recuperara para siempre.

Hablaron mucho sobre las verdades del espíritu y cuando dos días después se fueron. Roque tenía la promesa que ambos buscarían una casa espírita en su ciudad e irían allí regularmente.

Este fue el primer caso que Roque respondió, ya que había huido de la granja a partir de ese día, otras personas angustiadas y angustiadas comenzaron a aparecer en su modesto hogar. Todos conocían a Mário y, admirados por su cura, iban a su vez a su encuentro, esperando mejores días.

Estaban enfermos, lisiados, ciegos, desequilibrados, personas aturdidas por el juego de las pasiones violentas, adictos.

María veía con buenos ojos esta intrusión en sus vidas, pero Roque, con paciencia, buen humor y alegría, ayudaba con lo que podía.

- ¿Dijeron que curo? ¡Qué idea! No hago nada - dijo un poco incómodo -. Solo oramos juntos. Es de Dios que todas las bendiciones fluyen hacia nosotros. La oración tiene una fuerza asombrosa.

- ¿Rezarás por mí "señor" Roque? – pedían ellos imperturbables -, tus oraciones Dios escucha!

Y por mucho que Roque explicara que la justicia de Dios ama a todos sus hijos por igual, parecían no entender.

Luego, Roque los ponía alrededor de la mesa y leía el Evangelio y luego lo explicaba con palabras simples. Todas las tardes. Al regresar del trabajo, Roque procedió a esta lectura y gradualmente su humilde hogar, perdido en medio del bosque, se convirtió en un punto de encuentro para los afligidos que caminaron durante mucho tiempo, para escucharlo. Solo que al final de la reunión hubo un pase y muchos fueron sanados después que Roque rezó sobre sus cabezas imponiéndoles las manos.

Y por mucho que afirmó su inutilidad, en los pocos años su trabajo como curador creció. Con su dedicación y amabilidad, muchos se beneficiaran al renovar su fe en la misericordia de Dios.

CAPÍTULO XXX
EL TRÁGICO DESENLACE DE MARÍA

La tarde era calurosa y una lluvia premonitoria, por lo que Roque se apresuró a regresar a la casa, ya que su madre no estaba bien.

Hace cinco años se habían refugiado allí. El tiempo de Roque era escaso porque, además de la pequeña granja, las gallinas que les proporcionaban sustento, atendía todo el servicio doméstico, porque María no podía hacer nada. Sus manos estaban medio destruidas por la enfermedad y su estado general empeoraba día a día.

Roque aceleró el paso porque cuando llovía la condición de su madre empeoraba. También estaba la asistencia para los enfermos que, pronto, comenzarían a llegar para las oraciones de costumbre. Al llegar, vio dos caballos atados a la cerca y voces que provenían del interior de la casa.

- Llegaron temprano - pensó, apresurándose aun más. Su madre no estaba cerca.

Cada vez que venía gente, se escondía en la habitación y rara vez salía.

Roque entró en la casa. Dos hombres estaban hablando y cuando lo vieron se levantaron rápidamente.

- Finalmente te encontramos - dijo uno con voz irónica.

Roque se puso pálido. El capataz de la granja del Coronel y un peón se pararon frente a él.

- ¿Qué quieren aquí?

- ¡Pregunta qué queremos! - Dijo dirigiéndose al cocinero, ¿no lo sabes?

- ¿Cómo puedo saberlo?

- Bien. Eres un "santo" inocente. Cuando escuché a la gente hablar sobre sus curaciones, le dije al Coronel: - Bien, Coronel, este es nuestro hombre, por eso vine aquí -. Roque se recuperó un poco y con voz tranquila preguntó: - ¿Y qué quiere el Coronel de mí?

- ¡Tú no sabes! Significa que no sabes sobre la muerte de Siñá Leonor. ¡Es tu culpa!

El Coronel no descansa hasta que coloque su mano sobre tu cadáver -. Roque trató de mantener la calma mientras decía: - No tengo nada con la muerte de doña Leonor. Ella vino a mí; él quería que la medicina matara al niño que iba a nacer. No lo hice Ella se rebeló y le dijo a su padre que era yo, para vengarse, esta es la verdad. Ella tuvo un aborto, no sé con quién y murió por ello. No tuve nada que ver con lo que sucedió.

El otro, aunque intentaba ser irónico, estaba un poco perturbado por el aire humilde pero sincero de Roque.

Pero él reaccionó.

Se encogió de hombros y dijo: - No tengo nada contra ti, pero son las órdenes del Coronel: llevarte. Si reaccionas, mueres. Lo que quiere es verte para vengarse. Nunca descansó después de la muerte de su hija. Vive pensando solo en venganza.

En un gesto rápido, Américo sacó el revólver que traía en su cinturón.

- Vamos, cumpliré el pedido. Vas para bien o para mal.

- Puedes decir que no me encontraste - dijo Roque, tratando de convencerlo - si fuera por mí, no me importaría, pero mi madre está muy enferma y no puedo dejarla.

- No sé nada y no quiero saberlo. Ve conmigo ya. Dicho eso, toma la soga y vamos a amarrarlo.

Mientras el otro salía a cumplir la orden, continuó: - Si reaccionas, morirás como un perro.

Un terror muy grande se apoderó de Roque, un dolor leve brotó en su pecho y pareció sentir el brote de la sangre. Gruesas gotas de sudor le cayeron por la frente contraída. No sabía cómo explicar el terror que las armas le producían. A pesar que no era un cobarde, reaccionó.

Rápidamente, se inclinó para cerrar la puerta de la cabaña y se tiró al suelo mientras Américo disparaba a la puerta, sin que le alcanzara. Roque rodó por el suelo, tomó un palo y lo tiró al brazo del capataz, que aulló de dolor, pero no dejó caer el arma.

- Ahora, bandido, acabo contigo.

Apuntó, y en ese instante, un terrible grito resonó en el aire. María, saliendo de la habitación donde había escuchado la conversación, al ver el arma apuntando a Roque en el suelo, se arrojó sobre él, protegiéndolo con su propio cuerpo.

Los disparos hicieron eco y un fuerte retumbar del exterior hizo que el capataz, sin balas en el revólver, abriera la puerta y huyera, mientras que los amigos de Roque que acudieron a rezar con él, aterrorizados, entraran en la cabaña.

Roque, lívido, con la ropa cubierta de sangre, las lágrimas corriendo silenciosamente por sus mejillas, sostenía el pobre cuerpo mutilado de María, inerte en sus brazos. Nadie tuvo el coraje de decir nada. En silencio, ayudaron a Roque a poner el cuerpo sobre la cama.

Roque abrió su ropa, su pecho fuera alcanzado, ¡estaba muerta!

Le había salvado la vida con heroísmo a expensas de su propia vida. Con un amor infinito, Roque buscó limpiar su herida mortal y pidió a sus amigos que se reunieran en la pequeña habitación y esperaran.

Con celoso afecto trató de mejorar su apariencia física. Sabía que era vanidosa, buscó su vestido más hermoso que guardaba como recuerdo de los días felices y la vistió. Le quitó las telas oscuras, la peinó y, extrañamente, su rostro recuperó su antigua belleza, volviendo casi a su normalidad. Afortunadamente, Roque envolvió sus manos con una bufanda y le puso calcetines en los pies.

Luego llamó a los visitantes y preguntó, con voz que el dolor había cambiado: - Mis amigos. Hay un tiempo para dar y un tiempo para recibir. Han venido aquí hoy y para dar. Necesitamos de sus oraciones. Ella se fue, dio su vida por mí. Murió a causa de la intriga y el mal de algunos. Pero no acuso a nadie. Por encima de nuestra justicia está la justicia de Dios que permitió que esto sucediera, y ella siempre actúa por nuestro bien. Solo ella puede saber el grado de culpa que ahora rescatamos. Pedí más fuerzas para soportar la prueba. Pero les pido a mis amigos que vengan a rezar por nuestros enemigos, que se encargan de hacer justicia y caer en el crimen. Deben aprender por sí mismos a través de muchas luchas y sufrimientos las lecciones de tolerancia y amor, con comprensión y perdón. ¡También quiero pedir por mi madre! Ella sufrió mucho en este mundo, víctima de una enfermedad dolorosa. Que Dios te bendiga y te guíe.

Lágrimas bajaban por los rostros de la pequeña asamblea que, genuflexa, oraba en silencio. El ejemplo sublime de comprensión de Roque en ese momento, rezando por el asesino de su propia madre, caló profundo en esas almas rudas y simples.

La muerta, tendidas en la tosca cama, la figura digna y noble del hombre a quien respetaban y amaban, todo vibraba en sus almas tocando los sentimientos que nunca olvidarían.

Cuando terminó la oración, abrazaron a Roque uno por uno, y algunos salieron, regresando con flores de los campos, que depositaron junto a María con respeto.

Nadie preguntó por qué la agresión. Algunos llegaron antes y escucharon el intercambio de palabras entre Roque y el capataz, pero nadie dudaba de la inocencia de Roque. Durante la noche, muchos llegaran mientras que otros se fueran, todos tratando de mostrar su respeto y gratitud. Fue allí que Roque sintió con esas personas simples y que lo estimaba. Se sintió consolado.

Por su culpa, María había encontrado una muerte dolorosa ¿Qué había detrás de todo esto? ¿Qué crimen tuvo ella para sufrir una prueba tan dura? Algún día lo sabría.

Al día siguiente, procedieron al funeral y Roque escribió una larga carta a Lídia explicando todo. Le pidió a un amigo que la despachara.

En los días que siguieron, trató de analizar su situación. Podía regresar a São Paulo, pero al mismo tiempo, sus amigos le pidieron que se quedara, porque allí no tenían a nadie para enseñarles y ayudarlos.

Se habían acostumbrado a las lecturas del Evangelio y Roque decidió quedarse al menos por un tiempo, hasta decidir qué hacer.

Algunos temían que los hombres del Coronel regresaran, pero, curiosamente como fuera, desaparecieron. Roque no les temía. Confiaba en Dios y su inocencia. Se fue quedando, y su vida continuó normalmente, dividida entre el trabajo y el cuidado por los afligidos que siempre lo buscaban.

Un año después se enteró de la muerte del Coronel en una emboscada poco después de la muerte de su madre.

Comprendió por qué ya no lo perseguían. Oró por él y en su corazón no brotó ningún sentimiento de maldad. Sabía que estaba impulsado por la pasión y las mentiras. Se compadeció de su dolor con sincera emoción. ¿No sería cruel descubrir que había lastimado a personas inocentes al quitarle la vida a una persona enferma? Eso solo era una carga pesada, pensó, continuó viviendo de la misma manera en el mismo lugar. Era retirado, pero muy buscado por los necesitados. Tanto es así que Roque construyó una cabaña al lado para alojar a algunos pacientes. Los recursos en especie llegaron sin demora y como algunos recuperados no querían irse, poco a poco, se estaban levantando nuevas chozas en los alrededores y el círculo de amigos estaba aumentando.

Roque continuó la rutina de siempre y cada tarde la lectura de *El Evangelio según el Espiritismo*, con explicaciones de otros libros espíritas, agua fluidificada y pases, ahora administrados por algunos de los clientes habituales que seleccionó.

Pero sus actividades se extendieron, ya que fue escuchado con respeto en las diferencias familiares y muchos lo buscaron para pedirle consejo. Y las bendiciones del Señor vinieron sobre esas personas simples.

Muchas curas se realizaron principalmente en el campo de las obsesiones y los desequilibrios nerviosos.

Pequeñas casas comenzaron a surgir en el camino, y una taberna floreció con el movimiento cada vez mayor de los viajeros. Pero Roque, aunque el tiempo fuese pasando, permaneció en el mismo lugar, en la misma choza, con la misma humildad.

Sin embargo, si la apariencia externa era la misma, solo sus ojos mostraban un poco de la profunda maduración de su espíritu. La vida para él a veces representaba una carga pesada, a medida que se volvía más y más sensible, sentía con mayor fuerza el peso de la soledad. Sintió que alguien lo estaba esperando más allá, pero nadie dejó que se viera su tristeza. Trabajó con alegría e incansablemente por el bien de todos, ya que entendió la preciosa oportunidad que tenía en sus manos. Lo apretó con uñas y dientes. Ante su propia conciencia, quería ser digno de una vida mejor en el futuro.

Fue capaz de mantenerse conectado mentalmente con pensamientos elevados y sus percepciones del mundo espiritual se ampliaban cada día.

También es cierto que esto no lo eximió del ataque de los espíritus de la oscuridad que buscaban domarlo constantemente. Pero sintiendo su presencia luchó valientemente para no entrar en sus fajas negativas y había logrado vencerlos en cada línea, evitando sus trampas.

Con los años, estos ataques disminuyeron a medida que Roque creció en humildad, dedicación y trabajo. Y a su alrededor también creció un pequeño pueblo, que progresó a expensas de los muchos peregrinos de las más variadas clases sociales que buscaban la humilde cabaña como refugio para sus dolores y retenían el peligro de sus luchas.

La figura grisácea de Roque, barbas blancas, cabello largo, ojos vibrantes y felices, su serenidad, su amabilidad, su palabra iluminada despertaron en los enfermos un profundo respeto, que rayaba en la veneración, en la certeza que había un verdadero apóstol y discípulo de Señor.

CAPÍTULO XXXI
EL REGRESO A LA
PATRIA ESPIRITUAL

La noche estaba en el medio y las estrellas brillaban reflejando la belleza y gloria del Creador. Al atravesar el espacio, un grupo armonioso de espíritus incorpóreos regresó a la corteza terrestre. Delante, dos mujeres continuaran caminando con entusiasmo y mientras viajaban la distancia que las conduciría a la Tierra, numerosos espíritus se juntaban a ellas en festiva alegría. En cada corazón un pensamiento de gratitud y la amistad. Se estaban preparando para recibir al hombre que valientemente venciera en las duras luchas del mundo terrenal, y muchos de los presentes se habían beneficiado de las actividades apostólicas de esa alma que regresaba redimida. Querían darle la bienvenida y el beso de gratitud.

Las dos figuras de mujer, que abrazadas iban al frente, intercambiaban palabras de júbilo y esperanza: - ¡Cora, apenas puedo contener mi emoción! ¡Finalmente vamos a vernos frente a frente! - La interpelada sonrió amablemente: - Sí, Geneviéve. Grande es la alegría de los que saben construir con paciencia, perseverancia y trabajo, la felicidad. Gustavo es digno y bueno. ¡Se merece la cosecha del amor y la paz!

Geneviéve sonrió pensativa. En su corazón cantaba la alegría pura de los seres que aman por encima de todas las circunstancias y condiciones de la vida humana.

La comitiva festiva, que alegremente había entonado himnos en el camino, se calló con respeto. Habían llegado a su destino. A una señal de Cora, esperaron rodeando la humilde cabaña, mientras las dos entraban.

Si la luz en el plano espiritual formaba un claro alrededor de la cabaña, su interior era iluminado por la luz parpadeante de una lámpara tosca y triste. Rodeado por algunas mujeres piadosas y dos amigos, Roque vivía sus últimas horas en el cuerpo físico. Rostro moreno y quemado por el sol, estaba lívido. Respirar irregularmente dejó escapar un suspiro de su cansado pecho.

Dormía, pero su sueño revelaba la presencia del coma. Dos asistentes espirituales, vestidos de blanco, de pie junto a su cama, le brindaban una cuidadosa asistencia. Al ver entrar a las mujeres, una de ellas se apresuró a recibirlas con atento cariño: - ¿Cómo está él, doctor? Preguntó Geneviéve, un poco preocupada.

- Muy bien. Iniciamos el desligamiento hace unos momentos. Afortunadamente, nuestro querido amigo se alimentaba frugalmente y superó sus pasiones carnales, lo que hace que el desligamiento sea mucho más fácil. No tardará mucho. Pueden ayudar con tus oraciones. Estas personas pobres no quieren que se vaya y son el único vínculo que aun lo detiene.

Geneviéve miró a las personas presentes y sintió sus pensamientos dolorosos y angustiantes.

- Dios mío - pensó uno de ellos con los ojos llenos de lágrimas - ¿quién cuidará de nosotros ahora?

¿Quién rezará con nosotros? ¿Quién nos ayudará cuando se enferman? - El otro pensaba: - No quiero que muera. Si se va, ¿quién pondrá a Zé en el camino correcto? ¿Y si se le da por beber de nuevo?

Uno de ellos pensó: - No puede morir. ¿Quién cuidará de Ritina cuando el espíritu maligno la atrape? ¿Cómo estará sin él?

Al ver la mirada preocupada de Genevíéve, el médico espiritual la consoló: - El precio del apego en la Tierra. Las criaturas se acostumbran a recibir rápidamente y se olvidan de dar cuando llega el momento. Incluso Roque ha dedicado toda su vida al bien de los demás, pero no entienden su amabilidad y su sacrificio que le da derecho a la liberación.

En lugar de haber aprendido sus lecciones del amor, para poder caminar por turnos en busca de su propio progreso, creen que pueden disfrutarlo sin esfuerzo, recibirlo indefinidamente, vivir a su propio ritmo mientras puedan.

- Tiene razón - dijo Cora pensativa -, la ingratitud y el egoísmo nos han dificultado la marcha, pero cuidemos que sus pensamientos no interfieran en el proceso a nuestro tutelado. De hecho, las energías oscuras que salían de la frente de cada una involucraban a Roque, cuyo malestar estaba aumentando.

- Bien - dijo el doctor, satisfecho -. Cuídalos a ellos y nosotros cuidaremos del paciente ahora de manera más objetiva.

Cora y Genevíéve se movieran envolviendo a cada uno de los encarnados de la pequeña habitación, trataron de alejar las energías depresivas y con las manos extendidas sobre sus cabezas, emitían pensamientos optimistas.

- Él mejorará - dijo una de las mujeres presentes -, me siento muy bien. Creo que llegó la ayuda.

- Ciertamente - dijo el otro -, Dios no nos va a dejar huérfanos. ¡Él sanará! Miren su aspecto como si ahora estuviera durmiendo y más tranquilo.

De hecho, protegido por los dos asistentes espirituales que le dieron pases longitudinales, Roque mostró signos de mejora. Su sueño se volvió aparentemente normal. Los presentes suspiraron aliviados.

- Menos mal. Parece que el peligro ha pasado. Creo que me voy a casa a ver a Zé.

- Adelante, doña Ana, me quedaré hasta mañana por la mañana. No me muevo -. La mujer estuvo de acuerdo, levantándose.

- Voy contigo - dijeron los otros dos -. Antonio se queda y si necesita, es solo llamar.

Echando una mirada inquisitiva al rostro de la enfermera y viéndolo roncar con calma, todos se fueron, dejando solo uno en la humilde habitación.

Cora sonrió con satisfacción. Al acercarse a Antonio, le sugirió al oído: - Descanse un poco, disfrute mientras nuestro amigo está durmiendo...

Las dos mujeres se acercaron a la cama en respetuoso silencio. Rezaron fervientemente mientras, ayudados por los asistentes del plano espiritual, Roque se desconectó de los despojos y aparecía ante los compañeros emocionados, como quien despierta de un sueño pesado. Abrió los ojos, al principio parecía todavía inconsciente. Miró al asistente que lo sostenía mientras decía: - Roque, ya dejaste el cuerpo. Bienvenido a la Patria Mayor -. Un destello de emoción brilló en la mirada del recién liberado.

- Oremos - continuó el asistente -, agradeciendo al Padre por tantas bendiciones.

Roque, en un estado de ánimo semi-consciente, señaló las palabras que vibraban con enorme e intensidad dentro de él.

- Ya morí - pensó -. Necesito rezar.

Aunque no podía tartamudear una palabra, su pensamiento se volvió hacia Dios, implorando ayuda y lucidez. Cuando terminó, se sintió fortalecido e inmediatamente sus ojos se fijaron en los dos asistentes con alegría.

- ¡Dios mío, qué alivio! - Tartamudeó, respirando pesadamente por lo que no había podido hacer durante muchos días -. Es mucha amabilidad. Agradezco la ayuda que me brindaran -, continuó, dirigiéndose a los dos que lo apoyaron.

Su voz era débil, pero firme. Ambos sonrieron con satisfacción. La tarea se realizó y luego se cerró por completo.

Roque miró a su alrededor y vio a las dos mujeres que estaban mirando con emoción. Se detuvo en Cora y pareció reconocerla sin saber dónde estaba, luchando por recordar cuándo ella lo abrazó y le dijo: - Bienvenido entre nosotros. Jesús te bendiga. Más tarde recordarás todo -. Ese abrazo amistoso como que dio al recién desencarnado, nuevas energías, sonrió en silencio y fue entonces cuando fijó la delicada figura de Geneviéve. Él la miró y reflejó en su rostro intraducible emoción. Era su luz, su musa, la figura adorada que lo había acompañado a lo largo de la vida, observándolo en tiempos difíciles, en horas dolorosas de soledad. Ella que había despertado en su íntimo el eco de perdidas emociones y la gloria de sentimientos puros y profundos.

Incapaz de contenerse, se arrodilló a sus pies, besando el borde del vestido y diciendo: - ¡Ángel de la bondad! Dios es generoso en bondad y permitió su presencia en ese momento para otorgarme y el premio supremo que siempre deseé no obstante no lo merezca.

Lágrimas corrían por sus mejillas, mientras besaba el borde de su vestido con veneración.

Con una mirada brillante de oposición, pero con la serenidad en su voz, Geneviéve se inclinó ante él, tratando de levantarlo mientras decía: - Roque, tu vida en la Tierra fue fructífera. Bienvenido a estar con nosotros. Levántate porque no tengo las cualidades que tu dedicación me señala. Déjame y abrazarte, porque eso es lo que yo más deseo.

Como si estuviese fascinado, Roque se levantó y no pudo describir el torrente de sentimientos y emociones que surgieron en su alma que vibraba al toque silencioso de aquella mujer.

Ella lo miró emocionada y besó su frente con infinito amor. Roque se estremeció. Su pecho cantaba con una alegría indescriptible mientras las palabras lo golpeaban en la garganta sin poder salir.

- Seguramente hay un paraíso - tartamudeó involuntariamente cuando pudo hablar -. ¿Estoy en el paraíso?

- Estás equivocado, amigo - dijo el asistente muy alegre, dándole una palmadita amiga en el hombro -. Continuamos en la Tierra. Pero necesitamos ultimar nuestro trabajo para partir.

El día amaneció y como percibiendo la desgracia inminente, Antonio se despertó sobresaltado.

Miró el cuerpo de Roque y lanzó un grito de sorpresa: ¿Dios santo? ¡Ayuda! ¡Él está muerto! ¡Ayuda!

Salió corriendo, aterrorizado porque había dormido sin ayudar a su amigo y aun más porque había dormido junto al fallecido. Pronto la pequeña casa se llenó de gente y lamentos.

Roque, bruscamente llamado al recuerdo del desenlace reciente, se sintió débil mientras miraba tristemente la desesperación de sus amigos.

- Roque, no te dejes envolver por sus lamentos. Les diste todo lo que pudo y seguramente podrá hacer muchos a favor de ellos en el futuro. Dios te llama a otras actividades y ciertamente no deja a ninguno de sus hijos desamparados. No te pongas triste. Necesitamos partir.

Roque, escuchando la palabra esclarecedora del asistente, que vibraba con entonación vigorosa, trató de controlar sus emociones. Pero fue difícil para él. Sentía que sus emociones vibraban con una nueva y profunda intensidad, mucho más vívida, dificultando su control. Sin embargo, acostumbrado a la disciplina, el objetivo de su vida durante los largos años de soledad en la Tierra, logró dominarse.

- Muy bien - dijo el asistente Aníbal -. Vengan, vamos a preparar los despojos.

Todos rodearon la cama donde yacía el cadáver de Roque. Mirándolo, una extraña sensación lo dominó. Una mezcla de piedad, gratitud, amor, por con esa masa que le había servido durante 75 años, en cuya cara podía observar cada arruga que la dura lucha había provocado.

- Hagamos la oración - dijo Aníbal -. Agradezcamos a Dios por la bendición del cuerpo físico que nos sirve con el instrumento fiel y amigable, sufriendo nuestras imperfecciones sin reclamar, a los golpes que a menudo le damos sin respeto o comprensión, envenenándolo gradualmente con sustancias corrosivas o pensamientos en los destructivos. Precioso amigo que soporta y carga nuestras iniquidades para que podamos aprender la lección de la vida y sublimar nuestros espíritus. ¡Oh! ¡Dios! Cómo es grande tu bondad. ¡Cómo es perfecta la creación! Ampáranos, ¡oh! Padre celestial para que aprendamos a preservar, no a destruir; a entender, no exigir; respetar, no corromper; para nuestra mejoría y felicidad futura.

Aníbal se colocó profundamente emocionado, donde el reflejo de un pasado no muy lejano ponía más luz en sus ojos.

Los otros oraban en silencio. Roque conmovido y con un profundo sentimiento de respeto, miró a Aníbal como solicitándole algo.

- Puedes - dijo el otro suavemente.

Roque se acerca al cuerpo que estaba rodeado por sus amigos terrenales, llorando desconsolado, y con celoso cuidado le dio un beso en la frente del instrumento que le había servido durante tantos años.

A un gesto de Aníbal, el otro asistente se movió hacia los despojos aplicando pases, extrayendo sus últimas energías, para preservarlo del vampirismo. Cuando todo estuvo listo, Aníbal determinó: - Partamos ahora. Los amigos nos esperan con impaciencia -. Roque estaba sorprendido: - ¿Amigos?

Flanqueado por los dos asistentes y las dos mujeres, Roque se dirigió a la salida. Nueva sorpresa lo esperaba. Una pequeña multitud lo saludaba cantando himnos de alegría. Los primeros rayos del sol iluminaron la Tierra y las vibraciones amorosas de esos corazones agradecidos envolvieron a Roque en rayos luminosos de suave deslumbramiento.

La comitiva se detuvo más adelante, donde un claro se extendía hasta la alegre canción de los pájaros y la belleza azul de un cielo de verano. Aníbal tomó la palabra:

- Compañeros, grande es nuestro gozo por el siervo del Señor que regresa. Alabada sea la bondad del Padre que nos permite esta bendición.

Roque, humilde, no pudo retener las lágrimas. Reconocía algunas de las caras y su alegría era ilimitada. Lo abrazaron efusivamente mientras murmuraba: - Ustedes son muy buenos. Yo no hice nada. ¡No lo merezco, por favor, no lo merezco!

Aníbal en un momento interrumpió las manifestaciones diciendo: - ¡Amigos! Partamos, otras oportunidades tendremos para que visiten nuestro compañero; por ahora es urgente regresar.

La comitiva se puso en marcha por aquella multitud de almas amigas entonando himnos de alegría y alabanza a Dios, en unos instantes desapareciera en el horizonte.

CAPÍTULO XXXII
LA RECOMPENSA DE LOS JUSTOS

La noche era cálida y fragante, el brillante cielo de estrellas reflejaba la belleza de la luna, clara y enorme.

El jardín era elegante y fragante. Sentado en una banca rústica, Roque parecía absorto en profundos pensamientos.

Había pasado un mes desde que regresó de la Tierra. Estaba bien instalado en la colonia espiritual, en un hogar amable, visitado por muchos amigos y ayudado por Aníbal, su consejero y benefactor.

Roque se fortalecía día a día, conquistando un mayor equilibrio.

A pesar de todo, luchaba por recordar el pasado. Aníbal le había aconsejado que esperara, ya que esto sucedería espontáneamente, ya que Roque tenía condiciones espirituales para superar la amnesia de la reciente reencarnación. Sin embargo, sentimientos impetuosos brotaran dentro de él sin que pudiese definirlos.

La presencia de Geneviéve lo emocionaba profundamente, pero lo asustaba el volumen de sus sentimientos que, lejos de ser solo la veneración debido a su espíritu luminoso, se mezclaba con un sentimiento de amor humano que lo perturbaba. Al verla, deseaba tomarla en sus brazos, abrazara, besarla y, aunque estos impulsos fueron generados por un sentimiento de respeto y amor, representaban una emoción intensa y fuerte, casi irresistible, eso lo hacía suspirar por su presencia, querer verla, ir a su encuentro. Dos veces había recibido su visita y la de Cora, desde que fuera instalado en la elegante casa, pero no había podido decirle lo qué había en su alma. Ahora estaba listo. La buscaría tan pronto como supiera dónde encontrarla y tendría una conversación franca con ella. Ella te diría lo que quería saber. Sabía que había un pasado en el que ella debería haber jugado un papel importante en su vida. Solo eso podría explicar la avalancha de las nociones que lo acompañaban, así como el amor que leía en sus tiernos ojos.

- ¡Dios mío! - Tartamudeó -. ¡Asegúrate que pueda verla! Necesito hablar con ella ¡Siento la necesidad de su presencia!

Cerró los ojos con la fuerza de su deseo, cuando los abrió, Geneviéve, la bella y generosa figura de una mujer, estaba ante él.

Al verla, hermosa y elegante, mirándola con emoción, Roque no pudo dominarse. Se arrojó a sus pies mientras decía: - ¡Viniste! ¡Viniste! Verte era lo que más quería en este momento, por favor, ten piedad de mí, ¡ya no tengo la fuerza para domar más mis sentimientos! ¡Geneviéve! Siento que hace mucho tiempo que estamos juntos; sin embargo, nos hemos estado viendo constantemente. ¿Cómo puedo entenderlo? ¿Qué fuerza misteriosa une mi espíritu con el tuyo?

Geneviéve se inclinó sobre él y lo obligó a levantarse.

- Gustavo, necesitamos conversar. Ven conmigo.

Fisonomía contraída por el esfuerzo, Roque escuchando ese nombre y se levantó y se dejó llevar por ella a una elegante banca en el pequeño jardín. Escenas curiosas se desarrollaban en su mente. Pasar una mano por la frente como alguien que se despierta de un sueño profundo, Roque tartamudeó: - Gustavo... Barón de Varenne. Geneviéve... Gus. Condesa de Ancour. La cabaña de caza. Livia, mi pobre esposa. Gerard, se cayó del caballo.

Mientras Roque, en supremo esfuerzo por rememoraba el pasado, Geneviéve rezaba en silencio con fervor.

A cierta altura, Roque se sintió sacudido por una gran emoción. Tomando las manos de Geneviéve, dijo con voz temblorosa: - ¡¡Geneviéve, mi amor, mi esposa!! Ahora yo sé. ¡Lo recuerdo, mi amada esposa!

Lágrimas descendían por sus mejillas contraídas mientras que poco a poco su apariencia se modificaba, convirtiéndose en la bella figura de Gustavo. En silencio, Geneviéve continuó rezando.

- ¡Pero hubo algo que nos separaba y hacía que mi vida fuera un infierno! Una fuerza mayor que yo me aplastó y nos separó. ¡Era ella! ¡Ella! Eso no se conformó con mi negativa y ¡levantó la calumnia!

Gustavo, pálido, revivió escenas dolorosas del pasado en la rememoración espontánea. Su mente, como si regresara al tiempo distante, mientras repetía angustiado: ¡Soy inocente, moriré inocente! Necesito declarar ¡No pasa! Apenada, Geneviéve se alisó la cara suavemente.

- Lo sé, Gustavo. Lo es todo.

Pero, impulsado por la fuerza del pasado, parecía no escucharla.

- Voy a la reunión - repitió, angustiado -. ¡Esta vez ella me escuchará y nos dejará en paz! ¡Ahora ella pensará que es verdad! Estoy muriendo, ¡no puedo hablar! ¡Dios! Necesito cantarte. Soy inocente, Geneviéve. ¡Yo te amo! ¡Yo te amo!

Geneviéve lo abrazó suavemente, acurrucando su cabeza contra su pecho amoroso. Gustavo, sin fuerza, parecía haber perdido el conocimiento.

Geneviéve permaneció callada, acariciando su cabello suavemente mientras el amoroso y suave efluvio salió en forma de luz del pecho que lo rodeaba.

Después de unos momentos, abrió los ojos, viéndola, sintiéndose acogido en sus brazos, balbuceó: - ¡Estoy soñando! ¡Estoy soñando! ¡Geneviéve! - Su grito de amor vibró intensamente en el aire: - ¡Geneviéve! Por fin. ¡Por fin! - La abrazó con una intensa emoción. Quería hablar, pero no pudo.

- ¡Soy inocente! ¡Soy inocente! - tartamudeó cuando logró vencer un poco la emoción.

- ¡Lo sé todo! Hubo un tiempo en que también era débil dudando de tu sinceridad. ¿Me puedes perdonar?

- ¡Geneviéve! ¡¡¿Yo?!! ¿Que no he hecho nada más que cometer errores? Espíritu débil y ligero, ciertamente nunca merecí tu amor que vino a mí por la bondad de Dios, a ilumíname el camino para que pueda caminar. ¿Perdonarte, yo? ¿Espíritu culpable de tantos defectos e imperfecciones? Geneviéve dejemos ir las penas, cuéntame todo lo que has hecho, ¡todo este tiempo que estuvimos separados! Quiero saber, me temo que esto termine nuevamente y estaremos separados. ¡Seguramente ese buen sueño se disipará!

La joven sonrió amablemente: - Gustavo. No temas. Te contaré todo para que puedas entender mejor la bondad de Dios.

Cogiendo las manos de Gustavo, Geneviéve narró el pasado, su reencarnación como Nina y la Condesa como María.

Por eso amaba tanto a Nina y no estaba feliz con María.

La figura irónica y arrogante de Margueritte apareció en su mente y poco después María, con su cuerpo cubierto de harapos, apareció en la destrucción de la horrible enfermedad. En un estremecimiento, la recordó colocarse entre el revólver de Américo y él, dando su vida para salvarlo.

- Pobre Condesa - tartamudeó compadecido -. ¡Hubo tiempo en que la odié! Sin embargo, ella me amaba mucho, ¡dio su vida por la mía!

- Sí - dijo Geneviéve con emoción -. Tu dedicación con ella nos trajo la liberación de las pesadas cargas del pasado. Ella, después de la última encarnación, está mucho mejor, en un lugar de regeneración, gracias a tu trabajo amoroso y perseverante.

- ¡Pobre criatura! Sufrió tanto, ¡era tan hermosa y saludable! Luego se convierte en un espectro, oculto, del que todos huían.

- Sí. La vanidad excesiva tiene un precio. La vida exige, tratando de enseñar a las criaturas el verdadero valor de las cosas, que están en las conquistas sagradas del espíritu y lejos de las bellezas transitorias del mundo material.

- Me alegra saber que ella está mejor. Su muerte violenta me ha traumatizado mucho.

- Sí. Tanto ella como el Conde rescataran la deuda contigo ante las Leyes Divinas. Ahora podemos caminar juntos por el futuro que nos espera más allá.

Gustavo se estremeció. Tomó a Geneviéve en sus brazos como si tuviera miedo de perderla: - ¡Geneviéve! Sé que eres más perfecto y mejor que yo, vi la luz que irradias y entiendo que soy muy pobre, carente de espiritualidad para merecer vivir a tu lado para siempre. Lo entiendo, pero no podría soportar separarme de ti nuevamente. Ahora que te encontré, ahora que te tengo en mis brazos ahora que mi pecho palpita por tu presencia, ahora que estamos juntos, dime y qué necesito hacer para merecer la gloria infinita de estar contigo.

No mediré sacrificios, no puedo sufrir. Trabajaré en nombre de todos, seré el sirviente más pequeño, ¡pero desearía poder verte ahora abrazarte, escuchar tu voz! Ven: vamos a rezar, quiero pedirle a Dios que me ayude a estar contigo para siempre.

Geneviéve, tocada en las fibras más internas del corazón, cerró los ojos y permaneció en silencio, incapaz de expresarse. Gustavo se sentó a su lado en la tosca banca, tomándose las manos, cerró los ojos y comenzó a rezar: - ¡Señor Jesús! Profesor amoroso a quien veneramos. Aquí estoy, un siervo débil e inútil que ha tratado de servirte en las obras del bien. Tantas alegrías nos reservaste con tu generosidad.

¡Maestro! ¡Cuántas veces nos has ayudado con tu mano compasiva, apoyándonos en el momento más difícil de la lucha! ¡Cuántas veces nos amparaste apartando el peligro y preservando nuestras vidas en generosa oportunidad de trabajo y regeneración!

Hemos recibido tanto, Señor, que será justo que nos esforcemos por servirte más y mejor cada día, con la esperanza de poder aprender contigo las lecciones de vida y luz, felicidad y amor. En este instante, divino y generoso Señor, quiero renovar mis propósitos de servirte para siempre, intensificando el trabajo en favor de todos, difundiendo la Buena Nueva en la Tierra que sufre, para el alivio de aquellos que se asfixian con el peso de la angustia y el dolor.

Dispón de este siervo inútil que obedecerá sin reservas, solo con alegría. Señor, te suplico la felicidad de poder subir para estar con ella, a quien amo para siempre, espíritu elegido por mi corazón, a cuyo impulso debo lo que soy, quien logró arrancarme del error y la oscuridad del orgullo. Señor, te ruego como bondad suprema, poder estar con ella de vez en cuando, por el estímulo de mi espíritu en las luchas por venir.

Mientras Gustavo rezaba, tal era la intensa sinceridad que vibró en sus palabras, que poco a poco, una luz intensa iluminó su pecho, irradiando a su alrededor, derramándose sobre el encantador jardín y subiendo al cielo estrellado.

Geneviéve, ensimismada, se sintió transportada a un mundo de dulcísimas emociones que las palabras no podrían expresar.

Gustavo se calló, abrió los ojos y se sorprendió por la intensidad de la luz que los envolvía. Antes que pudiera hablar, vio una espléndida figura que se acercaba, descendiendo desde la cima en una preciosa banda luminosa.

Ambos, tomados de la mano, no encontraron palabras para decir. La venerable figura de un hombre maduro, vestido con una delicada túnica blanca, rostro enmarcado por diáfana barba, tenía ojos de un azul profundo, tan intenso que los dos no podían fijarlo.

- Jesús te bendiga. Les traigo un mensaje de amor desde el plano superior a ambos. De ahora en adelante, siempre estarán unidos en el trabajo del bien. Almas gemelas, ambos lucharan y sufrieran, imponiéndose duras disciplinas, supieran dar prioridad a los intereses supremos del espíritu en su ascensión a Dios.

Callaran sus impulsos en la renuncia, para dedicarse al próximo sufriente, en nombre de Cristo. Por esta razón, en nombre de él, Maestro generoso y justo, ¡los invito a continuar su trabajo en nombre de aquellos que sufren, con la certeza de que, unidos, sabrán cómo lidiar con los designios del Padre, ¡con coraje y dedicación, desinterés y amor! Que vuestra felicidad sea eterna, como lo es la alegría de los justos en el reino de Dios.

Los bendijo y desapareció. La alegría se reflejó en los rostros de Gustavo y Geneviéve. Se abrazaron conmovidos.

- Estaremos juntos para siempre, mi amor - dijo ella con radiante alegría.

- Sí – murmuró Gustavo, sofocado de emoción -. ¡Estaremos juntos para siempre! ¿Podría haber mayor felicidad?

Entrelazados y felices, caminaron hacia la habitación, mientras en el aire, rodeados por una suave vibración de amor, se escuchaba una hermosa melodía, tocada por manos diáfanas y misteriosas que en el cálido silencio de la noche reverenciaban felices la gloria de Dios.

FIN

Grandes Éxitos de Zibia Gasparetto

Con más de 20 millones de títulos vendidos, la autora ha contribuido para el fortalecimiento de la literatura espiritualista en el mercado editorial y para la popularización de la espiritualidad. Conozca más éxitos de la escritora.

Romances Dictados por el Espíritu Lucius

La Fuerza de la Vida

La Verdad de cada uno

La vida sabe lo que hace

Ella confió en la vida

Entre el Amor y la Guerra

Esmeralda

Espinas del Tiempo

Lazos Eternos

Nada es por Casualidad

Nadie es de Nadie

El Abogado de Dios

El Mañana a Dios pertenece

El Amor Venció

Encuentro Inesperado

Al borde del destino

El Astuto

El Morro de las Ilusiones

¿Dónde está Teresa?

Por las puertas del Corazón

Cuando la Vida escoge

Lazos Eternos

Cuando llega la Hora
Cuando es necesario volver
Abriéndose para la Vida
Sin miedo de vivir
Solo el amor lo consigue
Todos Somos Inocentes
Todo tiene su precio
Todo valió la pena
Un amor de verdad
Venciendo el pasado

Libros de Vera Lúcia Marinzeck de Carvalho y Patricia

Violetas en la Ventana

Viviendo en el Mundo de los Espíritus

La Casa del Escritor

El Vuelo de la Gaviota

Vera Lúcia Marinzeck de Carvalho y Antônio Carlos

Amad a los Enemigos

Esclavo Bernardino

la Roca de los Amantes

Rosa, la tercera víctima fatal

Cautivos y Libertos

Libros de Eliana Machado Coelho y Schellida

Corazones sin Destino

El Brillo de la Verdad

El Derecho de Ser Feliz

El Retorno

En el Silencio de las Pasiones

Fuerza para Recomenzar

La Certeza de la Victoria

La Conquista de la Paz

Lecciones que la Vida Ofrece

Más Fuerte que Nunca

Sin Reglas para Amar

Un Diario en el Tiempo

Un Motivo para Vivir

¡Eliana Machado Coelho y Schellida, Romances que cautivan, enseñan, conmueven y pueden cambiar tu vida!

Libros de Elisa Masselli

Siempre existe una razón

Nada queda sin respuesta

La vida está hecha de decisiones

La Misión de cada uno

Es necesario algo más

El Pasado no importa

El Destino en sus manos

Dios estaba con él

Cuando el pasado no pasa

Apenas comenzando

Libros de Mónica de Castro y Leonel

A Pesar de Todo

Con el Amor no se Juega

De Frente con la Verdad

De Todo mi Ser

Deseo

El Precio de Ser Diferente

Gemelas

Giselle, La Amante del Inquisidor

Greta

Hasta que la Vida los Separe

Impulsos del Corazón

Jurema de la Selva

La Actriz

La Fuerza del Destino

Recuerdos que el Viento Trae

Secretos del Alma

Sintiendo en la Propia Piel

World Spiritist Institute

https://iplogger.org/2R3gV6